海南离岛免税知识与
免税商品鉴赏

主 编 郭 芳
副主编 陈嘉琪 李雨欣 傅 晓 王 阳

东南大学出版社
·南京·

图书在版编目(CIP)数据

海南离岛免税知识与免税商品鉴赏 / 郭芳主编. -- 南京：东南大学出版社，2025.6. -- ISBN 978-7-5766-2115-0

Ⅰ.F812.766.042.2;F76

中国国家版本馆 CIP 数据核字第 20255G4E60 号

策划编辑：张丽萍　责任编辑：陈　佳　责任校对：张万莹　封面设计：毕　真　责任印制：周荣虎

海南离岛免税知识与免税商品鉴赏

Hainan Lidao Mianshui Zhishi Yu Mianshui Shangpin Jianshang

主　　编	郭　芳
出版发行	东南大学出版社
出 版 人	白云飞
社　　址	南京市四牌楼 2 号(邮编:210096　电话:025 - 83795842)
网　　址	http://www.seupress.com
电子邮箱	press@seupress.com
经　　销	全国各地新华书店
印　　刷	苏州市古得堡数码印刷有限公司
开　　本	787 mm×1 092 mm　1/16
印　　张	15
字　　数	373 千字
版　　次	2025 年 6 月第 1 版
印　　次	2025 年 6 月第 1 次印刷
书　　号	ISBN 978-7-5766-2115-0
定　　价	48.00 元

本社图书若有印装质量问题，请直接与营销部联系，电话:025 - 83791830。

PREFACE

在全球旅游与购物愈发融合的当下，免税购物已演变为旅行体验里不可或缺的一部分，它不单满足了消费者对高品质生活的追求，还成为助推地方经济发展、增进国际交流的关键力量。海南，凭借其独有的地理位置、丰富的旅游资源以及国家赋予的自由贸易港政策，特别是离岛免税政策，正逐步发展成为全球瞩目的免税购物胜地。《海南离岛免税知识与免税商品鉴赏》这本教材，正是为了全方位剖析这一政策，引领读者深度领略免税业的魅力，畅享海南独特的旅游与购物体验而悉心编撰的。

本书旨在通过系统梳理免税业的起源与发展，特别是聚焦海南离岛免税政策的历史脉络、现状分析及未来展望，力图构建一个清晰、全面的知识体系，深入剖析政策的制定背景、核心要义及其实施效果，从而帮助读者理解这一政策对海南乃至全国经济发展的深远影响。同时，本书将详细阐述免税商品的分类、特点、购物流程与攻略，以及免税商品的鉴赏技巧，提升消费者的购物体验，引导理性消费，使消费者真正享受免税政策带来的实惠与便利。

本书的重要性在于，它不仅是一本普及免税知识的教材，更是一本实用的购物指南。在促进国际旅游消费中心建设、推动海南自由贸易港发展的背景下，本书将帮助读者更好地把握免税购物的机遇，享受海南独特的旅游资源与免税购物的双重乐趣。同时，通过普及免税知识，本书也有助于提升大众对免税政策的认知度与参与度，为构建更加开放、包容、繁荣的市场环境贡献力量。

海南离岛免税政策，是中国政府在推进海南自由贸易港建设过程中推出的一项重大创新举措。该政策充分利用了海南作为国际旅游岛的独特优势，通过实施免税购物政策，吸引国内外游客前来旅游消费，促进海南经济转型升级和高质量发展。自政策实施以来，海南离岛免税市场迅速崛起，成为全球免税购物领域的一颗新星。

随着政策的不断完善和市场的日益成熟，海南离岛免税商品种类日益丰富，品质不断提升，购物流程也日益便捷。从高端奢侈品到日常消费品，从国际知名品牌到本土特色商品，海南离岛免税市场上应有尽有，为游客提供了多样化的购物选择。同时，政府还加大了对免税店的监管力度，确保商品质量和服务水平达到国际一流标准，让游客在享受免税购物便利的同时，也能感受到贴心的服务和舒适的购物环境。

本书共分为八个项目，全面覆盖了免税业的起源与发展、海南离岛免税政策的历史与现状、规定细则与实际应用、购物流程与购物攻略、免税商品分类与特点、鉴赏技巧，以及海南旅游与离岛免税购物的深度融合等多个方面内容。通过深入浅出的讲解和丰富的案例分析，本书将带领读者走进海南离岛免税的世界，感受免税购物的独特魅力。

承担本书编写任务的作者情况为：郭芳负责"引言""项目三""项目四""项目五"部分；陈嘉琪负责"项目六""项目八"部分；李雨欣负责"项目一""项目七"部分；傅晓负责"项目二"部分；王阳负责全文校稿。

目前，国内普及海南离岛免税政策与系统介绍免税商品鉴赏的教材尚无先例，也没有可借鉴的范例，因而本教材的编写工作颇具挑战性，对团队而言是一次全新的尝试。本书编写团队致力于打造"互联网＋"新形态一体化精品教材，也是对海南离岛免税政策进行全面剖析的探索过程，还需接受相关教学实践的检验。由于编者水平有限，书中可能存在一些不妥或不当之处，恳请各位专家、学者及使用本书的师生不吝赐教，以便使本书不断完善。

我们相信，《海南离岛免税知识与免税商品鉴赏》这本教材将成为广大读者了解海南离岛免税政策、提升免税购物体验的重要工具。让我们携手共赴这场免税购物的盛宴，共同见证海南自由贸易港的辉煌未来！

郭芳

2024 年 7 月

CONTENTS

项目一 认识免税品

任务一 免税品的定义与范围 ……………………………… 002

任务二 免税品与奢侈品的差异 …………………………… 010

任务三 世界知名免税品牌的现状 ………………………… 024

项目二 免税业的起源与发展

任务一 认识世界免税业的起源与发展 …………………… 030

任务二 理解中国免税业的历史与发展 …………………… 035

项目三 认识海南离岛免税政策

任务一 认识离岛免税政策 ………………………………… 048

任务二 了解海南离岛免税政策的历史与发展 …………… 054

任务三 明确海南离岛免税政策的优势与意义 …………… 056

项目四 海南离岛免税购物流程与注意事项

任务一 掌握海南离岛免税购物流程 ……………………… 064

任务二 明确海南离岛免税购物注意事项 ………………… 068

任务三 谨防"套代购"陷阱 ……………………………… 072

项目五 海南离岛免税购物攻略

任务一 认识海南离岛免税店及其经营主体 ……………… 083

任务二 掌握海南离岛免税购物攻略 ……………………… 095

1

项目六　海南离岛免税商品分类与特点

　　任务一　美妆与个护 ··· 111

　　任务二　箱包与服装 ··· 123

　　任务三　珠宝首饰与腕表 ····································· 133

　　任务四　电子产品与美容仪器 ································· 153

　　任务五　母婴食品与保健品 ··································· 166

　　任务六　其他品类 ··· 171

项目七　海南离岛免税商品鉴赏技巧

　　任务一　了解免税品品牌背景 ································· 183

　　任务二　分辨离岛免税商品的质量与真伪 ······················· 190

　　任务三　比对免税商品价格 ··································· 201

　　任务四　掌握选择适合自己的商品技巧 ························· 205

项目八　海南旅游与离岛免税购物的融合

　　任务一　海南离岛免税旅游线路 ······························· 210

　　任务二　海南免税购物体验旅游活动 ··························· 223

参考文献 ··· 228

信息化资源索引

项目	信息化资源		页码
项目一 认识免税品	微课学习	免税的相关概念	10
	课程动画	免税品与奢侈品	22
	拓展学习	拓展一：提高海南免税奢侈品销售比重　加快打造国际旅游消费中心	28
		拓展二：中国中免，成色几何？	
	互动练习	判断题 选择题	28
项目二 免税业的起源与发展	微课学习	免税业的历史与发展	35
		三亚国际免税城	40
	课程动画	世界免税业的起源	31
	拓展学习	拓展一：免税英雄——Brendan O'Regan	46
		拓展二：提高内地旅客免税额度助力香港经济更快复苏	
	互动练习	判断题 选择题	46
项目三 认识海南离岛免税政策	微课学习	海南离岛免税政策的优势	59
	课程动画	为什么人们爱买免税品	61
	拓展学习	拓展一：优化海南离岛免税政策的调研与思考	62
		拓展二：境外购蛋糕"抢食"不易，海南免税市场如何推动消费回流	
	互动练习	判断题 选择题	62
项目四 海南离岛免税购物流程与注意事项	微课学习	海南离岛免税的购买条件	65
		海南离岛免税的提货方式	70
	课程动画	理性消费，谨防"套代购"	77
	拓展学习	拓展一：案值上亿元！免税店"套代购"被严查	81
		拓展二：免税代购300元拉大学生"下水"？团伙每天成交几十万……有人走私判十年	
	互动练习	判断题 选择题	81
项目五 海南离岛免税购物攻略	微课学习	机场免税店和市内免税店的优缺点	89
	课程动画	海南离岛免税购物攻略	104
	拓展学习	拓展一：海南免税产业链专题报告：海阔凭鱼跃，奋起正当时	108
		拓展二：海南通过发放离岛免税等多领域消费券，激发消费潜力	
		拓展三：海南离岛免税释放消费活力！	
	互动练习	判断题 选择题	108

续表

项目		信息化资源	页码
项目六 海南离岛免税商品分类与特点	微课学习	兰蔻——优雅浪漫的法兰西玫瑰	113
		雅诗兰黛——护肤帝国的不老传说	116
		SK-Ⅱ——年龄只是一个数字	123
		路易威登——一口箱子的时光之旅	126
		香奈儿——典雅女人味	128
		普拉达——女王的气场	130
		江诗丹顿——与时间同行	146
		天梭——时间，随你掌控	150
	课程动画	不同皮肤如何护理？	123
		为什么女性爱买包？	133
		珠宝首饰的清洁与养护	143
		如何辨别腕表的种类？	153
	拓展学习	拓展一：海口国际免税城已有哪些品牌入驻？	180
		拓展二：出海新路径？花西子于cdf三亚国际免税城开了首个中国美妆独立门店	
	互动练习	判断题 选择题	180
项目七 海南离岛免税商品鉴赏技巧	微课学习	免税品消费群体	187
		品牌的定义	190
		品牌的作用	190
	课程动画	免税品也会有假货吗？	193
	拓展学习	拓展一：海南免税店线上预定和实体店购物有哪些区别？	208
		拓展二：海南离岛免税购物有效促进国内消费提质升级、吸引境外消费回流	
	互动练习	判断题 选择题	208
项目八 海南旅游与离岛免税购物的融合	微课学习	免税品的线下营销	226
		免税品的线上营销	226
	拓展学习	拓展一：聚焦博鳌亚洲论坛｜海口国际免税城：打造海南离岛免税消费"新名片"	227
		拓展二：直击消博会｜2023年离岛免税购物金额达437.6亿元 海南探索"免税＋文旅"	
	互动练习	判断题 选择题	227
参考文献		各项目互动练习答案	229

项目一

认识免税品

▶ [学习目标]
● 了解免税品的范围
● 理解免税品与奢侈品的概念
● 区分免税品与奢侈品的差异
● 识别世界免税品牌

▶ [任务导学]
● 任务一　免税品的定义与范围
● 任务二　免税品与奢侈品的差异
● 任务三　世界知名免税品牌的现状

▶ [引例]

免税购物催热海南旅游

自2011年海南离岛免税政策落地实施，cdf海口美兰国际机场免税店开业以来，这里在售的商品品牌从几十个增至600多个，经营面积从637平方米增至1.7万平方米以上，累计服务旅客1亿人次，累计销售3 503万件免税商品，免税销售额超过247亿元，已成为游客离岛购物的热门目的地。

通过引进品牌、限定产品等方式，cdf海口美兰国际机场免税店吸引了越来越多的游客前来消费。"今后我们还将举办丰富的促销活动，回馈更多游客。"cdf海口美兰国际机场免税店常务副总经理郝志强说。

机场之外，免税购物也有好去处。2023年12月底，cdf三亚国际免税城C区全球美妆广场开业，成为目前全球唯一一家以美妆作为主体产品的独栋商业综合体。开业当天，这里推出精选品牌"折上享8倍积分""满额礼赠"等多种优惠活动。

"还没开门就赶来等着，本以为这样可以避开人潮，没想到还有人比我们来得更早！"来自湖南的张女士专程前来打卡cdf三亚国际免税城，对全球美妆广场的火爆程度感叹不已。

据了解，去年（2023年）以来，cdf三亚国际免税城聚焦首发首秀首店经济，新增了177个全球知名品牌门店，品牌总量已超过850个。

（资料来源：https：//sdxw.iqilu.com/share/YS0yMS0xNTMyNDEwNg==.html）

图 1-1　cdf 三亚国际免税城

思考：免税品是什么？对游客为什么有如此巨大的吸引力呢？让我们开启本项目的学习一探究竟。

任务一　免税品的定义与范围

一、免税品的定义

免税是旅游零售业态中的一种重要形式，其本质为国家财政税收让利，具有较强政策属性。免税零售运营商获取由国务院或其授权部门批准的经营资质后，在港口、交通工具以及城市内特定场所，向满足条件的旅客提供免税商品销售服务。目前免税店已经成为我国人民奢侈品消费的主要渠道之一。

（一）免税品的概念

免税品也叫免税商品，是指免征进口环节海关税、消费税、增值税，且需经由海关核准的具有免税资质的商品，包括试用品及进口赠品。

根据管理制度的不同、免税商品销售的地区不同，免税商品的概念不一。并且，随着国际、国家及地区的经济发展，免税品政策及概念会不断演变。

一般而言，国内销售的免税品是指经营单位按照海关核准的经营品种，免税运进专供其免税店向规定的对象销售、供应的进口商品。免税店经营的免税品品种，应由经营单位统一报经海关总署批准；免税店销售的免税进口烟草制品和酒精饮料内、外包装的显著位置上均加印"中国关税未付"（China Duty Not Paid）中、英文字样[①]。

---

① 什么是免税品？[EB/OL]．(2005-08-26) [2024-03-21]. http://yinchuan.customs.gov.cn/customs/302427/302438/xyjg/456681/index.html.

《口岸出境免税店管理暂行办法》中"免税商品"概念指免征关税、进口环节税的进口商品和实行退（免）税（增值税、消费税）进入口岸出境免税店销售的国产商品[①]。

《中华人民共和国海关对免税商店及免税品监管办法》则将"免税品"概念界定为经营单位按照海关总署核准的经营品种，免税运进专供免税商店向规定的对象销售的进口商品，包括试用品及进口赠品[②]。

（二）免税品的内涵

从免税品的税种属性来看，免税品免征的是关税，以及进口环节的增值税、消费税等。

图 1-2　天津滨海国际机场 cdf 免税店 DUTY FREE

不交增值税的货物，就不能开增值税发票。需要注意的是，免税品免的是进口环节的增值税，销售环节的增值税不会免（如表 1-1）。

表 1-1　免税品免去的税种

税种	概念
关税	关税是一个城市或国家征收的进口税赋或费用
增值税	进口增值税，是指进口环节征缴的增值税，属于流转税的一种。不同于一般增值税对在生产、批发、零售等环节的增值额为征税对象，进口增值税是专门对进口环节的增值额进行征税的一种增值税
消费税	消费税是以消费品的流转额作为征税对象的各种税收的统称，是政府向消费品征收的税项，征收环节单一，多数在生产或进口环节缴纳

从免税品的产地来看，国内销售的免税品包括进口商品和国产商品，但以进口商品为主。免税品不全是进口货，有些国产商品的价格在关外购买会便宜不少。比如中国国内对于高档烟酒等商品有较为严格的控制，所征收的税款也相应较高，但对于这类商品的出口却有较大的优惠政策，因此在关外（比如机场免税店）购买的价格要远低于国内市场。当

---

① 参见《口岸出境免税店管理暂行办法》第四条。
② 参见《中华人民共和国海关对免税商店及免税品监管办法》第三十条。

然，并不是所有的国产商品都会有如此大的价差，比如衣服、鞋帽等日用品，本身征收的税款就比较低，所以即使免税了也没有太大的差别，而且免税店区域毕竟有限，免税店内选择的品牌和种类范围是有限的。

从免税品的购买条件来看，一般来说，持有效证件的消费者可以在离开实施免税政策地区前，在免税店内购买限额限量的免税商品。但我国海南免税市场，也可以在离岛后在线上商城购买商品，线上下单，商品邮寄到家，从免税品的缴纳税率来看，免税商品由于免征了进口环节税收，价格普遍低于专柜等其他零售渠道，具有明显价格优势。免税零售以进口高档商品为主，品类涵盖香化、烟酒、珠宝首饰、腕表、箱包等，此类商品在进口时需缴纳税率较高的进口关税、进口消费税及进口增值税。经粗略测算，进口香水、高档化妆品、卷烟/雪茄烟、高档手表、酒累计税负约为37%、34%~40%、102%~221%、53%~62%、38%~133%。

（三）免税品的特点

长期以来，牌照和价格被认为是免税的核心竞争力。根据对免税品概念和内涵的理解，免税品一般具有以下特点。

1. 价格优势

在免税店可以看到，许多免税品的价格相较于国内商场便宜很多。这是因为国内商场销售的产品还需要缴纳一定的税费，而在免税店则可以享受到税收优惠，因此免税品通常具备质价俱优的特点。免税店进口商品的优惠税率通常高于20%，国产商品的优惠税率大多也高于10%；部分高档商品及税负较高的商品品类优惠税率通常可以达到30%~50%，较高的甚至可达到95%，免税品的价格吸引力从中可见一斑[①]。

图1-3 三亚海旅免税城三层香化区
（图片来源：海南网络广播电视台）

[①] 张书于. 中国市内免税店发展路径的研究：基于韩国市内免税店的发展经验[D]. 北京：商务部国际贸易经济合作研究院，2021.

并且，部分免税品集团会通过优化供应链、降低运营成本、参与政府消费券活动、积分抵扣、消费满减、折扣等手段，进一步降低商品价格。由此一来，消费者在购买免税品时，可以享受到更加优惠的价格。

需要注意的是，并非所有进口商品在免税店都会比国内商场便宜，有些商品在免税店的价格甚至可能高于国内商场，不同免税店的价格可能存在差异，这就需要消费者自己判断和比较，确保自己能够买到物美价廉的商品。

2. 品牌优势

对于免税公司而言，大品牌的商品通常具有较高的附加值和利润空间，免税店销售这些商品可以获得更高的利润。此外，大品牌商品的定价也相对稳定，有助于免税店保持价格竞争力。免税店通常会与大品牌进行合作，推出独家优惠、限量版商品、主题活动等，以吸引消费者前来购物。这种营销策略有助于提升大品牌的曝光度和销售额，同时也为免税店带来更多的客流和收入。

对消费者而言，随着消费者对高品质生活的追求不断提高，大品牌商品的市场需求也在不断增加。免税店作为高端购物场所，自然要满足这部分消费者的需求。当免税店内聚集的商品具有一定知名度和强大的品牌影响力时，消费者在免税店购物往往更倾向于选择那些他们熟悉并信任的大品牌。并且，这类商品售价较高，消费者可以在免税品店购买到划算且实惠的商品。

3. 品质优势

商品质量和真实性是吸引消费者的主要原因之一。从货物的源头来看，免税品通常是从各国际品牌知名的品牌商、授权经销商采购或其他正规渠道直接采购的，并且免税集团会对商品供应商的资质进行审核，同时在海关的监管下完成采购流程，从而保障了货源的合法性和质量。

当免税商品到达我国口岸后，检验检疫局将从检查货证是否相符、产品包装、标签版面格式、产品感官性状、运输工具、集装箱或存放场所的卫生状况等方面进行检验，全部合格才能进入销售渠道。免税商品中的残次品在海关及检验检疫的监管下进行销毁，以防流入国内市场，确保免税品的质量。经过海关和质检部门的严格检验后，商品上会附着标签和防伪标识，这些信息往往能够揭示商品的真实身份，且能追溯商品的源头，因此免税商品品质保真。消费者还可以通过查询商品的批次号、生产日期等信息来核验商品真假。

（四）免税品的销售模式

1. 国际免税市场

在免税市场中，免税品的销售模式主要分为退税（Tax Refund）和免税（Duty Free）两种模式。退税是指境外旅客（包括外国人和中国港澳台同胞）在境内购买符合退税条件的商品后，根据境内区域有关退税政策，在离境时可以到退税机构或在线上平台（如免税店、商场退税点、机场KIOSK机器、支付宝、海关认证的退税系统等渠道）办理退税服务。有些企业针对中国人购物推出了海外购物退税服务，如果在海外没有完成购物退税，在国内也能完成。消费者凭借相关凭证，如护照、购买记录、退税单据等材料，可以申请退还支付金额中的增值税，一般为商品售价的5%～20%。如泰国免税店的退税率一般在7%～10%之间，退税的价格档位会根据消费金额划分，不同类型产品可能存在一定差异。

免税是指在入境旅游的一些国家和地区划定的特定区域内，如口岸、运输工具、市内免税店等地，购买免税品时不需要缴纳进口关税、进口环节的增值税与消费税等税费，商品购买价格自动扣除20%～100%的税率。

退税和免税模式虽在政策规定和实施流程上存在差异，但主要都是通过减免部分税收体现免税品价格优势，以此刺激地方的旅游产业及第三产业发展，带动当地的经济发展。

2. 中国免税市场

免税市场可以理解为一种特殊的市场机制。它是指依照国家规定在特定区域内（如机场、港口等边境区域以及市内海关监管区域等）设立的，允许具有免税购买资格的境内外人士在购买商品时享受免征关税、消费税和增值税的优惠政策的市场。就目前发展而言，中国免税市场主要以免税为主。

免税商品主要分为两类：

（1）进口商品

这类商品在国内销售时，其价格中通常包含了关税、消费税和增值税等税赋。由于国内对关税及进口环节税实行从价征税原则，一般贸易进口产品在国内市场进行销售时，价格中已包含了各项税负。在免税商店购买同类商品时，消费者则无需再缴纳关税和进口环节税，从而享受到更为优惠的价格。

（2）国产商品

虽然这些商品本身并不涉及关税问题，但在免税商店购买时，消费者仍可以享受退税或免税的优惠。这通常是为了鼓励消费者在这些特定区域购买商品，从而带动当地经济的发展。

2011年4月，我国开始试行离岛旅客免税购物政策，规定考虑到离岛免税店经营的免税商品大多在境内消费，如经营退税的国产商品将对国内同类国产商品普通零售业务产生不公平税负，因此，海南免税商品限定为进口品，而不包括国产品[①]。

2020年3月，国家发改委等多部门发布的《关于促进消费扩容提质加快形成强大国内市场的实施意见》中提到，将在国内免税店设立一定面积的国产商品销售区，引导相关企业开发专供免税渠道的优质特色国产商品。通过优化国内市场供给，进一步改善国内免税业消费环境，促进消费扩容提质，从而加快形成强大国内市场。同时，将免税店打造为扶持国货精品、展示自主品牌、传播民族传统文化的重要平台[②]。

2022年4月，《国务院办公厅关于进一步释放消费潜力促进消费持续恢复的意见》中

---

① 财政部关于开展海南离岛旅客免税购物政策试点的公告［EB/OL］.（2011-03-24）［2018-05-12］. https：//www.gov.cn/zwgk/2011-03/24/content_1830770.htm.

② 关于促进消费扩容提质加快形成强大国内市场的实施意见［EB/OL］.（2020-02-28）［2023-11-22］. https：//www.gov.cn/zhengce/zhengceku/2020-03/13/content_5490797.htm.

提出，完善市内免税店政策，规划建设一批中国特色市内免税店①。北京已有政策支持机场免税店销售国货精品，上海也提出支持免税品经营企业增设市内免税店，并在免税店设立一定面积的国产商品销售区。

2020年以来，上海家化旗下的佰草集等品牌已进入上海浦东机场、北京大兴国际机场等机场免税店；自然堂品牌已进入上海吴淞口国际邮轮港的免税店，实现了国产化妆品进入免税店的突破②。目前，海南控股旗下的GDF免税城已经引进名优国产白酒，以完税形式在店内展示和销售；飞亚达手表也是进驻免税店的国内著名品牌；GDF免税城现场还展示销售海南控股旗下莺歌海盐场银山品牌老盐产品；诞生于中国杭州的美妆品牌花西子，成为cdf三亚国际免税城首个拥有独立门店的中国美妆品牌（如图1-4）。

图1-4 美妆品牌花西子在cdf三亚国际免税城门店

（图片来源：https://www.sohu.com/a/751219698_121123722.）

二、免税品的范围

免税店的销售品类多样化，包括香化产品、烟酒、时装及包箱、食品、电子产品等类别。根据国内的免税品政策，免税品的范围不尽相同。

（一）口岸进境免税店的销售品类

2016年，为满足国内消费需求、丰富国内消费者购物选择、方便国内消费者在境内购买国外产品，国家决定恢复和增设口岸进境免税店，并将其设立在对外开放的机场、陆路和水运口岸隔离区域，使其成为面向进境旅客免进口税购物的经营场所。根据财政部、商务部、

---

① 国务院办公厅关于进一步释放消费潜力促进消费持续恢复的意见［EB/OL］.（2022-04-20）［2023-11-22］. https://www.gov.cn/gongbao/content/2022/content_5690991.htm.

② 国产化妆品入驻免税店 中国品牌加速进入国际主流零售市场［EB/OL］.（2020-11-29）［2023-11-22］. https://m.news.cctv.com/2020/11/29/ARTIqZLGAIM0FLWatibveXs5201129.shtml.

海关总署、国家税务总局、文旅部五部门联合发布的关于口岸进境免税店政策的公告显示，口岸进境免税店经营品类包括如下范围（见表1-2）。

表1-2 口岸进境免税店经营品类[①]

品类	商品范围	备注
烟		2条（合计不超过400支）
酒		2瓶（合计不超过1.5升）
香化产品	彩妆、护肤品、香水	
美容美发及保健器材	剃须刀、化妆工具、美容及保健器材	
手表	手表、表带、表链	
眼镜	眼镜、太阳镜、眼镜片、眼镜框	
一、二类家用医疗器械	血糖计、血糖试纸、电子血压计、红外线人体测温仪	已取得进口医疗器械注册证或备案凭证
纺织品和鞋子	服装、丝巾、围巾、领带、手套、手帕、皮带、袜子、鞋子、帽子、其他棉织品、其他毛织品	
小皮件和箱包	小皮件、箱包	
首饰和工艺品	首饰、工艺品、摆件、挂件	
食品和保健食品	饼干、干果、果脯、保健品、蜂蜜、咖啡、咖啡豆、谷物片、奶茶、巧克力、糖果、蜂王浆制剂、西洋参胶囊（冲剂）、红参胶囊（冲剂）、高丽参胶囊（冲剂）、鱼油、维生素、钙片、胶原蛋白	参制品、保健食品、蜂蜜、蜂王浆制剂须为非首次进口，即已取得进口保健食品批准证书
婴儿配方奶粉或辅食	零售包装的婴幼儿配方奶粉及辅食	婴儿配方奶粉应符合《进出口乳品检验检疫监督管理办法》（国家质检总局2013年第152号令）的要求，限购4件且合计重量不超过5千克
尿不湿	尿不湿	
其他百货	笔、玩具（含童车）、转换插头	

（二）口岸出境免税店的销售品类

免税商品的经营范围，严格限于海关核定的种类和品种。

（三）离岛免税店的销售品类

离岛免税政策是一种特殊的免税经营模式，当前国内只有海南省推行此政策。在实施期间，离岛免税政策经历多次调整，免税范围逐渐放宽。目前，海南离岛免税共涵盖45类商品，包括化妆品、首饰、箱包、眼镜、服装服饰、手表、手机、酒类等（如表1-3）。

[①] 五部门关于口岸进境免税店政策的公告［EB/OL］.（2016-02-20）［2024-01-13］. https：//www.gov.cn/xinwen/2016-02/20/content_5044056.htm.

表1-3 海南离岛免税店的销售品类①

序号	商品品种	每人每次限购数	序号	商品品种	每人每次限购数
1	首饰	不限	24	参制品（西洋参；红参；高丽参胶囊及冲剂）	不限（备注：非首次进口，即已取得进口保健食品批准证书）
2	工艺品	不限	25	谷物片；麦精、粮食粉等制食品及乳制品；甜饼干；华夫饼干及圣餐饼；糕点、饼干、烘焙糕饼及类似制品	不限
3	手表	不限	26	保健食品	不限（备注：非首次进口，即已取得进口保健食品批准证书）
4	香水	不限	27	蜂王浆制剂	不限（备注：非首次进口，即已取得进口保健食品批准证书）
5	化妆品	30件	28	橄榄油	不限
6	笔	不限	29	尿不湿	不限
7	眼镜（含太阳镜）	不限	30	陶瓷制品（骨瓷器皿等）	不限
8	丝巾	不限	31	玻璃制品（玻璃器皿等）	不限
9	领带	不限	32	家用空气净化器及配件	不限
10	毛织品	不限	33	家用小五金（锁具；水龙头；淋浴装置）	不限
11	棉织品	不限	34	钟（挂钟；座钟；闹钟等）	不限
12	服装服饰	不限	35	转换插头	不限
13	鞋帽	不限	36	表带、表链	不限
14	皮带	不限	37	眼镜片、眼镜框	不限
15	箱包	不限	38	一、二类家用医疗器械（血糖计；血糖试纸；电子血压计；红外线人体测温仪；视力训练仪；助听器；矫形固定器械；家用呼吸机）	不限（备注：已取得进口医疗器械注册证或备案凭证）
16	小皮件	不限	39	天然蜂蜜及其他食用动物产品（天然蜂蜜；燕窝；鲜蜂王浆；其他蜂及食用动物产品）	不限
17	糖果	不限	40	茶、马黛茶以及以茶、马黛茶为基本成分的制品（绿茶；红茶；马黛茶；茶、马黛茶为基本成分的制品）	不限

① 离岛免税商品品种及每人每次购买数量范围[EB/OL]．(2020-06-29)[2024-01-30]．http://big5.www.gov.cn/gate/big5/www.gov.cn/zhengce/zhengceku/2020-06/29/5522649/files/66fca6c540fb43a38fc49fb5f112e52e.pdf.

续表

序号	商品品种	每人每次限购数	序号	商品品种	每人每次限购数
18	体育用品	不限	41	平板电脑；其他便携式自动数据处理设备；小型自动数据处理设备；微型机；其他数据处理设备；以系统形式报验的小型计算机；以系统形式报验的微型机	不限
19	美容及保健器材	不限	42	穿戴设备等电子消费产品（无线耳机；其他接收、转换并发送或再生音像或其他数据用的设备；视频游戏控制器及设备的零件及附件）	不限
20	餐具及厨房用品	不限	43	手机；手持（包括车载）式无线电话机	4件
21	玩具（含童车）	不限	44	电子游戏机	不限
22	零售包装的婴幼儿配方奶粉及辅食	不限	45	酒类（啤酒、红酒、清酒、洋酒及发酵饮料）	合计不超过1 500毫升
23	咖啡（咖啡豆；浓缩咖啡）	不限			

注：1件商品是指具有单一、完整包装及独立标价的商品，但套装商品按包装内所含商品的实际件数计算。

微课学习：免税的相关概念

任务二 免税品与奢侈品的差异

▶ [引例]

疫情后的消费，奢侈品成最大赢家？
广州爱马仕门店曾一天卖了1 900万元！海南免税店也火了

2020年8月下旬，海口美兰国际机场CPB（中文名"肌肤之钥"，资生堂旗下美妆品牌）的导购说，自从暑期以来，她每天在柜台连吃饭的时间都抽不开，前来选购香化类产品的旅客络绎不绝，爆款唇膏长期断货，前来购买的人群中不乏扫货的人——单个人购买上万的情况也并不少见——让人怀疑其身份或许就是专业代购。来自广州的马女士（化名）往年出国旅游最不可缺少的环节就是购物。"看到海南免税新政策，感觉很吸引人，去海南买买买，还不用出国，可以避免疫情造成的冲击。"马女士说道。

"对于我们这些出国主要诉求只是买买买的消费者来说，随着海南免税新政策的推出，我们反倒成了最大受惠者。但是三亚海棠湾国际免税城人是真的多，各个大牌诸如古驰（GUCCI）、香奈儿（CHANEL）门前都排起了长队，8月中旬去的时候每个店门口都排了20人以上，奢侈品店铺逛出了菜市场的效果。不过香化类商品确实是便宜的，大都三件八五折，且有许多本身价格就有优惠的免税店专供套组，好多热门品牌都被买空了。箱包类对比来看还是以往国外的价格更为划算，我去海南前两周自己就在各大网站上查阅了相关攻略，进行价格比对，计算各类优惠券叠加方式。"马女士对记者说道。

疫情之后的消费，奢侈品竟然成了最大赢家。路易威登（LV）、香奈儿、GUCCI、菲拉格慕等纷纷在包括中国在内的部分市场涨价。一如往常，涨价没能打击中国消费者的积极性，消费者反而会为了避免新一轮涨价买得更多。奢侈品不仅是海南各个免税店销售火热，广州太古汇爱马仕4月后重新装修开业当天，销售额突破270万美元，达到了1 900万人民币，甚至还一直缺货。这个业绩不仅被认为是爱马仕在中国最高的单店成交额，创下了该品牌全国新门店开业首日业绩新高，更是在全球奢侈品低迷的情况下，给奢侈品行业打了一剂强心针。也让一直郁郁寡欢的实体零售重新焕发生机。尽管机遇和火爆程度前所未有，但是否能成为境内免税店和实体零售业"逆风翻盘"的真正"转折点"仍存争议。对于奢侈品销售来说，免税牌照既是稀缺资源，也是巨量市场通道。

图1-5 游客在三亚国际免税城购买免税商品

（资料及图片来源：《21世纪经济报道》2020年8月29日）

思考： 上述案例中，我们发现免税店内售卖的奢侈品受到大众的追捧，那么奢侈品是免税品吗？二者之间存在哪些差异？

一、奢侈品概述

(一) 奢侈品的定义

当前,学术界对奢侈品的定义尚未形成统一的认识,其含义是由不同国家、社会结构、社会文化内涵以及经济条件决定的,奢侈品(Luxury)所涵盖的范围可能会随之变化。随着社会生产力的发展,公众的收入水平、消费能力不断提升,一定时期的奢侈品可能成为另一时期的生活必需品。对不同的消费主体来说,不同的消费能力有着不同的消费认知,对某些人来说是奢侈品,但对另一些人来说可能只是必需品。

经济学角度认为,随着收入的增长,奢侈品的需求量也会增长,若需求的增长幅度高于收入的增长幅度,该商品就是奢侈品。

国际上一般认为,奢侈品是指一种超出人们生存与发展需要范围的,具有独特、稀缺等特点的消费品,又称为非生活必需品。

从学理上看,国内外具有代表性的学者总结出以下常见概念(见表1-4、表1-5)。

表1-4 国外具有代表性的"奢侈品"定义[①]

年代	作者	定义	侧重点
1994年	迪布瓦(Dubois)	奢侈品一词含有"高档的、高质量、具有品位的、阶层"的意义	质量、品位以及阶层的印记
1997年	卡普费尔(Kapferer)	奢侈品代表的是美好的事物,是应用于功能性品牌的艺术	不仅是纯粹物品,它还是高品位的代名词
1998年	纽诺(Nueno)、奎尔奇(Quelch)	奢侈品是功能效用在价格中占比很低,但无形和情境效用占比很高的品牌	无形和情境效用大于功能效用
2000年	尼娅(Nia)、扎伊可夫斯基(Zaichkowsky)	奢侈品是指那些拥有最高级的声望品牌,包含了一系列物质的和心理的价值	声望品牌与物质、心理价值
2005年	莫特尔曼(Mortelmans)	奢侈品是指那些拥有的符号价值在功能价值和经济价值之上,或符号价值代替了这些价值的品牌	符号价值最大化,对象征意义的追求
2010年	哈娜(Han)	通过购买商品或服务,为购买者带来地位或社会声望价值的品牌	买奢侈品是为了得到地位和社会声望价值
2011年	汉森(Hansen)、旺克(Wanke)	奢侈品是非必需的却带来享受和快乐,或昂贵的及难以获得的品牌	奢侈品带来的享受、愉悦及排他性

---

① 戴竞宇,沈沉.奢侈品时尚学[M].北京:中国纺织出版社,2022:8.

表1-5 国内具有代表性的"奢侈品"定义

年代	作者	定义	侧重点
2008年	朱明侠、周云①	广义上认为，奢侈品是指消费者对某件特定商品预期会给自己带来的体验价值远远高于该商品具有的使用价值的一类特殊商品	其主要功能不是实现使用价值的转移，而主要是满足体验及心理的需求
2011年	吴红梅、田明华、刘禹含②	狭义上认为，当一种商品的奢侈度λ，即价格与功能性价值的比值大于等于临界值3.35时，该商品为奢侈品	基于奢侈度的角度提出奢侈品定义

奢侈品最早出现在欧洲的一些国家，皇室宫廷生活中的奢侈消费主要集中在各种节日、公共演出和招待会等，奢侈品往往会表现为建筑物本身、服装等，华丽的装潢与服饰受宫廷达官贵妇钟爱与追随，如伦敦百年历史地标伯灵顿拱廊，这是英国皇室与明星最钟爱的英伦风购物中心（如图1-6）。该地标位于伦敦富人区梅菲尔（Mayfair），在伦敦最繁华的皮卡迪利大街和邦德街交会处。从1819年创建至今，伯灵顿拱廊已有二百余年的历史，是19世纪中期的欧洲购物廊和现代购物中心的先驱。拱廊的玻璃装饰、墙壁上的玫瑰花雕刻等细节，都反映出英国贵族们对精致生活的极致追求，其丰富的文化底蕴孕育了许多历史悠久且精致奢华的经典品牌。伯灵顿拱廊的品牌之所以被认为奢侈，不仅仅是因为昂贵的价格，更多的是它们所承载的历史和一种对于手工艺品的锲而不舍的匠人精神。

图1-6 伦敦百年历史地标伯灵顿拱廊

---

① 朱明侠，周云. 奢侈品的广义定义及其研究框架[J]. 经济师，2008（7）：31-32.
② 吴红梅，田明华，刘禹含. 基于奢侈度的奢侈品定义及管理研究[J]. 商业研究，2011（8）：195-199.

在中国，早期的奢侈品是那些非常昂贵、大部分人消费不起和带有炫耀性的物品，如名牌箱包、高级成衣、珠宝、名表、高档汽车、私人飞机和豪华游艇等等。随着消费观念的日益成熟，奢侈品消费行业实际上更多代表了一种高品质的生活方式。尤其在千禧年之后，受消费主义和享乐主义的影响，中国顾客的奢侈品消费动机表现为自我享乐、讲究品质和亲朋馈赠。

（二）奢侈品的特征

奢侈品往往与品牌塑造、过硬的质量与卓越的工艺、优秀的设计理念及历史积淀、文化传承有着紧密的联系。品牌成功是奢侈品的重要标准，它代表消费者对产品质量的信任、对服务水平的期待以及对品牌企业价值观的认同。在消费者心中，奢侈品往往与卓越的品质、独特的风格和优质的服务有着紧密的关系。奢侈品具有如下特征。

1. 工艺卓越

精湛的手工艺是奢侈品牌发展的重要原因，奢侈品需要手工艺人经过多年的学习和经验积累才能形成，尤其是在欧美国家，手工匠人的生存空间较好。在手工制作过程中，匠人技艺不断提升，而艺术家凭借源源不断的灵感和创新精神，将新技术和新材料应用于产品中，并将自身的情感与理念通过手作方式展现出来，从而满足消费者动态变化的需求（如图1-7）。

图1-7 萧邦（Chopard）品牌作品草图

在原料选取上，奢侈品使用的材料往往经过严格筛选，确保其质量上乘、经久耐用，如高级皮革、宝石、稀有金属等。奢侈品品牌拥有严格的品质控制体系，确保产品符合品牌的标准和要求。在制作过程中，每个流程和细节都经过精心打磨和处理，从产品的外观到内部结构，保障产品的生产质量，从而体现品牌对品质的追求。

2. 历史性

奢侈品是物质的极致体现，也是文化传承与时代精神的象征。奢侈品牌大多集中在欧美国家，承载着特定的象征意义，比如象征权力和地位，尤其是法国和意大利的品牌，往往有着其深远的历史（如图1-8）。

图1-8　路易十四时期让-巴普蒂斯特·柯尔贝尔（Jean-Baptiste Colbert）
法国奢侈品行业的重要奠基人

文艺复兴期间，欧洲的文化艺术得到高度的发展，这也成为成就高端时尚产品的人文与经济基础，当时的奢侈品也是身份和地位的象征。奢侈品的发展与经济增长发展有着紧密的联系，经济增长带来消费需求分化、生产效率提高，由此奢侈品市场得以快速发展。

3. 稀缺性

顶级奢侈品是非生活必需品，具备稀有性、昂贵性等特点，是满足极少数人工作或生活需求的商品。奢侈品的材质供给端具备稀缺性，而且制造商通常会采用限量生产的策略来体现产品稀缺性，同时产品设计彰显其在市场上的独特性，从而把产品价格提高。例如爱马仕等品牌的一些限量版产品甚至需要配货，或针对一定层级的消费者才进行售卖。这反而会极大地增加品牌的虚拟价值和吸引力，使其产品成为消费者追逐和渴望的对象。

4. 价格高

奢侈品牌往往会营造出可望而不可即的感觉来进行营销。奢侈品一般具有超出使用价值的符号价值，是消费者炫耀财富的象征符号。在消费定位上，奢侈品牌定位并非大众化，其目标消费者并不愿意使用一款人人都会用的产品。因此，奢侈品牌会提升销售价格，设置消费壁垒，制造与大众的距离感，营造出奢侈品牌只能是人们梦寐以求的品牌的感觉。

5. 社交属性

奢侈品被看作是一种社会标签，可以满足消费者的情感价值和身份认同感，或者彰显出社会地位和个人品位。拥有奢侈品的人，往往会被视为有更高的社会地位和经济实力的人。从消费动机来看，个体希望自己在他人眼里看起来生活得既得体又安全，获得社会身份认同，进而在社交圈子中获得尊重。人们在生活中会追求好的、彰显个性的、可以标识身份的物品，这使得奢侈品在社交场合中有着重要的展示作用。

（三）奢侈品消费场景

1. 免税奢侈品店

免税奢侈品店在国外已有超过百年历史，早已成为欧美、日韩等国家最流行的商业零售业态之一。产品的高质量和相对优惠的价格，使免税奢侈品在免税店中的零售销售额比重不断提高，购买免税品也成为和住宿、游览、美食等具有同样吸引力的旅游项目。奢侈品品牌方一般直接入驻免税奢侈品店，若没有免税牌照，可以由具有免税牌照的公司代理，因此奢侈品在质量上非常有保障。

2023年是三年新冠疫情防控后经济恢复发展的一年，对旅游业来说是不同寻常的一年。2023年前三季度，国内游客数达到36.7亿人次，实现旅游收入3.7万亿元，同比分别增长75%、114%。这期间，居民旅游需求得到集中释放，居民出行大幅度增加，在带动相关消费扩大的同时，也促进了经济复苏①。随后，中国旅游研究院发布的《中国入境旅游发展报告（2023—2024）》显示，2024年我国入境旅游市场发展态势持续向好。中国旅游研究院当时预计，2024年外国人入境市场有望恢复到2019年的八成，我国港澳台同胞入境市场将实现全面恢复②。截至2024年第一季度，中国国家移民管理局发布的数据显示，外国人来华数量同比增长3倍多；累计签发外国人签证证件46.6万人次，同比上升118.8%；免签入境外国人198.8万人次，同比上升266.1%。国内外游客出行人数、频次的增加，会对旅游零售业起到一定的促进作用③。中国中免公司2023年度的营业收入显示，来自海南和上海两大区域的营收金额分别是396.5亿元和178.2亿元④。由此可见，免税行业的市场空间在不断扩大，随着消费者对免税购物的需求增长，行业前景依然光明。2025年，中国海南有望取代韩国成为全球最大的免税市场。

2011—2019年，全球免税业市场规模呈现快速增长的趋势（如图1-9）。2020年，新冠疫情突如其来，导致旅游业持续低迷，全球免税市场尤其是机场渠道受到严重冲击和挑战，因此2020—2022年免税市场销售数据很不乐观。有机构认为，全球免税及旅游零售市场要到2023年之后才有可能恢复到2019年的销售规模水平。

---

① 2023年前三季度我国实现旅游收入3.7万亿元 同比增长114%[EB/OL].（2023-12-14）[2024-06-21]. https://baijiahao.baidu.com/s?id=1785224162995062868&wfr=spider&for=pc.

② 报告显示：我国入境旅游市场发展态势持续向好[EB/OL].（2024-06-25）[2024-08-22]. https://baijiahao.baidu.com/s?id=1802826359916598478&wfr=spider&for=pc.

③ 中方"免签朋友圈"扩容！外国游客扎堆[EB/OL].（2024-06-26）[2024-11-21]. https://new.qq.com/rain/a/20240626A0ALFJ00.

④ 中国中免：公司2023全年累计实现上海地区销售收入178.21亿元，同比增长25.99%[EB/OL].（2024-03-30）[2024-10-11]. https://ggjd.cnstock.com/zngg/de6f50f35f45af93cc6bb355a096620c.htm.

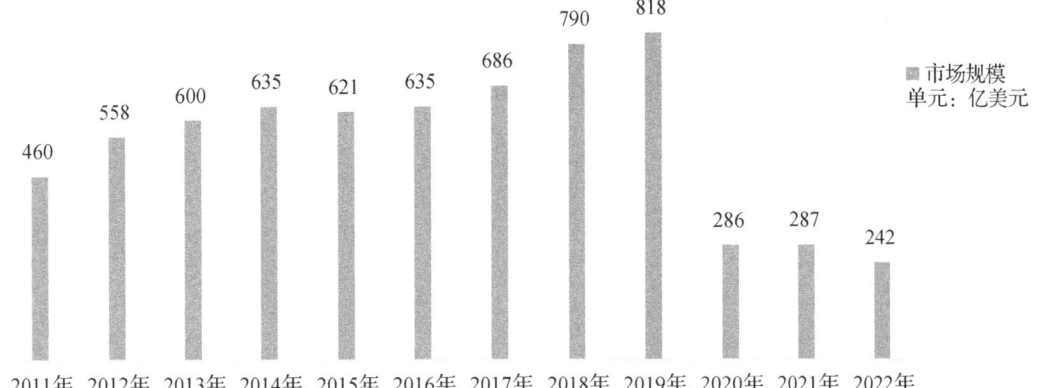

图1-9 2011—2022年全球免税业市场规模数据
（资料来源：据前瞻产业研究院公开数据整理）

作为旅游消费中的重要一环，国内开发免税奢侈品店的商业业态前景广阔。在免税旅游的大背景下，市场更加细分化，免税奢侈品店作为新兴的零售业态应运而生。在中国，奢侈品牌门店数量已经成为衡量一座城市商业发展水平的重要指标。上海、成都等城市奢侈品零售已自成风格，对海南来说，成为中国市场新兴的奢侈品消费目的地，无疑是促进消费升级和消费回流的目标之一。

中国消费者已经成为全球旅游零售领域最重要的消费力量，也是全球奢侈品消费的主力军，占据了欧洲本土奢侈品市场消费总量的重要份额。尤其在疫情后的几年里，海南已经成为国人奢侈品免税购物的最热门目的地。免税价格"真香"是吸引国人赴海南岛旅游消费的最核心驱动力。在免税旅游大背景下，海南自由贸易港持续加大免税政策优势，吸引国际国内品牌入驻海南免税店，完善商品流通体系，刺激国内消费回流，推动市场经济不断发展。

贝恩公司发布的《2022年全球奢侈品行业研究报告》指出，截至2021年，海南自由贸易港已成为中国市场不容忽视的新兴奢侈品消费目的地，其销售额约占中国境内奢侈品市场总销售额的13%。这一比例仍将持续走高。该公司还认为，海南离岛免税购物将成为未来中国奢侈品市场的重要方向。2023年，海南离岛免税购物金额达437.6亿元人民币，同比增长25.4%，其中重要推动力来自海南的离岛免税政策，消费者在海南购物可以享受更多优惠，这不仅对国内消费者有很大吸引力，也让大量境外消费者前来购物，进一步推动海南旅游零售市场发展。由此可见，引入并开设免税奢侈品店对提升旅游目的地的公众形象和经济效益有着一定意义。旅游目的地提供富有竞争力和当地特色的奢侈品，是优化游客购物体验的一大举措。

2. 奥特莱斯

奥特莱斯，英文是"Outlets"，其英文原意是"出口、出路、排出口"。在零售商业中，它专指由销售名牌过季、下架、断码商品的商店组成的购物中心，因此也被称为"品牌直销购物中心"（如图1-10）。在奢侈品零售产品的销售领域，厂家在生产过程中可能出现不达标的产品，或者在销售过程中出现下架、过季、断码的商品，无法给顾客提供奢侈品品牌理应提供的尊贵体验，那么这些产品会卖给消费能力相对低一些的人群。

图1-10　上海佛罗伦萨小镇

奥特莱斯最早诞生于美国，迄今已有100年的历史。"Outlets"最早就是"工厂直销店"专门处理工厂尾货的意思。后来逐渐汇集，慢慢形成大型购物中心，并逐渐发展成为一种独立的零售业态。工厂直销这种业态真正有规模的发展是从1970年左右开始的，主要从一些大型服装工厂和日用品加工企业的工厂直销开始。奥特莱斯的发展大致经历了以下三个阶段：

（1）1970—1987年

一些大型服装工厂和日用品加工企业利用工厂的仓库销售订单尾货，并开始在他们的仓库建立起直销折扣店（Outlet Store），基本上是一家工厂一个Outlet Store，所集商品既是优质品牌又价格低廉，吸引了大批顾客。

（2）1988—1996年

随着去工厂直销店购买商品的顾客越来越多，很多工厂就把直销店集中在一起开设，这时的购物中心一般都是真正的工厂直销，虽然以名牌和低价吸引顾客，但没有形成规模销售。而且购物中心离城市较远，一般在100～120公里左右，开车要一个多小时。

（3）1997年至今

进入20世纪90年代，Outlets业态在美国呈现快速进展的势头，截至1996年，美国境内已经建立了300多家奥特莱斯购物中心，并且有了奥特莱斯开发商的加入，至此这种营销形态发生了实质性的变化。首先，供货渠道从过去单一的商品工厂进展为商品工厂、品牌所有者、品牌代理商、品牌批发商乃至大型百货商店共同参与的专门供货渠道。其次，功能更加齐全，休闲购物一体化。最后，开始讲究购物环境并向城市靠近。因此，这种直销中心渐渐发展成为大型或超大型购物中心。特别是近两年，其销售额屡创新高。美国相关统计数字显示，全美有275个大型奥特莱斯中心销售增长率逐年大幅递增。目前，在美国、欧洲、日本甚至东南亚国家，均已出现这种业态并蓬勃进展。

迄今为止，奥特莱斯在规模和经营模式上已成为"品牌直营购物中心"。品牌的纷纷入驻，让这里成为它们库存的倾销地。21世纪以来，已成规模的奥特莱斯前期大部分是由房地产开发商负责奥特莱斯场地区域的开发。开发商组建专业的奥特莱斯管理层，面向奢侈品公司招商，定向发展。确定了规模和入驻商户之后，开发商、运营商便相互紧密配合，发挥各自的显著优势，进行规划、定位和营销，并逐渐形成独特的奥特莱斯文化与模式。

现如今，奥特莱斯主要有四种模式（见表1-6）。

表1-6 奥特莱斯的模式

模式	说明
联营模式	奥特莱斯联营模式借鉴的是百货商场的合作模式。这种模式采用统一收银方式。奥特莱斯商场按照合作扣款比例收取销售提成，扣除销售提成及必要费用后，余款按合同约定日期返还厂商，合作双方签订联营合同。这种模式在大卖场式奥特莱斯以及百货式奥特莱斯运用比较普遍。其优势是便于奥特莱斯商场迅速汇集大量现金流，合作双方风险共担；劣势是运营管理压力比较大，运营成本也比较高
租赁模式	奥特莱斯租赁模式借鉴的是大型购物中心（shopping mall）操作模式，它将一个个店铺租赁给品牌厂商，以收取租金的方式获得营业收入。这种模式在庄园式奥特莱斯以及城堡式奥特莱斯运用比较普遍。其优势在于一旦招商成功，后期运营成本以及运营管理压力不大；其劣势在于商场前期运作资金压力比较大，投资回收期比较长，对厂商的管理和控制力不强
自营模式	奥特莱斯自营模式一般属于辅助性质的模式。很多奥特莱斯商场在开业招商初期，为降低招商难度，会采买一些国际大牌服装作为标杆性品牌，以此吸引中高端品牌入驻。奥特莱斯商场往往也会自行代理或买断一些品牌的库存商品，一般所采购的商品要么用于补充招商品牌空缺，要么是预期毛利较高的库存商品。这种模式的优势在于拥有自主定价权以及灵活的调动能力，是填补空缺以及制造促销热点的佳品；其劣势是对商场业务买手眼光要求较高，管理事务烦琐。在国内这种模式所占比重很小，而在美国著名连锁折扣店塔吉特，其自营商品比重却相对比较高
托管模式	奥特莱斯托管模式也是属于辅助性质的模式。由于奥特莱斯商场主要目标合作商户是品牌厂商，很多厂商在外地，这些品牌厂商主要工作重心放在发展代理商和百货业务，无暇分身管理外地折扣店铺，因而会委托奥特莱斯商场管理，其托管的范围包括人员、货品、定价、促销等。厂商一般只负责提供货品以及进价，其余由商场进行管理操作。这种模式的优势在于商场拥有一定的自主定价权以及灵活的调动能力，可以根据商场的实际情况进行销售管理；其劣势在于账务处理相对比较烦琐，对商场的单品管理要求比较高

2002年，奥特莱斯（简称"奥莱"）进入中国。2002年12月18日，北京燕莎奥特莱斯购物中心开始试营业，中国第一家Outlets从此诞生，故称2002年是中国的"奥特莱斯元年"。迄今，奥特莱斯业态已经在中国发展了20余年，且成为一种保持正向增长的线下零售业态，增幅不断加快。据奥特莱斯行业数据统计分析，2002—2011年，年平均增幅6%～8%；2011—2016年，年平均增幅12%～15%；2016—2020年，年平均增幅达

18%～20%。到2021年，216家奥特莱斯门店共实现销售额1 380亿元人民币。其中"50亿＋"的奥莱2家，"40亿＋"的奥莱2家，"30亿＋"的奥莱5～8家，"20亿＋"的奥莱10家，"10亿＋"的奥莱24家。

如今，奥特莱斯逐渐被中国顾客所熟知，国内奥特莱斯店的折扣价低至1～6折，与当季新款产品形成错位竞争。随着经济的发展，奥特莱斯等商业体数量不断增加，国内主要模式分为"仓储式"和"花园式"。随着经济的发展，奥特莱斯产生以下特点。

第一，有足够的规模，占地面积大、绿地面积大、停车场容量大，建筑面积多大于5万平方米。这背后是其郊区型商业特性决定的，若建筑规模过小，品牌数量不足，则会使其商业吸引力不足。

第二，奥特莱斯主打低密度空间，一般设计成室外的开放式街区形态，为消费者带来休闲感，因此在布局和品牌入驻上，卖场店铺多、品牌多，集购物、餐饮、娱乐、文化、服务于一体。

第三，独特业态模式使奥特莱斯具有天然价格优势。在采购模式上，奥特莱斯以较低的价格向品牌商批量采购过季库存积压的商品，是奥特莱斯形成价格优势的主要原因；在销售模式上，奥特莱斯从品牌商处批量采购商品后，直接低价销售给消费者，避免了中间加价环节，维持了商品较低的价格。在营销方式上，一方面奥特莱斯的价格优势已具有天然的吸引力，节省了一部分推广宣传费用，另一方面品牌厂商为了呈现更好的销售业绩，会通过官网等低成本方式不定期发布折扣力度大于日常的特卖优惠活动，并设有会员与积分制度，不同等级的会员可以享受不同力度的额外优惠，累计购物积分还可以享受抵扣和兑换奖品等优惠。低成本、多样化的营销策略促使奥莱价格进一步下降。

在租赁成本上，奥特莱斯通常会选择远离城区的位置，以降低其租金成本；在基础设施投入上，奥特莱斯的商场设施相对简洁，大大降低了投入。奥特莱斯的租金一般低于传统商场，销售成本较低，有助于维持利润水平。

第四，奥莱业态兼顾品牌商库存处理与品牌形象，吸引品牌方入驻。在消费者的普遍认知中，奥特莱斯业态是低价销售知名品牌过季产品的独特渠道，因此知名品牌进入奥莱渠道销售并不会对其品牌形象有负面影响。奥特莱斯业态为品牌商提供了维护品牌形象与处理库存兼顾的销售渠道，帮助品牌缓解库存压力，很受品牌方欢迎。

3. 数字商城

数字商城是指利用互联网技术和电子商务模式，为消费者提供在线购物、交易和支付等一系列服务的电子商务平台。它是现代商业发展的产物，以数字化的形式集成了传统商城的功能和优势，为消费者提供了更加便利、高效的购物体验，催生了许多新商业模式的创新。数字商城的兴起，不仅改变了人们购物的方式，也对商业模式和市场格局产生了深远的影响，消费者可以很便捷地在淘宝、京东、得物或者品牌官网等渠道购买奢侈品（如图1-11、图1-12）。

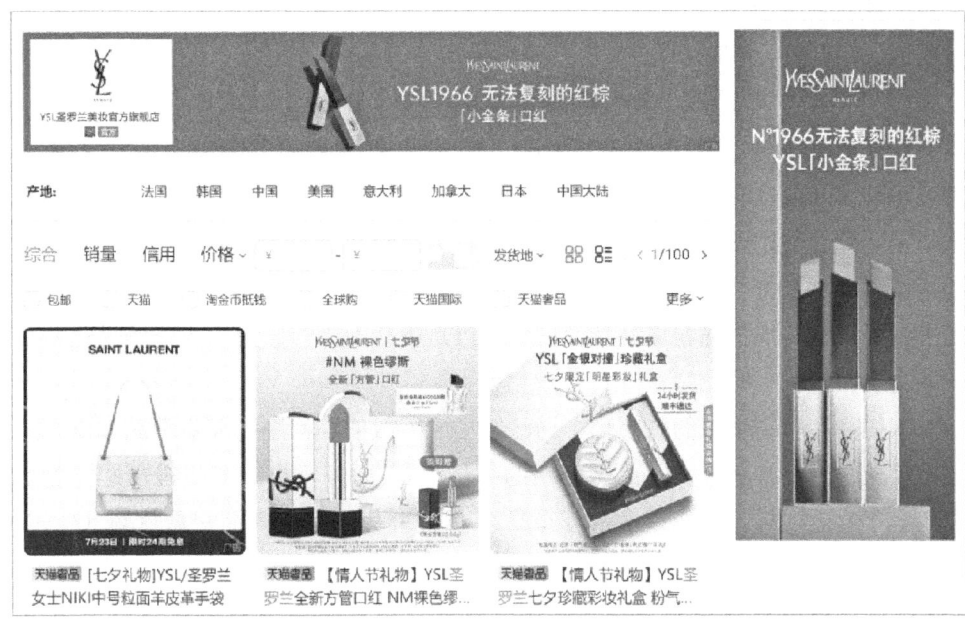

图 1-11 淘宝网上的品牌产品页面截图

图 1-12 香奈儿品牌官网截图

数字商城的出现改变了人们购物的方式。消费者不再需要亲自前往实体商店,可以通过手机、电脑等终端设备随时随地进行在线购物,这大大提高了购物的便利性和效率。商家也可以动态地、实时地收集和分析用户购物数据,根据用户的需求和偏好,制定更加精准的营销策略,进行精准化、个性化的推荐和营销,提升销售效果和用户满意度。

除了新零售体验,奢侈品在线上营销上也下了不少功夫。这两年,很多品牌都让自己的大秀"上云"。它们通过数字化手段,提高线下获客效率,这成为 2023 年奢侈品牌营销的新亮点。此外，基于圈层价值的有效私域流量，也在不断成为奢侈品牌的最核心资产，比如从2023年起各大品牌的时装大秀开始在腾讯生态App上陆续上线。2024年时装周期间，包括GUCCI、芬迪（FENDI）、普拉达（PRADA）、迪奥（DIOR）、圣罗兰（SAINT LAURENT）、罗意威（LOEWE）、巴黎世家（BALENCIAGA）、LV在内的奢侈品牌，也陆续在抖音App上打造云上秀场。麦肯锡预测，2025年线上奢侈品销售额将达到820亿美元。贝恩则认为，线上销售比例将会达到25%。随着数字时代的到来，线上渠道的建设为奢侈品牌增加了知名度，提高了顾客的购买意愿。需要注意的是，虽然中国的电商平台竭尽全力地拉拢奢侈品品牌进驻，但是屡禁不止的假货问题仍然是这些品牌望而却步的主要因素。

目前奢侈品品牌在中国的数字化布局已经形成了微信小程序、天猫奢品和京东三大主流渠道，相比之下，微信更像是品牌官网的"位移"。此外，小红书和抖音这样更加垂直的社交内容平台也在崛起。调查显示，2023年抖音奢侈品行业商品交易总额（GMV）同比增速达254%，2024年上半年仍保持高速增长，同比上涨超过45%。受顾客习惯转变和奢侈品品牌多渠道拓展的影响，未来线上渠道销售的占比也会逐渐增长，可见中国市场的奢侈品顾客正呈现越来越年轻化的趋势。据前瞻产业研究院数据，中国奢侈品顾客的平均年龄已经从35岁下滑到25岁，这一变化意味着奢侈品市场营销需顺应年轻人的消费习惯和消费热点。当下，年轻顾客正在重塑时尚话语权，奢侈品本身的品牌、价格、消费和使用场景也均在发生变化，直播日渐成为奢侈品销售绕不开的渠道。

课程动画：免税品与奢侈品

二、免税品与奢侈品的差异

免税品与奢侈品在定义与性质、商品范围与类别、价格、消费者群体与需求、品牌与品质、保修与售后服务等方面存在差异。

（一）定义与性质

免税品：指经营单位按照海关核准的经营品种免税运进专供免税店，向规定的对象销售、供应的进口商品。免税品在价格上享有税差带来的优势，通常比市内百货公司相同商品价格低。

奢侈品：指的是价值或品质关系比值最高的产品，具有独特、稀缺等特点的消费品，又称为非生活必需品。奢侈品的概念随着时代的变化而变化，每个人的定义也可能有所不同。

（二）商品范围与类别

免税品：通常包括多种类别的商品，如高档手表、珠宝、名牌包袋等，这些商品因其高品质、高价值和独特的品牌形象而备受追捧。免税品包括但不限于奢侈品，还包括烟酒等商品，一般在机场免税店、旅游区免税店和市区免税店可以购买。

奢侈品：奢侈品则主要聚焦于高端消费品市场。奢侈品通常具有高品质、工艺精湛、设计独特和品牌溢价等特点，它们代表了消费者对于生活品质、社会地位和个人品位的追求。虽然奢侈品与免税品在品类上有一定的交叉，但奢侈品并不等同于免税品，也不包含免税品中的所有商品。例如奢侈品中通常不包含烟酒。

（三）价格

免税品：在免税店购买可以免除当地所收取的销售税和关税。需要注意的是，在免税店购买的奢侈品并不一定比国内专柜的价格更为优惠，但一般比市内百货公司的相同商品价格低约30%，这主要源于税差的优惠。

奢侈品：价格较高，高售价和高毛利率（品牌溢价）是其特点之一，价格并不完全受税差影响。在国外购买奢侈品，通常可以享受到更为优惠的价格。因为在国外，奢侈品品牌最多只收取当地的销售税，税率较低。

（四）消费者群体与需求

免税品：消费者大多是国际旅行者或游客，有着不同的文化背景和消费习惯。其主力客群愿意为高品质、高价值的商品支付更多费用，一般是在意税差带来价格优势的中等消费者，追求性价比和优惠，购买者会比较不同地区的价格后，选择更优惠的免税品进行购买。

奢侈品：奢侈品购买者通常拥有较高的收入水平，通常是对品质、品牌有较高追求的消费者，且能够承担得起高价位的商品。他们不仅追求物质上的享受，也愿意为品牌、设计和品质支付溢价。奢侈品消费者非常注重品牌的文化内涵和价值观念。他们购买奢侈品不仅仅是为了产品本身，更是对品牌所代表的生活方式、社会地位的自我认同。

（五）品牌与品质

免税品品牌上多为国际著名奢侈品品牌，因从各国际品牌供应商直接采购，所以具有保真的品质。奢侈品的品牌是奢侈品核心价值之一，奢侈品必须是"最高级"的，从外观到品质都能体现其独特性。国外品牌的奢侈品通常具有更高的质量标准，因为有些品牌在国外有着更为严格和完善的产品开发、制造和质量控制体系。而在免税店购买的奢侈品，可能会因为存放、运输等环节的影响出现质量问题。

（六）保修与售后服务

免税品：在免税店购买的免税品可能无法享受品牌的保修和售后服务，需通过免税店自己的售后服务解决问题。

奢侈品：在专柜购买奢侈品通常可以享受品牌的全球联保服务。如果在国外购买的商品出现了质量问题，可以在全球范围内享受到维修或更换的服务。

任务三　世界知名免税品牌的现状

免税品中大多数品牌是奢侈品牌，涉及的行业包括服饰、包箱、珠宝、手表、鞋履、化妆品、香水、酒类、墨镜等，具体品牌分布如下。

在服饰行业，世界知名品牌有香奈儿、路易威登、迪奥、范思哲、博柏利、高田贤三、纪梵希、华伦天奴、普拉达、古驰等（如表1-7）。

表1-7　部分世界知名服装免税品牌

品牌	国家	品牌创立时间	创始人	品牌风格	经典产品
香奈儿（CHANEL）	法国	1910年	嘉柏丽尔·香奈儿	高端路线，时尚简约、简单舒适、婉约大方、青春靓丽	小黑裙系列
路易威登（Louis Vuitton）	法国	1854年	路易·威登	优雅经典、简洁创新	Nicolas Ghesquière 系列
迪奥（DIOR）	法国	1946年	克里斯汀·迪奥	华丽与优雅	系列名为"New Look"
范思哲（VERSACE）	意大利	1978年	詹尼·范思哲	性感	/
博柏利（BURBERRY）	英国	1856年	托马斯·博柏利	高贵大方、英伦风情	Trench 的风衣
高田贤三（KENZO）	法国	1970年	高田贤三	热爱自由和真我	/
纪梵希（GIVENCHY）	法国	1952年	于贝尔·德·纪梵希	优雅、高贵、精致	"一字领""曳地碎花长裙"系列
华伦天奴（VALENTINO）	意大利	1960年	瓦伦蒂诺·加拉瓦尼	年轻优雅而不拘传统	Valentino 梦幻系列婚纱
普拉达（PRADA）	意大利	1913年	马里奥·普拉达	以简约、优雅和精致为主	倒三角羽绒服
古驰（GUCCI）	意大利	1921年	古驰奥·古驰	高档、豪华、性感	/

在护肤品/化妆品行业，世界知名品牌有雅诗兰黛、兰蔻、海蓝之谜、SK-Ⅱ、雪花秀、汤姆福特、圣罗兰、魅可等（如表1-8）。

表1-8　部分世界知名护肤/化妆品免税品牌

品牌	国家	品牌创立时间	创始人	经典产品
雅诗兰黛（Estée Lauder）	美国	1946年	雅诗·兰黛	小棕瓶系列、白金/胶原系列
兰蔻（LANCOME）	法国	1935年	阿曼达·珀蒂让	黑金系列、菁纯抗衰老系列、小黑瓶系列
海蓝之谜（LA MER）	美国	20世纪50年代	麦克斯·贺伯（Max Huber）	面霜

续表

品牌	国家	品牌创立时间	创始人	经典产品
SK-Ⅱ	日本	1975年	—	小灯泡、"前男友"面膜
雪花秀（Sulwhasoo）	韩国	1932年	徐成焕	雪花秀睡眠面膜、雪花秀人参面霜、雪花秀人参眼霜
汤姆福特（Tom Ford）	美国	2005年	汤姆·福特	口红
圣罗兰（Yves Saint Laurent）	法国	1962年	伊夫·圣·罗兰	明彩笔、圆管唇膏
魅可（M·A·C）	美国	1984年	弗兰克·托斯坦（Frank Toskan）、弗兰克·安吉罗（Frank Angelo）	子弹头

在香水行业，世界知名品牌有香奈儿、雅诗兰黛、兰蔻、卡尔文·克莱恩、古驰、迪奥、雅顿、博柏利、娇兰、爱马仕等（如表1-9）。

表1-9 部分世界知名的香水免税品牌

品牌	国家	品牌创立时间	创始人	品牌风格	经典产品
香奈儿（CHANEL）	法国	1910年	嘉柏丽尔·香奈儿	致力于让女人由内而外达到内在气质与外在形象的双向完美	香奈儿5号、"Coco小姐"
雅诗兰黛（Estée Lauder）	美国	1946年	雅诗·兰黛	高雅与超凡脱俗	欢沁香氛、纯净如风
兰蔻（LANCOME）	法国	1935年	阿曼达·珀蒂让	独具的不凡魅力	"珍爱"香水、"奇迹"香水
卡尔文·克莱恩（Calvin Klein）	美国	1968年	卡尔文·克莱恩、巴里·施瓦茨	纯洁自然	CK one香水、迷惑香水
古驰（GUCCI）	意大利	1921年	古驰奥·古驰	性感、优雅、复古	"妒忌"女香、"罪爱燃情"香水
迪奥（DIOR）	法国	1946年	克里斯汀·迪奥	奢华细节、简洁、淡雅	"毒药"香水、"真我"香水
伊丽莎白·雅顿（Elizabeth Arden）	美国	1910年	佛罗伦丝·南丁格尔·格雷汉姆	清新、甜美、充满女性魅力	"第五大道"香水、绿茶香水
博柏利（BURBERRY）	英国	1856年	托马斯·博柏利	清爽、活力	"伦敦女士"、"伦敦男士"
娇兰（GUERLAIN）	法国	1828年	皮埃尔·佛朗索瓦兹·帕斯科尔·娇兰	层次独立	"一千零一夜"香水、"帝王之水"香水、"香榭丽舍"香水
爱马仕（HERMÈS）	法国	1837年	蒂埃里·爱马仕	自信力量与向善光芒	"尼罗河花园"、"驿马车"

在腕表行业，世界知名品牌有江诗丹顿、万国表、豪雅表、爱彼、百达翡丽、劳力士、天梭、斯沃琪、积家等（如表1-10）。

表1-10　部分世界知名腕表免税品牌

品牌	国家	品牌创立时间	创始人	经典产品
江诗丹顿（Vacheron Constantin）	瑞士	1755年	让·马克·瓦什隆（Jean-Marc Vacheron）	马耳他（Malte）系列、Patrimony传承系列
万国表（IWC）	瑞士	1868年	佛罗伦汀·阿里奥斯托·琼斯	葡萄牙腕表、达文西腕表
泰格豪雅（TAG Heuer）	瑞士	1860年	爱德华·豪雅	"林肯"系列
爱彼（Audemars Piguet）	瑞士	1875年	朱尔斯-路易斯·奥德莫斯、爱德华-奥古斯蒂·皮捷特	"皇家橡树"系列、"八大天王"系列
百达翡丽（PATEK PHILIPPE）	瑞士	1839年	安东尼·百达、让·阿德里安·翡丽	Nautilus系列、Aquanaut Luce系列
劳力士（ROLEX）	瑞士	1905年	汉斯·威尔斯多夫	蚝式恒动游艇名仕型、Pearlmaster腕表
天梭（TISSOT）	瑞士	1853年	查理-费里西安·天梭	"波尔图"系列
斯沃琪（Swatch）	瑞士	1985年	尼古拉斯·G.海耶克	"包豪斯"系列
积家（Jaeger-LeCoultre）	瑞士	1833年	安东尼·勒考特	翻转系列

在皮具行业，世界知名品牌有路易威登、香奈儿、迪奥、古驰、蔻驰、普拉达、托德斯、芬迪、爱马仕等（如表1-11）。

表1-11　部分世界知名皮具免税品牌

品牌	国家	品牌创立时间	创始人	经典产品
路易威登（Louis Vuitton）	法国	1854年	路易·威登	帆布系列、Speedy手袋
香奈儿（CHANEL）	法国	1910年	嘉柏丽尔·香奈儿	康朋包、香奈儿2.55
迪奥（DIOR）	法国	1946年	克里斯汀·迪奥	马鞍包、戴妃包
古驰（GUCCI）	意大利	1921年	古驰奥·古驰	竹节手柄、贾姬包
蔻驰（COACH）	美国	1941年	迈尔斯·卡恩、莉莲·卡恩夫妇	Signature C系列包、汉普顿
普拉达（PRADA）	意大利	1913年	马里奥·普拉达	尼龙包、流苏手袋系列、双拉链手袋
托德斯（TOD'S）	意大利	1970年	迭戈·德拉·瓦莱	D包、Timeless包
芬迪（FENDI）	意大利	1925年	阿黛勒·芬迪、爱德华多·芬迪	柏格包
爱马仕（HERMÈS）	法国	1837年	蒂埃里·爱马仕	Kelly Bag、Birkin Bag

在鞋履行业,世界知名品牌有JIMMY CHOO、路铂廷、菲拉格慕、托德斯、华伦天奴等(如表1-12)。

表1-12 部分世界知名鞋履免税品牌

品牌	国家	品牌创立时间	创始人	经典产品
JIMMY CHOO	英国	1996年	周仰杰	水晶鞋
路铂廷(Christian Louboutin)	法国	1991年	克里斯提·鲁布托	红底高跟鞋
菲拉格慕(Ferragamo)	意大利	1927年	萨尔瓦托·菲拉格慕	芭蕾舞鞋
托德斯(TOD'S)	意大利	1970年	迭戈·德拉·瓦莱	豆豆鞋
华伦天奴(VALENTINO)	意大利	1960年	瓦伦蒂诺·加拉瓦尼	铆钉高跟鞋

在珠宝行业,世界知名品牌有卡地亚、蒂芙尼、宝格丽、梵克雅宝、海瑞温斯顿、宝诗龙、施华洛世奇等(如表1-13)。

表1-13 部分世界知名珠宝免税品牌

品牌	国家	品牌创立时间	创始人	经典产品
卡地亚(Cartier)	法国	1847年	路易-弗朗索瓦·卡地亚	"猎豹"系列、"LOVE"系列
蒂芙尼(TIFFANY)	美国	1837年	查尔斯·路易斯·蒂芙尼	蒂芙尼婚戒系列、"1837"系列
宝格丽(BVLGARI)	意大利	1884年	索蒂里奥·宝格丽	B.ZERO 1系列
梵克雅宝(Van Cleef & Arpels)	法国	1906年	艾斯特尔·雅宝、阿尔弗莱德·梵克	"仲夏梦之夜"系列
海瑞温斯顿(HARRY WINSTON)	美国	1932年	海瑞·温斯顿	"希望之星"蓝钻
宝诗龙(BOUCHERON)	法国	1858年	弗雷德里克·宝诗龙	"危险美丽"系列
施华洛世奇(SWAROVSKI)	奥地利	1895年	丹尼尔·施华洛世奇	"LOVE & LIGHT"系列

▶ [项目小结]

本项目以免税品定义与范围为基础,围绕免税品的概念、内涵、特点、范围等角度展开。通过比较免税品与奢侈品,本项目总结归纳出二者在定义与性质、商品范围与类别、价格、消费者群体与需求、品牌与品质等方面的差异,进而认识了服装类、护肤品/化妆品、香水、腕表、皮具、鞋履、珠宝等世界知名免税品牌的现状,为后面学习品牌文化奠定了基础。学习本项目,大家应理解免税品作为特定政策下的产物,其存在体现了国家对特定群体或行业的支持与关怀，是刺激和促进消费升级的动力，同时还要了解奢侈品品牌深远的历史文化。

▶ ［头脑风暴］

1. 免税品与奢侈品有何异同？
2. 国外购买奢侈品会比在国内买有优势吗？

▶ ［实践运用］

1. 选择一个免税商城 App，了解免税品的品类。
2. 选择一个品牌，进入其官方网站及免税商城 App，对比有何差别。
3. 查阅国内外免税品销售数据，在课堂上进行交流。

▶ ［在线资源］

拓展学习

互动练习

项目二

免税业的起源与发展

▶ [学习目标]
- 掌握世界免税业的起源
- 掌握世界免税业的主要发展情况
- 掌握我国免税业的主要发展情况

▶ [任务导学]
- 任务一 认识世界免税业的起源与发展
- 任务二 理解中国免税业的历史与发展

▶ [引例]

中国中免是国内唯一的全牌照免税运营商

中国中免,全称为中国免税品(集团)有限责任公司,简称"中免集团"。自1984年成立以来,中国中免一直是经国务院批准在全国范围内开展免税业务的国有企业。中免集团秉承"分享购物的快乐、延伸旅游的享受"企业使命,经过40多年的发展,已成为中国免税行业的代表和旗舰企业,同时也是中国最大的奢侈品运营商。中免集团与全球逾1400个世界知名品牌建立了长期稳定的合作关系,在全国30多个省、市、自治区(包括港澳台地区)和柬埔寨等地设立了涵盖机场、机上、边境、客运站、火车站、外轮供应、外交人员、邮轮和市内(离岛、离境)等类型的240余家免税店。这些免税店主要销售渠道覆盖北京、上海、广州、成都、杭州等地的国内大型机场枢纽,以及香港、澳门等地的亚太国际机场,为近2亿人次的国内外游客提供免税商品服务。中免集团通过不断加强商业规划建设、品牌招商、物流配送、市场营销、数字化等六大核心能力建设,依托中国旅游集团强大的旅游产业链资源,持续拓展业务渠道网络,稳步推进国际化发展战略,积极履行企业社会责任,为消费者提供更全面便捷的服务,致力于成为更具全球竞争力的世界一流旅游零售商。

截至2022年一季度,公司经营195家店铺,其中口岸免税店127家,离岛免税店5家,市内免税店9家,其他54家。中国内地187家,境外共8家,其中2家是邮轮免税店。

图 2-1 中免免税店店面

思考： 中免的发展史是否可以代表中国免税业的发展历史？世界免税业发展又如何？

任务一 认识世界免税业的起源与发展

一、世界免税业的发展历史

1. "免税"的诞生条件

世界免税业的发源地在欧洲。随着国际交换的扩大，15世纪末至16世纪初，欧洲贸易中心从地中海区域扩展到大西洋沿岸，区域性的国际商品市场逐渐形成。18世纪以来，科学技术的发展使得工农业生产和交通运输得到空前大发展，为免税业的产生提供了可能。

2. 现代免税业的诞生

第二次世界大战结束后，在第三次科学技术革命的影响下，在资本输出迅速增长和贸易自由化的作用下，国际贸易取得了巨大发展。1947年，活塞式引擎客机在从欧洲飞往纽约的最后4 000公里行程之前，都得去爱尔兰香农国际机场加油。当飞机添加燃料时，乘客必须离开机舱进入候机楼休息，机场当局开设了一个商亭，向候机的乘客出售威士忌和烟草，这便是现代免税业的诞生。

从理论上讲，既然转机厅并非爱尔兰国土，出售的商品等同于出口。当年3月18日，爱尔兰通过了《免关税机场法案》和《免关税机场管理条例》。该法律规定所有乘客转运货物，和航班机组人员全部得以豁免正常的关税。该法案的通过不仅使香农国际机场空运迅速增长，成为国际工业和销售中心，而且产生了20世纪发展最为迅猛的行业——现代免税业。自此，各个国家和地区根据自己的条件，普遍开展免税业务，纷纷在机场设立免税店，机场免税店逐步拓展到机上、船上、市内、火车站、港口及外轮供应，向出入境旅客提供世界各地物美价廉的免税精品。

图2-2 世界上第一个免税店诞生地爱尔兰香农国际机场

3. 现代免税业的发展

现代免税业自1947年诞生于爱尔兰香农国际机场以来，逐步得到世界各国和地区的理解认同，发展迅速，形式多样。

20世纪60年代，免税港生意迅速传遍欧洲各国，随后传向美洲大陆，最后渗透到亚洲，免税店的类型也从机场、火车站、机上和轮渡免税店扩展到口岸、军用和现在的市内免税店等，欧洲成为世界免税中心。

20世纪80年代，购物退税制度在瑞典诞生，进一步助推免税业在全球普及。

20世纪90年代，欧盟各国间取消关税，随后欧盟用了4年时间完成了免税业向旅游零售业的转型；从此，免税业的主战场逐步转向亚太地区，2011年亚太地区免税业销售额达160亿美元，较2010年增长25.5%，销售规模首次超过欧洲。

课程动画：世界免税业的起源

二、免税业的特点

与国内零售业及一般旅游购物模式相比，免税业展现出一系列鲜明且独特的魅力，这些特点不仅吸引了全球范围内的特定消费群体，也极大地丰富了国际旅行的购物体验。

1. 顾客群体广泛，消费力强

免税业的核心顾客群体广泛而多元，他们跨越国界，因各种原因踏上国际旅程，包括寻求新鲜体验的观光客、追求高效交流的商务精英、执行公务的政府官员、参与国际交流的学者与文化使者，以及因各种原因中转的旅客。这一群体不仅拥有较高的消费能力，还对国际品牌及购物便利性有着特别的偏好，使得免税业成为连接不同文化与消费习惯的重要桥梁。

2. 价格有关税豁免优势

免税品最显著的优势在于其价格竞争力（如图2-3）。由于享受了关税减免或豁免的优惠政策，免税商品的价格往往远低于国内零售市场，特别是在那些关税税率较高的国家。或对于奢侈品来说，这种价格差异尤为明显，不仅激发了购买欲望，也促进了国际商品流通与消费文化的交流。

图2-3　免税店内打折广告随处可见

3. 品牌效应与品质保证

作为高端品牌的聚集地，免税店商品以国际驰名品牌为主打，严格筛选进货渠道，确保每一件商品都是正品，杜绝假冒伪劣产品。这种对品牌与质量的坚持，不仅满足了消费者对高品质生活的追求，也树立了免税店作为"信赖之选"的市场形象。同时，一流的购物环境和服务更是提升了顾客的购物体验，让购物成为一种享受。

4. 垄断与竞争并存的独特经营法则

免税品市场虽然存在一定的垄断性，如特定区域的独家经营权，但市场竞争同样激烈。各大免税店通过不断优化商品结构、提升服务质量、创新营销策略等手段，争夺有限的国际旅客资源。这种既垄断又竞争的市场格局，促使免税业不断向前发展，为消费者带来更多选择与便利。

5. 特殊的销售位置与便捷的购物体验

免税店独特的地理位置——机场、港口、海关之外或在国际交通工具上，为旅客提供了更加便捷的购物条件。无论是即将启程的兴奋，还是旅途中的闲暇时光，旅客都能在这些地方轻松选购心仪的商品，无需担心携带或邮寄的麻烦，极大地提升了购物的便捷性和满意度。

6. 橱窗效应：全球舞台上的广告盛宴

作为人流密集、信息交汇枢纽的国际空港和海港，为免税品提供了绝佳的展示平台。精美的橱窗设计、吸引人的广告宣传，不仅吸引了过往旅客的目光，也促进了品牌文化的传播与消费观念的碰撞。在这里，免税品不仅仅是商品，更是连接不同文化、展示全球风尚的窗口。

三、国际免税业的重要作用

从表面看，免税品销售的增长意味着国家关税收入的损失，但从更宏观和长远角度来看，免税品销售对于推动国际旅游业和民航交通的发展具有不可忽视的积极意义。

1. 提高国际旅游购物收入

免税品销售对于提高旅游购物收入贡献较大。旅游发达国家旅游收入中，旅游购物所占比例较高，例如泰国国际旅游收入中，29.3%是来自旅游购物。另一项调查表明，国际旅游者购买免税品的花费，已经占其旅游购物支出的30%。免税业的发展直接关系到旅游业和旅游购物收入的提高。

2. 扩大交通部门收入来源

免税店销售不仅使免税品生产和销售商直接受益，而且也是政府旅游和交通部门重要的收入来源。例如，泰国机场免税公司在1987年至1995年的8年间，共向机场管理局交纳了2亿美元的利润和特许权转让费。世界上不少机场、港口和航空公司，往往把这笔收入投资于基础设施的更新完善和增加对顾客的服务项目上，补贴各种营运支出，降低成本，比如通过补贴机场使用费和其他有关收费，以吸引航空公司增加航线和航班，提高机场使用效益，或向旅客提供免费行李车和打包、免费市内电话等服务项目。这已经成为世界上国际民航业和旅游业发达国家和地区的通行做法。

3. 增加机场出入和中转客运量

免税店的优质服务让旅游者可以购买到来自世界的名优商品，以此来吸引旅游者，增加机场出入和中转客运量，提高旅游者的附加消费。例如韩国乐天免税店从2009年6月在蚕室店创建星光大道开始，陆续在明洞总店、COEX店、雅加达商业中心店、关岛机场店、庆州世博会店、釜山店等国内外共7家实体店运营过星光大道。明洞总店星光大道于2009年12月对外营业以来，成为象征韩流旅游购物的胜地，受到越来越多海外游客的青睐。2015年，访问明洞总店星光大道的海外游客多达约290万人次，自营业以来累计游客人数已达到1 500万人次。

4. 树立品牌形象

免税品的发展对于刺激和带动中高档旅游和日用消费品生产，让产品打入国际市场、创立世界名牌，并增加就业机会都具有重要作用。相关统计显示，法国香水、葡萄酒、白兰地和香槟销售份额在世界同类产品中占有一席之地，免税业为大量法国人提供了就业（见图 2-4）。

图 2-4　免税品洋酒类展柜

5. 促进经济开放与国际贸易

免税经济作为"零税率"商品经济，促进了商品、资本、劳动力及数据的自由流动，是构建高水平经济开放的基础。免税经济通过降低贸易保护门槛，促进了商品交换，从而提升了经济的开放程度。

6. 带动产业升级提质

免税经济促进了产业的提质升级，使更多国家能够发挥本国的产业优势。通过免税销售，高端品牌和国际驰名产品得以在全球范围内流通，推动了相关产业的技术进步和品质提升。

7. 推动现代服务业发展

免税经济带动了现代服务业的发展，如旅游、航空、酒店、餐饮等行业。这些行业的繁荣不仅提升了服务业的整体水平，还促进了就业和经济增长。

8. 吸引消费回流促进内需

随着国内收入水平提高和交通条件的改善，越来越多的国人选择出国旅游。免税经济的发展缩小了国际品牌境内外价差，提升了中国游客不出国即可享受免税购物的体验，有助于实现消费回流，把购买力留在国内。

免税经济有效吸引消费回流，促进了内需的增长。内需扩大不仅有助于缓解国际贸易压力，还为国内经济发展提供了强大的动力。

9. 提升国民福祉和生活质量

通过提供物美价廉的免税商品，免税经济提升了消费者的获得感。这种获得感不仅体现在物质层面，还体现在精神层面，因为免税购物往往与旅游、休闲等愉悦体验相结合。免税商品中不乏高品质的生活用品和奢侈品，这些商品的普及有助于改善国民的生活质量，提升国民生活品质。

---

cdf 海口国际免税城为游客带来多样化选择

2024 年春节期间，cdf 海口国际免税城携 45 大免税品类、800 余家国内国际品牌，带来全品类好物的同时，在抖音平台发放"千万政府消费券"，最高立省千元，助燃海南免税消费氛围。同时，游客入住海口及周边 70 余家酒店均可享受购物权益。整个 2 月份，cdf 海口国际免税城还与海口希尔顿酒店联合打造中免惊喜房套餐，包含惊喜福袋和优惠价格等，为游客在"吃、住、行、游、购、娱"各方面提供高品质产品以及多样化选择。

---

10. 推动自贸区与特殊经济区建设

免税经济是自贸区建设的重要推手，在自贸区建设中发挥着重要作用。通过设立免税店和提供免税购物服务，自贸区能够吸引更多国际游客和投资者，推动区域经济的繁荣发展。在一些特殊经济区如海南自贸港等地，免税经济更是区域发展的重要亮点。这些地区通过扩围提速免税经济，能够进一步释放消费潜力，推动经济高质量发展。

微课学习：免税业的历史与发展

任务二　理解中国免税业的历史与发展

一、中国免税业的发展历史

在中国，免税业是一个十分年轻却又充满活力的行业。它伴随着我国改革开放，为适应我国旅游事业的飞速增长而发展；它吸引了大量的国际游客，为国家创汇做出了很大贡献。免税业从无到有，在国内已经历四十多年的发展。

1. 中国免税业的诞生

国人与免税店的初次相遇，还是在 20 世纪 70 年代。1979 年 11 月，经国务院批准，中国旅行游览事业管理总局开办免税品销售业务。中免集团的前身中国旅游服务公司开始在全国范围内经营免税品销售业务。1979 年，中国第一家免税店对外营业，这也标志着中国免税业的诞生。此后，各类免税店在全国如雨后春笋般迅速发展起来。

2. 中国免税业逐步进入专业化

免税店首先在上海、北京、广州国际机场和广州火车站、上海港、黄埔港、深圳边境口岸等地以及民航国际班机、广九直通车设立，取得了成功的经验。随后的几年，中国免税业开始一步步进入正规化、专业化，中国出国人员服务总公司（1983 年成立）和中国免税品公司（1984 年成立，中免前身）陆续成立。

3. 中国免税第一股诞生

2009 年，中国中免在上交所挂牌上市，中国免税第一股由此诞生。至 2019 年，中国中免的免税商品销售收入连续 10 余年保持增长。即使在新冠疫情防控期间，中国中免的营业额仍然是中国免税业销售收入龙头。

4. 中国免税行业进入国际化发展阶段

2010 年，离岛免税政策在海南试行。2011 年 3 月 24 日，财政部发布《关于开展海南离岛旅客免税购物政策试点的公告》，中国海南岛成为继日本冲绳岛、韩国济州岛之后，中国大陆首个实施离岛免税政策的地区。由此，中国免税行业进入国际化发展阶段，拉开了高增长序幕。

5. 中国免税品市场规模持续上涨阶段

随后几年，我国免税品市场规模呈上涨态势，免税行业政策走向宽松。2014 年，口岸出境免税店放开。2016 年，政府开始拓展进境免税店业务，在 19 个口岸增设进境免税店，并提高购物限额。

但是，由于国内免税行业的进入壁垒较高，面向不同消费群体的免税店，如海南离岛免税、口岸免税、市内免税的牌照均不一致。截至 2024 年年末，全国主要有 10 张免税牌照，分别属于中国中免（包括日上免税行、海免公司）、深圳市国有免税商品（集团）有限公司（深免）、珠海市免税企业集团有限公司（珠免）、中国出国人员服务有限公司（中出服）、吉林中侨免税外汇商品有限公司（中侨）、海南省旅游投资集团有限公司（海旅投）、海南省发展控股有限公司（海发控）、王府井集团、海南旅投免税品有限公司、全球消费精品（海南）贸易有限公司（全球精品公司）。

从 2017 年开始，中国中免先后收购了日上中国、日上上海、海免、香港中旅资产公司，成为目前国内唯一拥有全免税资质的运营商。

2018 年，海南自贸港试验区宣布建立，中国免税行业市场规模全球占比持续增长。其中，中国中免独占鳌头，门店数量最多且以离岛免税及机场免税见长；珠免、深免口岸门店占比较高，而中出服市内免税门店占比较高。

6. 新冠疫情后中国免税品市场调整期

新冠疫情影响了国际交流，中国中免作为最早经营免税品的公司之一，其 2021 年免税销售收入达到470.6亿元人民币，在国内免税品市场占有率约为80%～85%，并成功于2022年8月25日在香港交易所主板挂牌上市，迎来"A+H"时代。但新冠疫情防控结束后，出境游再次开放，游客的购买力下降和转移对中免影响巨大。

二、中国免税业发展现状

1. 中国免税店的类型多样

中国免税业诞生以来，逐步与国际市场接轨并融入世界免税业的大潮，不断吸收和借鉴国外的先进经验和做法，按照国际惯例并结合我国的实际情况，走有中国特色的免税业之路。中国中免经过十多年的发展，其免税店类型由最初较为单一向多样化全方位发展，目前已达到八种类型。

（1）机场免税店

机场免税店是现代免税业的最初类型，在中国各类免税店中占有举足轻重的地位，是免税品销售的主渠道。世界上著名的机场免税店有：新加坡樟宜机场免税店、瑞士苏黎世机场免税店、迪拜国际机场免税店。中国著名的机场免税店有：上海浦东国际机场免税店、海口美兰国际机场免税店、三亚凤凰国际机场免税店等。

（2）机上免税店

机上免税店是机场免税店的延伸。它的作用是给乘坐飞机的国际旅客提供更多购买免税品的机会。在中国，该类免税店的数量、销售额还比较小，但其发展潜力很大。较早开发机上免税店的航空公司有国泰航空。作为我国香港的主要航空公司，国泰航空机上免税店为国际旅客提供了丰富的免税购物选择，包括化妆品、香水、酒类、烟草制品、电子产品等，让乘客在飞行途中也能享受购物的乐趣。

图2-5　海口美兰机场免税店

(3) 客运站免税店

客运站免税店主要分布在我国南方。由于地理上的原因，我国南方一些内地港口城市可与港澳特区通航，客运站免税店应运而生。如位于深圳蛇口港的客运站免税店，主要服务于前往香港及澳门地区的旅客。这里提供各类免税商品，如高档手表、珠宝、化妆品等，可以方便旅客在乘船前进行购物。

(4) 供船免税店

供船免税店是向远洋国际海员供应免税商品的免税店。我国拥有漫长的海岸线，并拥有众多天然良港，随着改革开放的进一步扩大与世界各国贸易的不断加强，供船免税店的前景非常乐观。上海外高桥供船免税店就是一家专门服务于远洋国际海员的免税店，店里提供日常所需的免税商品，如烟草、酒类、食品、个人护理用品等，以满足海员在长时间海上航行中的需求。

(5) 火车站免税店

在我国，火车站免税店是最早的免税店类型之一。1979年开办的第一批免税店就包括广州火车站免税店。这类免税店目前主要建于我国与蒙古国、俄罗斯、哈萨克斯坦等国的出入境口岸。二连浩特作为中国与蒙古国的重要口岸，其火车站免税店主要为出入境旅客提供免税商品，如纪念品、特产、化妆品等，促进了两国之间的经济交流和人员往来。

图 2-6 阿尔山免税购物中心
(图片来源：朱明红/摄)

(6) 驻华外交人员免税店

驻华外交人员免税店设在北京及上海、沈阳、广州等设有外国驻华使领馆的城市，此类免税店就是为驻华的外交人员提供服务的。位于北京的外交人员免税店，专为驻华外交官及其家属提供服务，销售包括高档服饰、箱包、电子产品等在内的各类免税商品，体现了中国对国际友人的友好与尊重。

（7）市内免税店

市内免税店是设在市区内的，为来华旅游、访问、经商的外国人和海外华侨提供购物服务的免税店。而非常重要的两类商品——洋酒和香烟不允许在市内免税店经营。比如，王府井作为北京著名的商业街区，其市内免税店商品种类丰富，但不经营洋酒和香烟等特定商品。

（8）边境免税店

在我国，边境免税店是一种新兴的免税店类型。改革开放后，国家陆续批准了一批一类、二类口岸为开放口岸，边境免税店给中国免税业发展提供了良好的契机。如瑞丽位于中缅边境，其边境免税店充分利用了地理位置优势，为出入境旅客提供包括珠宝玉石、特色手工艺品、化妆品等在内的多种免税商品，促进了边境贸易的发展，也丰富了游客的购物体验。

2. 中国免税业已形成一定规模

多年来，国家也在不断加大免税行业的政策扶持力度，比如政府降低入境物品进口税率，调整整体减税政策，以及允许部分商品在一定时期内免税，这些都给了免税行业一定的扶持，使得免税行业的规模不断扩大。2021年，中国免税市场销售规模达到历史高峰，达到537.30亿元，同比增长54.52%。2018—2019年，中国免税市场保持较好的增长态势，增长速度超过30%。2020年之后受新冠疫情防控影响，中国免税市场规模出现波动，2022年的市场销售规模仅为365.31亿元。总体来看，中国免税市场规模维持在300亿元以上水平，且随着疫情影响的消退，免税业规模将继续增大。

3. 中国免税业发展特点

（1）市场集中度高

由于免税经营主体需要获批国家经营牌照，并拥有大量业务资源，行业进入门槛高，潜在进入者威胁小，因而目前我国免税行业的参与者数量少、产品差异小、市场集中度高，中国中免占据80%以上的市场份额，整个行业的竞争格局相对稳定。

（2）面临电子商务新挑战

跨境电商和海淘的经营模式同样可以让消费者购买境外商品，其优势在于品类丰富、价格优惠、购物场景灵活，但在免征税收和商品质量方面的竞争力较弱。目前线上购物对免税行业构成一定的替代性威胁，但总体影响不大。

（3）供应链上下游议价特征明显

免税行业的上游供应商为境外奢侈品品牌、烟酒公司等，供应商较为分散，供应产品的同质化程度高，而且免税行业的采购规模大，上游供应商的整体议价能力不强。免税行业的下游为免税商品的消费者，是免税商品价格的接收者，下游环节的议价能力弱。

微课学习：三亚国际免税城

三、中国免税业主要企业

近年来，中国免税业如雨后春笋，发展强势。我国免税行业按照注册资本进行划分，可分为三个市场竞争梯队。第一梯队的注册资本大于 200 亿元，目前只有中国中免。第二梯队的注册资本在 100 亿～200 亿元，包括深免、中出服和全球精品公司。第三梯队的注册资本在 100 亿元以下，包括日上免税行、海南免税、珠免、中侨、王府井和海旅投。

1. 中免集团

迄今为止，中免集团所属各类免税店已发展到 240 家，销售网络覆盖 30 个省、市、自治区（包括港澳台地区）的 100 多个城市。中免公司已与全球超过 1 400 个国际知名品牌的生产商和供应商建立了长期、稳定、良好的业务关系，其经营的免税商品已达 20 多个大类，共计数千个品种，经营类型也由单一的供应商品发展到合作经营、委托经营等多种经营方式。40 多年来，中免集团累计创收外汇超过数十亿美元，为我国旅游业发展和创汇创收做出了积极贡献。

> **中国免税行业呈现一超多强的竞争格局**
>
> 2022 年，中国免税市场销售规模为 365.31 亿元。根据公开数据统计和计算，中国中免（含日上免税行、海南免税和中侨免税）的市场份额行业第一，占比达到 71.3%；海旅投紧随其后，市场份额达到 9.3%。总体来看，中国免税行业呈现一超多强的竞争格局。

2. 深圳免税

深圳市国有免税商品（集团）有限公司（简称"深圳免税"或"深免"）成立于 1980 年 1 月，是中国第一家经国务院批准经营免税商品的独资企业，属深圳市国资委直管。深圳免税主要从事免税业务，兼营现代商贸、物流配送和物业管理等业务，旗下包括深圳市国免商品物流服务有限公司、深圳市口岸管理服务中心有限公司、深圳市口岸商业管理有限公司等行业领先企业。免税店覆盖罗湖、皇岗、文锦渡、沙头角、宝安机场、福田、深圳湾、蛇口 8 个本地口岸和海南海口、西安机场、上海吴淞口、大连大窑湾、威海机场、武夷山机场、新疆霍尔果斯、黑龙江黑河、广州东站 9 个异地免税店项目。

"十四五"期间，深圳免税立足"做精做强免税业务，做特做优有税业务，做具有品牌影响力和核心竞争力的免税商品综合运营商"，建设国际一流免税企业，打造城市新消费平台。

3. 中国出国人员服务有限公司

中国出国人员服务有限公司（简称"中出服"）成立于1983年9月，旗下拥有17家免税店，其中包括在北京、大连、重庆等地的15家境内店，以及在迪拜和日本东京的2家境外店，为用户提供多种免税商品服务。

4. 全球消费精品（海南）贸易有限公司

全球消费精品（海南）贸易有限公司（简称"全球精品公司"）成立于2020年7月23日，注册资本10亿元人民币，是海南省发展控股有限公司的全资子公司，于2020年8月由海南省人民政府批准享有离岛免税经营资质。其下属全资子公司有全球精品（海口）免税城有限公司、全球消费精品（香港）贸易有限公司、海南海购科技有限公司3家，控股子公司有海南海控免税品集团有限公司、海南海拉商业管理有限公司2家。公司目前主要开展离岛免税、新零售、机场商业和跨境贸易等业务。

5. 日上免税行

日上免税行（上海）有限公司（简称"日上免税行"）成立于1999年，经国家批准在上海虹桥国际机场和浦东国际机场、北京首都国际机场和大兴国际机场经营免税业务，于2018年成为中免集团的控股子公司。

日上免税行平台以国际奢侈品风格为导向，注重产品品质和品牌文化，向消费者提供高格调、年轻化的消费商品。其线上的AR肌肤检测、AR试妆等功能，为消费者提供全方位的服务品质。

6. 海南免税

2011年11月，海南省免税品有限公司（简称"海南免税"或"海免"）成立，成为一家地方独资免税品经营企业，在海南省范围内从事离岛免税品特许经营。2018年10月22日，海南省国资委将其持有的海免51%股权无偿划转给中国旅游集团，海免成为中国旅游集团控股子公司。主要经营国家批准的首饰、工艺品、手表、香水、化妆品等38类离岛免税商品和国产精品的销售购物服务以及与购物配套的餐饮、娱乐休闲等，同时兼营有税品名牌店、贸易、仓储以及物流等。2023年12月20日，海南省免税品有限公司发生工商变更，经营范围新增"珠宝首饰批发、零售，电子产品销售，日用百货销售，市场营销策划，商业综合体管理服务"等。公司秉承"立足海南，辐射亚洲，放眼世界"的发展理念，竭力打造专业化体验式线下购物中心和符合消费者个性化品牌需求的线上消费平台。

7. 珠海免税

珠海市免税企业集团有限公司（简称"珠海免税"或"珠免"）始建于1980年，是珠海市国有资产监督管理委员会下属的一级国有企业。珠海免税是全国最早开展免税品经营业务的企业之一，也是唯一一家全面涵盖"免税、有税、保税（跨境）"三大业务运营管理实践经验的国有独资企业。经过四十多年的发展，珠海免税已成为免税商业经营、国内外贸易、仓储物流、酒店经营管理及跨境电商（保税业务）为一体的多元化、综合型的现代化企业集团。珠海免税全资拥有拱北口岸免税店、横琴口岸免税店、九洲港口岸免税店、港珠澳大桥珠港口岸出境免税店、天津滨海机场进境免税店等。

8. 王府井

2020年以来，王府井集团倾力打造"有税＋免税"双轮驱动、多业态协同发展新格局，同时进一步丰富完善王府井品牌内涵。王府井集团前身是创立于1955年的北京市百货大楼，又称"新中国第一店"。经过70年的创新发展，公司已由单体百货发展成为涵盖百货、购物中心、奥特莱斯、免税多业态的现代商业零售企业集团，销售网络覆盖中国七大经济区域。

2023年初，万宁王府井国际免税港成功开业，王府井跨境电商平台上线，跨境电商体验店分别在北京赛特奥莱和燕莎奥莱落地，标志着王府井集团已经正式迈入主营业务"有税＋免税"双轮驱动的新纪元。

王府井海垦购物中心坐落于海口市龙华区国贸CBD商务区，这是王府井集团以海南国际贸易港建设为契机，积极布局海南的商业项目。项目构建了丰富的品牌组合、潮玩夜生活街区，为海口人民提供一站式社交平台及都市生活梦想空间。

9. 海旅投

海旅投全称海南旅投免税品有限公司，是海南省属重点国有独资企业海南省旅游投资发展有限公司的全资子公司。公司致力于打造为旅客提供旅游购物、潮流餐饮、休闲娱乐等多种业态于一身的一站式免税购物中心。

四、中国免税业发展前景

（一）中国免税业发展的优势

1. 市场规模持续扩大

公开的统计数据显示，未来五年我国离岛免税占免税市场规模的比重将保持在50%～60%以上，且年均复合增长率达到20%。到2026年，我国离岛免税市场规模有望突破1 500亿元，全国免税市场规模有望突破2 770亿元。①

2. 政策支持与市场需求

中国政府积极出台了一系列鼓励旅游消费的政策。2022年4月25日，国务院办公厅发布《关于进一步释放消费潜力促进消费持续恢复的意见》，提出完善市内免税店政策，规划建设一批中国特色市内免税店，特别是海南离岛免税政策的实施和持续优化，为免税市场提供了强大的政策支持。此外，随着出入境政策的放宽和国际航班的恢复，免税行业迎来口岸渠道复苏的利好。

---

① 2023年中国免税行业发展研究报告［EB/OL］.（2023-11-30）［2024-05-30］. https://wenku.baidu.com/view/8976baa87075a417866fb84ae45c3b3567 ecdd94. html.

3. 市场需求大

近年来,中国消费者的出境购物热情高涨,对高品质、高附加值的免税商品需求不断增加。同时,随着国内旅游市场的蓬勃发展,免税店成为吸引游客的重要消费场所。

4. 国际化转型

中国免税业正逐步走向国际化,正通过与国际奢侈品牌的合作、引入国际先进的零售模型和管理经验等方式提升行业水平。同时,中国免税企业也在积极拓展海外市场,如中国中免已在海外运营了多家市内免税店。

5. 高端化转型

随着消费升级和消费者需求的变化,中国免税业正逐步实现高端转型。免税店内销售的商品种类越来越丰富,包括奢侈品、高端化妆品、时尚品及配件等。同时,免税店也注重提升购物体验和服务质量,以吸引更多高消费力人群。

6. 数字化趋势

免税店业务正逐步采纳技术和数字化解决方案,提升客户体验并优化运营效率。例如,通过电子商务平台和预订系统吸引客户在未来的购物行为中选择免税店。免税店还通过大数据、人工智能等技术手段提升营销效果和运营效率。同时,企业也注重与科技公司合作,共同探索免税零售的新模式和新业态。

综上所述,中国免税业展现出明显的优势和发展潜力。未来,随着国际旅游业的进一步复苏和消费水平的提升,中国免税市场有望继续保持快速增长态势。

(二)中国免税业发展的不足

经过四十多年的发展,中国免税业已形成了一定的经营规模,但同发达国家的免税业相比,还存在多方面的差距。

1. 品牌与商品种类丰富度

尽管中国免税业近年来引进了不少国际知名品牌,但在高端奢侈品、独家限量商品以及小众精品的引进上仍显不足。相比之下,发达国家的免税品集团通常拥有更广泛的品牌合作网络,能够提供更加丰富多样的商品选择,满足不同消费者的个性化需求。

2. 服务质量与购物体验

服务质量和购物体验是免税购物的重要组成部分。中国免税业在提升服务标准化、个性化及国际化水平方面仍有提升空间,比如在提供更加专业的购物咨询、便捷的支付方式、优质的售后服务以及舒适的购物环境等方面仍有待加强,以缩小与国际先进水平的差距。

3. 数字化与智能化水平

随着数字时代的到来,免税业的数字化转型已成为必然趋势。发达国家免税品集团在利用大数据、人工智能、云计算等技术手段优化顾客体验、精准营销、提升运营效率方面已走在前列。中国免税业虽已开始探索这些领域,但在技术应用深度、广度以及创新能力上仍有待提高。

4. 供应链管理与运营效率

高效的供应链管理是免税业降低成本、提升竞争力的关键。中国免税业在构建全球采购网络、优化库存管理、提高物流效率等方面仍需努力。相比之下，发达国家的免税品集团通常拥有更加成熟稳定的供应链体系，能够更快地响应市场变化，满足消费者需求。

5. 国际化战略与品牌影响力

中国免税业在推动国际化战略、提升国际品牌影响力方面还有很长的路要走。这包括加强与国际同行的交流合作、参与国际竞争与合作、提升品牌在海外市场的知名度和美誉度等。实施国际化战略可以进一步拓宽市场渠道，吸引更多国际消费者，提升整体竞争力。

6. 政策环境与市场准入

虽然中国政府近年来出台了一系列支持免税业发展的政策措施，但在市场准入、税收优惠、监管环境等方面仍有进一步优化的空间。与发达国家相比，中国免税业在享受政策红利、降低运营成本、提高经营效率等方面仍有提升空间。

综上所述，中国免税业在品牌与商品种类、服务质量、数字化智能化水平、供应链管理、国际化战略以及政策环境等方面与发达国家免税业相比仍存在差距。未来，中国免税业需要继续加大改革创新力度，提升综合竞争力，以更好地满足国内外消费者的需求。

▶ [资料链接]

中免集团打造春节"免税＋"多元业态，助燃文旅市场促进消费回升

2024年1月初，商务部将2024年定为"消费促进年"，提出通过办好"消费促进年"一系列活动，突出节庆时令和地方特色，为居民提供更多元、更丰富的消费体验，增强消费市场回升势头。

助力持续扩大消费，离岛免税消费这把"火"也越燃越旺。据海口海关统计，2024年春运首周，海口海关共监管离岛免税购物金额9.6亿元，消费人数15.5万人次，购物106.3万件。春节期间，中免集团海南各门店全力营造活力满满、热气升腾的节庆消费氛围，推出多元精彩的优惠福利，点燃海南离岛免税市场，推动"免税＋"多元业态发展。

cdf三亚国际免税城从消费者购置年货、准备新春伴手礼等需求角度出发，联动45大免税品类、超850家品牌优化门店美陈、推出新年限定产品、打造礼盒包装服务、增设新春主题快闪，加码焕新消费体验力度。

春运首周，海口美兰国际机场客流量达到新高峰，机场免税店同样喜气洋洋，游人如织。店里推出"祥龙迎盛世"主题美陈布置，蕴含新年的欢乐和吉祥的祝愿。中免集团设计的龙年IP"C-LOONG"陪伴着旅客一起回家。除了精致的布景，免税店联合进口酒、

香化、服装、箱包、腕表、珠宝在内的各大品牌呈现丰富的龙年好物供旅客挑选，配合不同品类的促销活动，带来"即买即提"的一站式免税购物，将满满的幸福感、获得感带回家。

春节不打烊，cdf海口日月广场免税店也携手诸多一线大牌，推出一系列新春礼遇迎接春节购物热潮。年味浓，人气旺。中免集团海南多家门店一波接一波地推陈出新，为消费者打造一场多场景布局、多业态融合的新春消费盛宴，将春节免税消费热潮推至巅峰。同时，秉承"诚信经营、优质服务"理念，中免集团海南门店一线人员积极做好服务保障，以更优质的免税商品、更丰富的品牌、更多样的营销活动、更便捷的购物环境，为游客提供满意的消费环境。

（资料来源：《中免集团打造春节"免税+"多元业态，助燃文旅市场促进消费回升》，https：//finance.ynet.com/2024/02/06/3727003t632.html）

图 2-7 cdf 三亚国际免税城

▶ [项目小结]

本项目以世界免税业的起源和标志性事件为起点，逐步探索世界现代免税业的发展、免税业的特点，分析国际免税业的重要作用。在了解世界免税业发展的基础上，本项目继而介绍了我国免税业的主要发展情况，重点介绍了中国免税业发展现状、类型特点、规模大小和主要企业，并总结了中国免税业发展的前景。学习本项目应熟知世界免税业发展的标志性事件，了解世界免税业的发展趋势，进而理解我国免税业的发展特点。

▶ ［头脑风暴］

1. 根据普华永道 2024 年发布的报告，到 2030 年，中国将以 1 480 亿美元的奢侈品销售市场规模，取代美国成为全球最大的个人奢侈品市场。请用"头脑风暴"法，分析促进中国免税业发展的举措。

2. 2022 年香水和化妆品在海南免税销售额中的占比最大，为 57%；时尚和配饰占比次之，为 11.2%。而到了 2023 年，香化产品占比已从之前的 50% 下降至约 40%。此外，新品首发、精品首店、旗舰店以及最为前沿独特的零售体验模式，也逐渐成为中国免税零售业区别于其他国家、地区旅游零售的关键特色。请从这段统计数字中，分析我国免税店的发展特色。

3. 一位多次在海南购买免税商品的消费者说："我每年都会前往海口或三亚旅游，过去几年，无论是市区还是机场，海南免税购物的环境水平、商品品类都有明显提升，海南免税市场的核心推动力主要为美妆香水免税商品，而非奢侈品成衣或手袋配饰。2023 年，疫情防控刚放开的时候，我还是有去海南买免税（商品）的惯性，今年去（中国）香港、日本和韩国都比较方便，就哪里合适哪里买。"从这位游客的言论中，你看出了哪些有关免税业竞争的问题。

▶ ［实践运用］

1. 画一个能表现世界免税业发展过程的思维导图。

2. 假设你是一位国际游客来中国参观，请说一说你有可能在中国碰到哪些不同类型的免税店。这些不同类型的免税店销售重点有不同吗？

▶ ［在线资源］

拓展学习

互动练习

项目三

认识海南离岛免税政策

▶ [学习目标]
- 理解海南离岛免税政策的内涵
- 了解海南离岛免税政策的历史与发展
- 明确海南离岛免税政策的优势与意义
- 能结合实际需要运用海南离岛免税政策

▶ [任务导学]
- 任务一　认识离岛免税政策
- 任务二　了解海南离岛免税政策的历史与发展
- 任务三　明确海南离岛免税政策的优势与意义

▶ [引例]

海南离岛免税政策成为海南的一块"金字招牌"

"我们将海南离岛免税政策作为海南的一块'金字招牌'。"海南省副省长陈怀宇在2024年3月27日下午国新办举行的新闻发布会上表示。目前，海南离岛免税经营面积超50万平方米，品牌数量超1 500个，在售商品种类约15万种，过去6年共实现销售额超过1 800亿元。

近年来，海南依托自贸港开放政策，发挥双循环交汇点作用，立足于国际旅游消费中心战略定位，积极应对国内外消费市场的激烈竞争，持续做好高端购物、医疗、教育"三大境外消费回流"文章，取得良好成效。

陈怀宇指出，在高端购物消费回流方面，海南离岛免税政策作为海南的一块"金字招牌"，助力合理布局免税购物场所，持续优化免税购物体验，提升免税购物吸引力，努力将游客原来在国外的购物消费吸引到海南。

（资料来源：《中国青年报》2024年3月27日）

图 3-1　顾客在三亚国际免税城选购商品

（图片来源：https://finance.sina.com.cn/jjxw/2024-04-11/doc-inarmtrs4304262.shtml，王程龙/摄）

思考：为什么海南离岛免税会成为海南的"金字招牌"？其有何优势与意义？海南离岛免税政策的实施经历了怎样的过程？学完这一项目，你都能找到答案。

任务一　认识离岛免税政策

一、离岛免税政策定义

离岛免税政策是指对乘飞机、火车、轮船离岛（不包括离境）旅客实行限值、限量、限品种免进口税购物，在实施离岛免税政策的免税商店（以下称离岛免税店）内或经批准的网上销售窗口付款，在机场、火车站、港口码头指定区域提货离岛的税收优惠政策。

二、离岛免税政策的内涵

（一）免税

离岛免税政策的实质是一种税收优惠政策，离岛免税减免的税种一般为关税、进口环节增值税和消费税。

（二）离岛不离境

离岛免税的一个最基本的条件是离岛（不离境），在旅客购买相应的离岛票证（飞机票、火车票、轮船票）后，方可于规定时间内凭本人有效身份证件购买免税品。假设一位美国人前往实施离岛免税政策的中国海南岛出差,在海南的工作结束后,他还要去北京看看,那么他在购买完北京的票证后,便可凭护照购买离岛免税品。但假设他在海南的工作结束后,从海南回国,或从海南去香港出差,那么他便不能享受海南离岛免税政策。

(三) 特定的购买渠道

购买免税品,须在离岛免税店内或经批准的网上销售平台(App、小程序)进行,只有这些地方才有售卖免税品的资质。截至2024年6月,海南岛开设了12家离岛免税店,分布于海口(6家)、三亚(4家)、琼海(1家)、万宁(1家),他们分别属于中免(海免)、海发控、深免、国药集团、海旅投以及王府井这六家企业旗下,它们在线上均有销售平台。

(四) 提货离岛

和购买普通商品的即购即提不同,离岛免税品的提货方式较为复杂。购买离岛免税品的基本原则是提货离岛,即购买的免税品要随着旅客离岛。但在海南离岛免税店,为了给旅客带来更好的购物体验,除了原始的离岛自提方式外,还灵活地发展了邮寄提货、返岛自提、即购即提和担保即提四种提货方式。

三、国内外离岛免税政策

(一) 日本冲绳岛离岛免税政策

日本冲绳是全球首个实施离岛免税政策的地区。冲绳当地政府于1972年提出离岛退税政策以推动经济发展,在1998年建立冲绳特定免税店制度,此后又根据《冲绳促进特别措施法》将关税退税制度修改为关税豁免制度,利用优惠政策吸引众多游客前往当地旅游。

冲绳离岛免税政策允许不限国籍的离岛旅客享受20万日元以内的免税购物额度。这个政策不对旅客的国籍进行限制,从冲绳出发的个人旅客需要完成必要的登记手续,在指定的销售设施向零售商购买货物,出发前完成货物的交付。此过程无数量和次数的限制,除了烟草品类,其余所有品类货物总额在20万日元以内免税。

冲绳岛的离岛免税由迪斐世(DFS)运营(如图3-2),目前位于那霸机场的旅客航站楼、港口的旅客设施以及DFS冲绳T广场被指定为特定免税店。其中冲绳T广场位于那霸市新市中心地区,交通便利,能够为来岛旅客提供世界顶级品牌的免税购物和客户导向的配套服务,展现了DFS成熟的免税店经营方式。

除了冲绳特定免税店制度所规定的免税店外,在冲绳本土具有"Tax-free"标志的其他免税店中购物也只需缴纳消费税。短期驻留日本的外籍游客出示证件后,还可享受退税服务,可退税的对象商品被分为普通商品(同一家店内购物金额满5 000日元以上)和消耗品(同一家店内购物金额满5 000日元以上、500 000日元以下),游客在出示护照办理手续之后即可享受退税(如表3-1)。

图 3-2 冲绳那霸机场免税店

"Duty-free"和"Tax-free"的差异体现在免税税种、适用人群等方面。"Duty-free"商店的商品不仅免消费税,还免关税、烟税、酒税等,这类商店大多数位于机场内,即买即走,但选择性较少;"Tax-free"商店的商品含税出售,这类商店通常是在商场或专卖店,本国人买不退税,外国游客可以申请退税。[①]

表 3-1 日本冲绳离岛免税政策相关规定

序号	项目	政策内容	备注
1	适用对象	离开冲绳岛但不离开日本境内的旅客	冲绳型特定免税店制度
2	免税品类	箱包、化妆品、数码产品、烟酒等日用品或冲绳当地的特产,烟草和酒水有一定数量限制	
3	免税额度	每次限购 20 万日元	
4	免税次数	无限制	
5	适用免税店	那霸机场免税店和 DFS Galleria 市内店	
6	免税税种	关税、消费税、烟税、酒税等	
7	提货方式	机场或港口提货离岛	

(二)韩国济州岛离岛免税政策

2002 年,刚刚经历亚洲金融危机经济受到重创的韩国,受日本冲绳岛离岛免税的启发,对济州岛实行"征税特别措施",即离岛免税政策。离岛免税店由韩国政府指定,又称"指定免税店"。岛内共有两家国有企业(JDC 和 JTO),分属中央和地方。

济州岛是韩国最大的岛屿,火山岛地貌地形特殊,拥有独特的自然风光。由于与韩国本土相距较远,济州岛长期以来经济发展相对落后。为了探索济州岛的转型发展模式,韩

---

① 2023 年中国中免公司更新报告:预期见底,展望远大[EB/OL].(2023-08-04)[2024-10-12]. https://www.vzkoo.com/read/20230804ee60e676a20cd318b4082f23.html.

国政府决定将济州岛打造成国际自由城市特区，促进当地第三产业发展。2002年1月，韩国国会通过的《济州国际自由城市特别法》，首次以法律形式确立济州岛的特区地位。特别法提到"租税特别措施"，允许济州岛实行离岛游客免税购物政策，规定韩国本土居民以及济州岛居民在离开济州岛返回韩国本土时，可享受免税购物待遇，同时设立允许韩国人离岛购买免税商品的市内和机场免税店（如图3-3）。离岛免税店也于2002年12月24日开业迎客。根据韩国离岛免税相关规定，济州岛当地居民及前往济州岛的年满19岁的韩国人在离开济州岛时都可以享有免税购物资格，但须在离岛时完成提货。每人每年限购4次，每次限额35万韩元。

2014年，韩国放宽离岛免税条件，刺激国民消费，对济州岛离岛免税政策作出调整。一是扩大离岛免税政策的对象范围。《济州特别自治道针对旅客的免税店特别规定》规定，济州岛居民、韩国人及外国人离岛时均可免税购物，价格一般比百货店便宜二至五成，可在网上预购，离岛时取货，免税店不销售济州特产。二是不断放宽购买条件。限购次数由一年4次增至6次，每次限购金额由35万韩元上调至600美元，且废除了未满19岁人员的消费限制（如表3-2）。

图3-3 韩国济州岛机场免税店

济州岛免税收益用于当地经济建设。韩国规定在济州岛的免税店所缴纳许可费的50%用于济州观光振兴基金，JDC所有收益都用于济州岛建设。JDC作为韩国国土交通部所属企业，为济州岛建设提供了稳定的财源。离岛免税政策带动了济州岛旅游观光业的发展，JDC开业第一年即实现销售额8 300万美元，购物顾客达124万人次，占当年国内航班及轮船离境人次的21%，其中98.6%为国内游客。2007年，免税店销售额达到2.7亿美元。

2019年，济州岛离岛免税店销售收入占全岛零售销售总额的77%。不过离岛免税政策对韩国免税产业的直接贡献率仅为2%。具体而言，济州岛离岛免税政策的实施大大激发了韩国居民的消费潜力，有效刺激了韩国经济的复苏，同时也推动了济州岛旅游产业链的发展。

表 3-2　韩国济州岛离岛免税政策相关规定

序号	项目	政策内容	备注
1	适用对象	离开济州岛，前往韩国国内其他地区的本国人及外国人	2014 年废除 19 岁的消费年龄限制
2	免税品类	酒类、烟草、计时表、化妆品、香水、手包、钱包、腰带、太阳镜、饼干类、人参类、领带、围巾、饰品、文具、玩具、打火机等十几大类商品，但不经营农产品和济州特产 酒类：限 1 瓶 香烟：限 10 包（1 条）	
3	免税额度	每次 600 美元	2014 年废除每次 35 万韩元的限额
4	免税次数	一年 6 次	2014 年废除一年 4 次的限制
5	适用免税店	济州岛内指定免税店，如济州机场店和港口离岛店，经营主体为 JDC 和 JTO	
6	免税税种	免征增值税、个别消费税、酒税、关税、烟草消费税	
7	提货方式	机场或港口提货离岛	

（三）中国海岛离岛免税政策

1. 海南离岛免税政策

2011 年 3 月 16 日，财政部发布《关于开展海南离岛旅客免税购物政策试点的公告》，规定该公告自 2011 年 4 月 20 日起在海南试点实施。

海南离岛免税的适用对象为年满 16 周岁、搭乘运输工具离开海南岛但不离境的国内外旅客，包括海南省居民。旅客需凭有效身份证件（身份证、护照等）和离岛凭证（机票、船票等）购买免税商品。免税税种包括关税、进口环节增值税和消费税。

免税商品范围通常包括化妆品、首饰、手表、服装、鞋帽、箱包、太阳镜、旅行用品、部分电子产品等。免税商品种类共 45 大类，其中手机等电子消费类产品已纳入其中。

免税额度为每年每人 10 万元人民币，且不限次数。免税商品的单次购买数量有限制，如化妆品限购 30 件，手机限购 4 部，酒类合计不超过 1 500 毫升等。

截至 2024 年 4 月，海南离岛免税政策落地实施已满 13 年。海口海关 3 月 22 日发布的统计数据显示，13 年来海关共监管离岛免税购物金额 2 236 亿元人民币，购物人数 4 086 万人次，购物件数 2.91 亿件。海南离岛免税政策已经成为海南岛在建设国际旅游消费中心过程中的一块"金字招牌"。

表 3-3 中国海南岛离岛免税政策相关规定

序号	项目	政策内容	备注
1	适用对象	年满16周岁,离开海南岛但不离境的国内外旅客	
2	免税品类	箱包、化妆品、手表、服装、首饰、鞋履、电子产品、酒、母婴等45类商品。化妆品每人每次限购30件,手机、手持(包括车载)式无线电话机每人每次限购4件,酒类(啤酒、红酒、清酒、洋酒以及发酵饮料)合计不超过1 500毫升。其余无限制	
3	免税额度	每人每年10万元人民币,单件商品不限额	
4	免税次数	无限制	
5	适用免税店	海南岛12家离岛免税店及网上商城	
6	免税税种	关税、进口环节增值税、消费税	
7	提货方式	离岛自提、返岛自提、邮寄提货、担保即提、即购即提	分别于2021年和2023年增设提货方式

2. 台湾澎湖岛离岛免税政策

澎湖列岛是我国台湾的附属岛屿,生态环境脆弱,经济相对不发达。为刺激该地区的经济发展,2008年,我国台湾颁布《离岛免税购物商店设置办法》,将澎湖、金门、马祖、兰屿、绿岛及琉球等地区划为"离岛地区",并实施岛内免税店政策。

在台湾的这些离岛地区运营的离岛免税店有澎湖的马公机场免税店、金门的金坊免税店、马祖的马祖机场免税店等。这些免税店都是当地有关部门与民间资本合作经营的,极大地调动了当地居民的积极性。

在台湾的离岛地区,免税品的限制按照种类不同划分为三类:烟酒以外的商品每人每次累计不超过6万元新台币,不限年龄、次数;烟酒须20岁以上成年人才可以购买,每人每年限购12次,其中酒类每人每次1升(不限瓶数),卷烟每人每次200支以下,雪茄每人每次25支以下,烟丝每人每次1磅以下。超过限额的商品由免税店代收税款,且旅客在30天内出入离岛两次以上,或半年内出入离岛6次以上,选购烟酒和其他免税商品的规定数量和金额均需减半(如图3-4、表3-4)。

图 3-4 金门升恒昌金湖广场

(图片来源:《重庆晨报》2015年2月2日,欧阳玉姝/摄)

2015年,为刺激游客赴离岛地区观光和购物,繁荣当地经济,台湾地区有关部门修订《离岛免税购物商店设置管理办法》,将离岛直接出境旅客的酒类由每人每次1升提高至 3 升，取消全年购买烟酒 12 次限制外，并将烟酒类以外的购物免税额从 6 万元新台币上调到 100 万元新台币。

表 3-4　中国台湾澎湖岛离岛免税政策相关规定

序号	项目	政策内容
1	适用对象	离开澎湖、金门、马祖、兰屿、绿岛及琉球等离岛地区的旅客（离岛离境）
2	免税品类	箱包、化妆品、数码产品、烟酒等日用品，烟草和酒水有一定数量限制
3	免税额度	每次 100 万元新台币
4	免税次数	无限制
5	适用免税店	马公机场免税店、金坊免税店、马祖机场免税店等
6	免税税种	关税、消费税、烟税、酒税等
7	提货方式	机场或港口提货离岛

任务二　了解海南离岛免税政策的历史与发展

一、海南离岛免税政策的起源

2009 年 12 月 31 日，国务院颁布《关于推进海南国际旅游岛建设发展的若干意见》（国发〔2009〕44 号），提出"由财政部牵头抓紧研究在海南试行境外旅客购物离境退税的具体办法和离岛旅客免税购物政策的可行性，另行上报国务院"，这是最早提出海南离岛免税的官方文件。

2011 年 3 月 16 日，财政部发布《关于开展海南离岛旅客免税购物政策试点的公告》，标志着海南成为世界上继日本冲绳岛、韩国济州岛和中国台湾澎湖岛之后，第四个实施离岛免税政策的区域。

2011 年 4 月 20 日，海关总署颁布《中华人民共和国海关对海南省离岛旅客免税购物监管暂行办法》（海关总署公告 2011 年第 20 号），标志着海南离岛免税政策的真正落地。

2011 年 4 月 20 日，海南省政府在中免集团三亚免税店举行海南离岛旅客免税购物政策实施启动仪式。三亚免税店总营业面积约 7 000 平方米，汇集香水、化妆品等 10 个大类近百个国际顶级品牌的上万种商品。三亚免税店的开业，标志着海南离岛免税购物政策正式实施。

二、海南离岛免税政策的发展

海南离岛免税政策自试点实施以来，先后经历了九次政策调整与优化（见表 3-5）。

2011 年 4 月 20 日：每年每人购物限额为 5 000 元，海南省人员年限购 1 次，岛外旅客年限购2次;商品品种18大类;购买人为年满18周岁、乘飞机离岛但不离境的国内外旅客,包括本省居民。

2012年11月1日:购物限额提高到8 000元;商品品种扩大到21类,放宽18种商品的单次购物数量限制;购买人年龄调整为年满16周岁。

2015年3月20日:商品品种扩大到38类,再放宽10种商品单次购物数量限制。

2016年2月1日:购物限额调整至1.6万元,非岛内居民取消购物次数限制;开设网上销售窗口。

2017年1月15日:购物对象扩大到乘坐火车离岛的旅客。

2018年12月1日:购物限额调整至3万元,取消本岛离岛旅客购物次数限制;在免税商品清单中增加视力训练仪、助听器、矫形固定器械、家用呼吸支持设备,每人每次限购2件。

2018年12月28日:购物对象扩大到乘坐轮船离岛的旅客。

2020年7月1日:购物限额调整至10万元,不限购买次数;商品品种由38种增至45种;取消单件商品8 000元免税限额规定;以额度管理为主,大幅减少单次购买数量限制的商品种类,只限制手机、酒、香化产品单次数量。

2021年1月4日:新增岛外旅客"邮寄送达"和本岛居民"返岛提取"的提货方式。

2023年4月1日:新增"担保即提"和"即购即提"的提货方式。

表3-5 海南离岛免税政策发展表

序号	政策文号	实施时间	政策内容
1	海关总署公告2011年第20号	2011年4月20日	免税购物限额5 000元,海南省人员购物限1次,岛外旅客限2次;年满18周岁、只限乘坐飞机离岛但不离境的游客
2	海关总署公告2012年第50号	2012年11月1日	免税购物额度提高到8 000元;商品品类扩大至21类;放宽单次购物数量限制;购买人员调整为年满16周岁
3	财政部公告2015年第8号	2015年3月20日	免税商品品类扩大至38类,并且放宽10种商品的单次购物数量限制
4	财政部公告2016年第15号	2016年2月1日	岛外游旅客购物限额调整至1.6万,取消购物次数限制,并且允许开设网上销售窗口
5	财政部公告2017年第7号	2017年1月15日	离岛免税购物扩大适用至乘火车离岛游客
6	财政部、海关总署、税务总局公告2018年第158号	2018年12月1日	购物限额提高到3万元,取消本岛居民购物次数限制
7	财政部、海关总署、税务总局公告2018年第175号	2018年12月28日	离岛免税购物扩大适用至乘轮船离岛游客
8	财政部、海关总署、税务总局公告2020年第33号	2020年7月1日	离岛免税购物限额提高到10万元,不限制购买次数,品类扩大到45类,增加了酒水(2瓶,1.5升)、手机(4部)

续表

序号	政策文号	实施时间	政策内容
9	财政部、海关总署、税务总局公告2021年第2号	2021年1月4日	增加"邮寄送达"及岛内居民"返岛提取"两种提货方式
10	海关总署、财政部、税务总局公告2023年第25号	2023年4月1日	增加"担保即提"和"即购即提"两种提货方式

任务三　明确海南离岛免税政策的优势与意义

一、海南离岛免税政策的优势

海南离岛免税政策自2011年落地实施以来,立足离岛免税政策调整契机,不断提升政策含金量,释放出巨大的市场潜力。越来越多的免税经营主体加快布局海南市场,为消费者提供更加便利优越的购物环境。海南省离岛免税经营面积超50万平方米,品牌数量超1 500个,在售商品种类约15万种。2023年,全球免税业知名研究机构《穆迪达维特免税报告》创始人兼董事长马丁·穆迪表示:"海南离岛免税业是全球旅游零售业的一大新势力,简直无法相信它只有短短12年的历史。自建立以来,它每年都在急速发展,如今已成为世界级的旅游零售中心。"综合来看,海南离岛免税政策优势主要体现在以下五个方面。

图3-5　某国外知名免税城"神仙水"价格一

(一)价格实惠

一方面,由于离岛免税政策本身是一种税收优惠政策,商品已经免除了关税以及进口环节的增值税和消费税。商品价格比岛外非免税市场的商品价格优惠20%～40%。另一方面,海南离岛免税经营的定价策略与促销力度,使海南离岛免税店的商品比日韩、新加坡、法国等主要市场中商品的平均售价要优惠10%～20%。尤其是化妆品,海南离岛免税市场的价格相比其他免税店非常有竞争力。图3-5至图3-8为2024年5月不同免税店SK-Ⅱ品牌明星产品护肤精华露("神仙水")的价格。

图3-6 某国外知名免税城"神仙水"价格二

图3-7 海南某离岛免税店"神仙水"价格一

图3-8 海南某离岛免税店"神仙水"价格二

项目三 认识海南离岛免税政策 / 057

此外,海南省政府高度重视和支持离岛免税政策的实施,官方常态化发放离岛免税政策消费券(如表3-6),2024年1—5月已安排发放1.25亿元离岛免税及"机票即门票"消费券。同时,海南还支持离岛免税经营主体多形式促销让利消费。2024年6月,海南省政府出台《海南省关于离岛免税企业促消费奖励实施细则》,安排奖励资金,支持离岛免税企业促消费,鼓励离岛免税经营主体采取打折、抽奖、满减等方式让利消费者,离岛免税经营主体最高可获1 500万元奖励。同时,该细则还鼓励离岛免税经营主体持续开展促销活动,稳定维持竞争优势,进一步发挥吸引境外消费回流的作用。

表3-6 2023年7月4日—21日海南省离岛免税消费券发放规则

优惠力度	面值	发放数量(张)	领取规则
满800元减50元	50元	20 000	活动期间每用户限领1张
满2 000元减100元	100元	40 000	活动期间每用户限领1张
满3 000元减200元	200元	30 000	活动期间每用户限领1张
满6 000元减500元	500元	18 000	活动期间每用户限领1张

资料来源:《海南日报》2023年7月3日

(二)购物额度大

海南离岛免税政策自实施以来,购物限额从2011年最初的5 000元提升至2012年的8 000元、2016年1.6万元、2018年3万元,直到2020年的10万元,且单件商品不限额。无论是横向比较其他的离岛免税政策,还是纵向对比国内免税政策,其购物限额都是最高的,比如日本冲绳岛每次限购20万日元(约合9 000元人民币),韩国济州岛每次限购600美元(约合4 300元人民币),且每年限购6次。再对比我国口岸进境免税店政策,根据2016年最新政策规定,在维持居民旅客进境物品5 000元人民币免税限额不变基础上,允许其在口岸进境免税店增加一定数量的免税购物额,连同境外免税购物额总计不超过8 000元人民币。由此可见,离岛免税限额仍是最高的。

(三)限制条件少

根据最新的海南离岛免税政策,除化妆品、手机和酒水限量外,全年不限购物次数,单件商品不限价格。其中,单次购买限定数量的为化妆品30件、手机4件、酒类合计不超过1 500毫升,其他商品未设购买数量限制。对比其他离岛免税政策,日本、中国台湾均对烟酒有限制,且品类也相对有限,如韩国济州岛每年限购6次,限15类商品品类,烟限购10包,酒限购1瓶。

(四)商品种类多

海南离岛免税涵盖箱包、化妆品、手表、服装、首饰、鞋履、电子产品、酒、母婴产品等45类商品,品牌数量超1 500个,在售商品种类约15万种。目前,各离岛免税门店商品销售结构由原来的香化品类占比超过70%,其余品类均不超过10%,逐步优化为香化、手表首饰、服装箱包等品类协调发展。而且，海南免税店每年都有新品牌入驻，如在三亚国际免税城能"一站式"买到 100 多个全球香化美妆品牌的商品。对比我国口岸进境免税店政策，免税商品以便于携带的个人消费品为主，有 20 种商品不予免税，其中手机、平板电脑等数码产品便不在免税的范围。

（五）服务不断优化

海南离岛免税政策实施以来，在提货方式、购物流程、现场体验、售后服务等方面不断下功夫，持续优化免税购物体验。

截至 2024 年 7 月，海南岛有 12 家离岛免税店，分布于海口、三亚、琼海、万宁等城市，覆盖机场、市区、港口。同时，这些免税店均能实现线下和线上同步销售。海南免税店分属于 6 家企业，形成良好的竞争态势。免税店购物环境优雅舒适，为消费者提供了愉悦的购物体验。同时，各大免税店积极顺应趋势，通过多倍积分、现金返现、满额赠礼、快闪店等形式多样的促销活动和沉浸式的购物体验、优质的产品和服务，更好地满足消费者个性化的消费升级需求。

微课学习：海南离岛免税政策的优势

二、海南离岛免税政策的意义

海南作为我国最大的经济特区和热带岛屿省份，在区域发展布局中处于重要位置。为推动海南经济社会发展，国家制定了建设海南国际旅游岛的重要战略部署，并陆续出台了一系列政策措施。为贯彻落实国务院《关于推进海南国际旅游岛建设发展的若干意见》（国发〔2009〕44 号）有关精神，大力发展与旅游相关的现代服务业，支持海南建设成为国际购物中心和具有国际竞争力的旅游胜地，财政部会同商务部、海关总署、国家税务总局，在海南省有关部门紧密配合下，在借鉴国外成熟经验的基础上，结合我国财税体制实际情况和海南省地方特点，经过深入调研和充分论证，研究制定了开展海南离岛旅客免税购物政策试点的实施方案，并以公告形式对外公布。海南离岛免税政策的实施，对海南和我国经济发展都具有十分重要的意义。

（一）推动海南自贸港建设

离岛免税政策作为中国政府为推动海南自贸港建设而出台的一项重要政策，通过免税优惠吸引了大量国内外游客前来海南消费和旅游，进而促进了海南的经济繁荣和发展。这有助于将海南打造成为对外开放的重要窗口，提升其国际竞争力和影响力。2023 年，海南离岛免税购物人数达 675.6 万人次，比上一年增长 59.9%。

免税政策的实施使得海南在旅游购物方面具备了较强的国际竞争力，吸引了更多的国际游客和高端消费回流，推动了海南自贸港的国际化进程。

（二）促进消费升级

离岛免税政策为游客购买免税商品提供了 12 家离岛免税店的机会，涵盖了化妆品、首饰、手表、服饰、箱包、香水等多种商品，品牌数量超 1 500 个，在售商品种类约 15 万种，丰富了游客的购物选择。

旅客可以凭身份证或护照实名购买免税商品，享受一定的免税优惠，且海南省政府高度重视离岛免税政策的实施和推广，通过制定相关政策和措施，支持离岛免税店积极开展促销活动，大大降低了旅客的购物成本，从而激发了游客的消费意愿，促进了旅游消费的增长。

（三）吸引境外消费回流

一方面，随着国内经济的不断发展和居民收入水平的提高，消费者对高品质、高附加值商品的需求不断增加。海南离岛免税政策正好契合了这一消费升级的趋势，满足了消费者对高品质商品的需求。另一方面，在全球新冠疫情的持续影响下，出境旅游受到限制，消费者出境购物的需求受到抑制。海南离岛免税政策适时推出并不断优化，吸引了大量原本计划出境购物的消费者回流到国内消费。

（四）拉动经济增长

免税商品的销售带动了物流、仓储、零售等相关产业链的发展，为当地创造了更多的就业机会和经济收入。2023 年，海口海关共监管离岛免税购物金额 437.6 亿元，比上年增长 25.4%。

免税政策也吸引了更多的投资和商业机会，促进了海南经济的多元化发展和繁荣。随着政策的进一步放宽，如免税购物限额提升至每人每年 10 万元、免税品类增加等，让海南的免税购物市场不断扩大，从而吸引了更多国际品牌和商家的入驻。

（五）推动旅游业转型升级

离岛免税政策提高了海南旅游购物的档次和品质，使得游客在享受旅游的同时，也能购买到高品质的免税商品，让旅行更加丰富多彩。

免税政策的实施推动了海南旅游业的体制创新，促进了旅游业与其他产业的融合发展，如"旅游＋购物""旅游＋文化"等新型旅游业态不断兴起。

（六）增强海南旅游的吸引力

免税政策的实施不仅改善了海南的旅游购物环境，还带动了整个旅游环境的提升，如酒店、餐饮、交通等配套设施的完善。

免税政策吸引了更多游客前来海南旅游，增加了游客数量，进一步推动了海南旅游业的发展。这有利于提升海南旅游业的国际竞争力，切实推进海南国际旅游岛发展战略的实施。

课程动画：为什么人们爱买免税品

▶ [资料链接]

财政部　商务部　海关总署　国家税务总局　国家旅游局
关于口岸进境免税店政策的公告

为满足国内消费需求，丰富国内消费者购物选择，方便国内消费者在境内购买国外产品，决定增设和恢复口岸进境免税店，合理扩大免税品种，增加一定数量的免税购物额。经国务院批准，现将口岸进境免税店政策公告如下：

一、口岸进境免税店

口岸进境免税店是设立在对外开放的机场、陆路和水运口岸隔离区域，按规定对进境旅客免进口税购物的经营场所。国家对口岸进境免税店实行特许经营。

二、销售对象及条件

口岸进境免税店的适用对象是尚未办理海关进境手续的旅客。在口岸进境免税店购物必须同时符合以下条件：

1. 进境旅客持进出境有效证件和搭乘公共运输交通工具的凭证购买；未搭乘公共运输交通工具的，进境旅客持进出境有效证件购买。

2. 进出境有效证件指护照、往来港澳通行证或往来台湾通行证。

3. 购物应按规定取得购物凭证。

三、免税税种

关税、进口环节增值税和消费税。

四、免税商品品类

免税商品以便于携带的个人消费品为主，具体商品品类和限购数量见附表。

五、免税购物金额

在维持居民旅客进境物品5 000元人民币免税限额不变基础上，允许其在口岸进境免税店增加一定数量的免税购物额，连同境外免税购物额总计不超过8 000元人民币。

六、购物流程

进境旅客在口岸进境免税店购物后，由本人随身携带入境。在同一口岸既有出境免税店又有进境免税店，进境旅客在出境免税店预订寄存后，在进境时付款提取的，视为在口岸进境免税店购物。

本公告自 2016 年 2 月 18 日起执行。

特此公告。

2016 年 2 月 18 日

▶ ［项目小结］

本项目以海南离岛免税政策为基础，分别从海南离岛免税政策的概念、历史、发展几个方面对比分析海南离岛免税的政策优势，归纳出海南离岛免税政策的重要意义，为后面的免税品鉴赏奠定了基础。学习本项目应理解和认同海南离岛免税政策，了解习近平总书记"4·13"讲话精神，明确海南离岛免税政策的制度优势，树立积极向上的远大理想，为海南自贸港建设作出贡献。

▶ ［头脑风暴］

1. 海南离岛免税政策的优势是什么？
2. 海南离岛免税政策和世界上其他地区的离岛免税政策有何异同？

▶ ［实践运用］

1. 选择一家免税店打卡。
2. 进入海南离岛免税线上商城，将产品价格与其他非免税线上商城的同类产品进行比较。
3. 进入海南离岛免税线上商城，将产品价格与其他国内外免税业态同类产品进行比较。

▶ ［在线资源］

拓展学习　　　　　互动练习

项目四

海南离岛免税购物流程与注意事项

▶ [学习目标]
● 掌握海南离岛免税购买条件、购物方式和提货方式
● 明确海南离岛免税购物的限制条件、退换货政策等注意事项
● 能识别并抵制"套代购"等违法行为,树立正确的消费观

▶ [任务导学]
● 任务一 掌握海南离岛免税购物流程
● 任务二 明确海南离岛免税购物注意事项
● 任务三 谨防"套代购"陷阱

▶ [引例]

海南离岛免税提货新政策实施一年:超39亿元免税品"即购即提"

2023年4月1日起,海南离岛免税新增"即购即提""担保即提"提货方式,对单价不超过2万元(不含)且在政策清单内的离岛免税商品,按照每人每类限购数量要求,可选择"即购即提"方式提货;对单价超过5万元(含)的离岛免税商品可选择"担保即提"方式提货。

清明假期首日的上午,三亚国际免税城一些门店的结账柜台前已经排起了队。记者看到,顾客选择"即购即提"后,核验信息、付款提货,全程不超过30秒。"你看,刚买的眼镜已经戴上了!"外地游客李女士向记者展示,"飞机一落地就赶过来买了太阳镜,算上折扣和消费券优惠,省下不少钱,还能现场拆封马上用。"

在免税城内的每个柜台上,均放有"即购即提"15个品类的提示,包括奶粉、玩具、香水、彩妆等。"逢年过节来海南的游客以家庭为主,15个品类涵盖家庭出游场景中多种便捷实用的免税品。"中免集团三亚市内免税店销售副经理廖君叶说。

"即购即提"方式不仅满足了游客在海南旅居期间的消费需求,还让游客的购物时间更加宽裕。此前因为货物配送的时间限制,游客需要在离岛6小时前完成购物,跨城则需要24小时。"现在哪怕航班下午起飞,中午买也来得及。"经常从广东到海南出差的严女士说。

廖君叶告诉记者,新的提货方式还发挥了引流作用,目前三亚国际免税城入店转化率

已提升到九成以上，购物人次大幅增长。据海口海关统计，新政策实施一年来，两种新增提货方式购物件数超430万件，购物金额超40亿元，其中"即购即提"销售总金额超39亿元，"担保即提"销售总金额超8 700万元。

（资料来源：《人民日报》2024年4月11日）

图4-1　三亚国际免税城人流如织

思考： 海南离岛免税为什么要增加"即购即提"的提货方式？海南离岛免税还有哪些提货方式和注意事项？具体购物流程是怎样的？在政策应用过程中应如何避免落入"套代购"的陷阱呢？学完本项目，你将会找到答案。

任务一　掌握海南离岛免税购物流程

一、离岛免税购物前提条件

（一）购买离岛凭证

旅客需先购买离岛的机票、火车票或船票。凭此票证信息，旅客最早可提前30天进行免税购物。

（二）年龄与证件要求

旅客应年满 16 周岁，并持有效身份证件（国内旅客、港澳台旅客分别持居民身份证、旅行证件，国外旅客持护照），离开海南岛且不能离境，包括海南省内居民。

微课学习：海南离岛免税的购买条件

二、购物方式

（一）线下实体店购物

1. 注册会员（可选）：旅客可以注册成为各大免税企业的会员，享受积分政策。目前，除王府井免税港消费 50 元积 1 分外，其余免税店均为 100 元积 1 分，1 积分等于 1 元钱，在第二次下单时即可使用。

2. 选购商品：旅客到所需店铺后筛选商品，并咨询销售员店铺的具体优惠信息。

3. 结账：旅客选好商品后，去收银台结账，结账时需要扫收银台提供的二维码，填写机票航班信息，并进行刷脸认证。

4. 核对与留存凭证：旅客支付完成，核对商品无误后，在商品包裹封口处签字确认，并留存好购物凭证和提货单据。

（二）线上商城购物

1. 注册与认证：旅客在免税店官网或相关 App 小程序上注册会员，并实名认证绑定离岛信息。

2. 选购商品：旅客选购相应商品，加入购物车。

3. 填写个人信息及离岛行程：旅客填写离岛机票信息进行认证。

4. 支付完成：旅客支付成功后等待发货或安排提货。

三、提货

（一）离岛自提

旅客凭本人有效身份证件、离岛行程凭证（机票、火车票、船票）在机场、火车站、港口指定区域的提货点取货，并一次性随身携带离岛。海口美兰国际机场 T1、T2 航站楼内设有多个提货点，营业时间通常为 5：00—23：00。三亚凤凰国际机场提货点位于 T1 航站楼内，营业时间通常为 4：00—24：00。琼海博鳌国际机场、海口火车站、新海港、粤海铁路南港码头等也设有提货点。

图 4-2　海口南港免税提货点

(二) 邮寄送达

旅客在离岛免税商店（含经批准的网上销售窗口）购买免税品时，可以选择邮寄送达方式提货，由免税店直接将所购免税品邮寄到指定地址（收件人、支付人和购买人三者一致，且收件地址在海南省外）。离岛旅客选择邮寄送达方式提货后，离岛免税商店应在核实购物旅客符合邮寄要求且已实际离岛后，一次性寄递旅客所购免税品，向海关实时传输符合海关规定格式且已完成电子签名的免税品交易和购物人员信息、人证信息验核一致、寄递运单、签收信息等电子数据，并对数据真实性承担相应责任。

(三) 返岛提取（针对岛内居民）

岛内居民离岛前购买免税品，可选择返岛提取。返岛提取免税品时，岛内居民须提供本人有效身份证件和实际离岛行程信息。离岛免税商店设立的返岛旅客提货点，应按规定验核提货人资格、实际离岛行程信息等电子数据，信息无误后将免税品交付购物人，并向海关实时传输符合海关规定格式且已完成电子签名的免税品交易、人证信息验核一致、本人提货签收、离岛行程信息等电子数据，并对数据真实性承担相应责任。

(四) 担保即提

离岛旅客凭有效身份证件和离岛信息在离岛免税购物商店（不含网上销售窗口）购买单价超过 5 万元（含）的免税品，可选择"担保即提"方式提货，除支付购物货款外，按照商品的进境物品进口税，预付相应的担保金后现场提货。此方式下，所购免税品不得在岛内使用。旅客离岛时，应主动携带尚未启用或消费的商品至口岸隔离区免税品提货验核点，并提交免税品购物凭证和本人有效身份证件或旅行证件。经海关验核实物无误，且旅客离岛后，海关监管系统凭旅客的离岛成行数据完成自动核销，予以退还担保金，大约在 7 个工作日内原路退回。

（五）即购即提

离岛旅客凭有效身份证件和离岛信息在离岛免税购物商店（不含网上销售窗口）购买单价不超过2万元（不含）的免税品，15个大类内可选择"即购即提"方式，支付货款后现场提货。旅客离岛后，海关监管系统凭旅客的离岛成行数据完成自动核销，离岛环节海关不验核实物。

图4-3 海发控GDF免税城内，工作人员将免税商品递给符合"即购即提"政策的消费者

表4-1 允许"即购即提"方式提货的离岛免税商品清单

序号	商品品种	每人每次离岛限购数
1	化妆品	5件（单一品种限1件）
2	香水	1瓶
3	太阳眼镜	1副
4	服装服饰	1件
5	丝巾	1件
6	鞋帽	1件
7	箱包	1件
8	尿不湿	3包
9	婴幼儿配方奶粉	3罐（包）
10	糖果	3件
11	剃须刀	1件
12	转换插头	1个
13	体育用品	1个
14	玩具（含童车）	1件（套）
15	皮带	1件

> **有了机票，为什么还是买不了免税品？**
>
> 小李在海口上大学，离放暑假还有一个半月，她发现提前买暑假的机票价格低廉，于是早早和几个同学一起买好了回家的机票，并且商量着一起去免税店购物。周末，小李和同学们一起兴高采烈地来到日月广场的免税店，她看中一支口红，打完折不足100元，当即就要买下。结果她拿着身份证给导购人员，被告知无法下单购买。
>
> "我有机票的，不信你看，这是出票信息。"小李着急地出示自己的购买凭证。
>
> "抱歉，根据离岛免税政策规定，离岛免税的最早购买时间为离岛前30天，您来早了。"导购人员笑着解释。

任务二　明确海南离岛免税购物注意事项

一、购买时间

1. 海南离岛免税的最早购买时间为离岛前30天，超过30天无法购买。

2. 不要等到离岛当天才购物。一方面，离岛自提的时间有着明确的限制，同一个城市一般要提前6个小时以上，因为要留充足时间给免税店将免税物品送往相关提货点。另一方面，虽然有了"即购即提"和"担保即提"的政策，但是符合条件的商品有限，且数量也有着明确的限制，而且部分商品不支持邮寄提货。

3. 对海南岛内居民来说，尽量避免离岛当天线上购买其他城市免税店的商品。如一位海口市民出差离岛，离岛当天想购买三亚海旅免税城的商品，理论上可以下单购买，选择返岛自提和邮寄提货，但返岛自提的提货点仅限于有下单企业免税店的城市，如三亚海旅免税城的返岛提货点仅在三亚，因此不现实。而且，邮寄提货的地点限于省外，如果出差时间短暂，极有可能发生人已返岛，免税品却还未邮寄出岛的情况。

二、免税额度与限购数量

1. 每年每人免税购物额度为10万元人民币，不限次数。超过额度，则需按照国家规定另行支付超出部分的税款。如王女士经常到海南旅游购物，当年已使用免税购物额度8万元，这次她在离岛免税购物时仅购买了一块售价2.5万元的名牌手表。根据政策规定，以超出剩余免税额度的5 000元作为完税价格，按照零售价格所对应的高档手表（完税价格10 000元及以上）50%税率，应缴税款为2 500元。

2. 部分商品如化妆品、手机、酒类等有单次购买数量限制。化妆品每次限购30件，手机每人每年限购4部,酒类1 500毫升。如倪女士年内首次到海南旅游购物,她在离岛免税购物时看中某售价为10 000元的新款手机准备购买5台送给家人作为新年礼物。根据政策规定,手机每人每次购买限量为4件,因此她在使用免税额度后,超出免税限量购买的1台手机按照进境物品征税,触屏手机税率为13%,应缴税款为1 300元。

三、提货方式

(一)离岛自提

1. 部分商品不支持离岛提货,旅客购买时需向工作人员确认清楚。
2. 提货需要时间,旅客一般于离岛当天提前90分钟左右可办理,遇到交通高峰期提货时可能需要排队,为避免延误行程,最晚不晚于行程开始前的一小时以上到达提货点办理。
3. 提货前,旅客可联系官方客服,确认货物已抵达离岛提货点。
4. 离岛提货点在隔离区,旅客需过安检。这也是需要提前安排行程的原因。
5. 旅客准备好身份证明原件、提货单等相关证件。提货单目前已不是刚需,身份证和护照为必备证件。
6. 旅客检查货物包装、数量和质量,确保货物完好无损。
7. 旅客提货后要离岛方可使用免税商品。

(二)邮寄送达

1. 收件人、支付人和购买人必须是购物旅客本人。且在海南省外签收免税品时,旅客需要出示本人身份证件。
2. 旅客收件地址需在海南省外,海南省内不可邮寄。但是本岛居民在购买免税品时,也可将商品邮寄至省外,但要确保本人能签收。

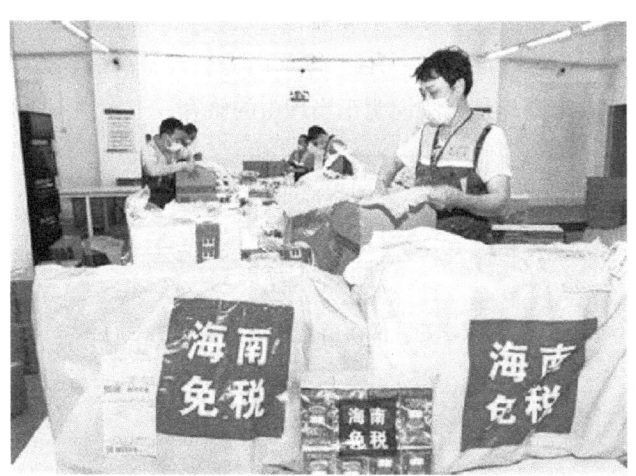

图4-4 工作人员在对免税品邮件进行打包

3. 要真实离岛后才会邮寄。因此旅客最好要确保邮寄的地点是旅客本人短期内不会离开的地方。碰到节假日（春节）高峰期，离岛免税邮寄商品流程会相对缓慢，物流也会更慢。

（三）返岛自提

1. 返岛自提的目标用户是岛内居民。岛内居民包括持有海南省身份证、海南省居住证或社保卡的中国公民，以及在海南省工作生活并持有居留证的境外人士。

2. 旅客返岛自提要提前预约，可致电官方客服处理。如需改变预约时间，也需提前致电免税店官方客服或公众号在线客服处理。

3. 旅客购买之日起三个月内必须提货，否则将被退货。

（四）担保即提

1. 担保提货的免税品不得在岛内使用，且不得拆封。

2. 如果离岛旅客需要退还担保，旅客需主动向海关申请验核尚未启用或消费的免税品。海关查验的地方为安检后的隔离区。

3. 如通过海关实物验核且购物旅客已实际离岛，海关会退还担保。担保费用将原路返回至相关账户。

4. 如果购物旅客自购物之日起超过30天未离岛、未主动向海关申请验核免税品或未通过验核，相关担保将直接转为税款。海关不予办理离岛旅客验核签章手续的情形包括：离岛旅客交验免税品已经启用或已经消费的；离岛旅客交验免税品与购物凭证所列不符的；购物人员信息与交验离岛旅客本人信息不符的。

（五）即购即提

1. 该政策仅适用于线下免税店。

2. 所购物品需符合"即购即提"的15类商品清单且所购数量符合。如遇化妆品套盒，套盒内化妆品不可拆分，则不可即购即提。

3. 行程发生变更，旅客请自购买之日起30天内完成改签离岛，致电免税店官方客服即可变更行程；超过30天未离岛且无法说明正当理由的旅客，三年内不得购买离岛免税品。

微课学习：海南离岛免税的提货方式

四、退换货

（一）提货前退换货

1. 购买后变更行程

旅客如果购买免税品后变更航班（车次、航次），且变更后的离岛时间在原离岛日期之后 30 天内，免税店为其办理相应的延期提货手续。超过规定时限的，免税店可办理退货手续。取消行程的，免税店可为其办理退货手续。旅客有以上情况者，须主动联系免税店进行延期提货和退货。

2. 线上购买

在海南免税店的官方线上购物平台（如 cdf 海南免税 App、GDF 官方商城微信小程序）购买的商品，未发货前可以联系客服取消订单；已经发货但未收到的货品，可以选择拒收或联系客服拦截，并申请退货退款。

（二）提货后退换货

1. 退货

退货商品需保持全新、未拆封且不影响二次出售的状态，提供商品三包凭证、发票等必要文件。退货需在离岛后的一定时间内进行（具体时限可能因商家而异，但一般不超过 30 天）。退货成功后，款项将在 7～15 个工作日内原路退回到个人账户。因退货原因需要退税的，自缴纳税款之日起 1 年内，由离岛旅客或者离岛免税商店向海关提出申请，海关核准后填发税款退还凭证，交原纳税人凭以向指定银行（国库）办理退税手续。

2. 换货

离岛旅客提货后需要换货的，离岛免税商店应当确保退回免税品与更换免税品的品名、货号、规格、型号等完全一致。换货需经海关核准后方可交付离岛旅客。

案值 6 000 万　打掉团伙 23 个
海南离岛免税"套代购"系列走私案告破

在海关总署缉私局的指挥下，广州海关日前组织开展了打击海南离岛免税"套代购"走私专项行动，共打掉涉案团伙 23 个，现场扣押涉嫌走私的化妆品、洋酒等离岛免税物品一批。经初步查证，该案案值约 6 000 万元。

小线索牵出"套代购"走私大案

2022 年 7 月，广州海关缉私局接到海关风险控制部门移交线索，显示关区内有人组织社会闲散人员或亲友前往海南，购买本应自用的离岛免税品运往广州、佛山等地，再进行二次销售牟利的走私活动。

海关缉私部门侦查发现，从事海南离岛免税的走私团伙各自有自己的进货和销售网络，团伙头目大多是二三十岁的年轻人，学历比较高，一般都具有大学本科以上文凭，对新潮事物的市场摸得比较透彻，对一些热销的化妆品、电子产品在不同市场的差价很熟悉。

由于涉案团伙多，涉及海南及广东的佛山、广州等地，广州海关缉私局组织警力组成专案组，展开深入侦查，对涉案团伙择机收网。

23 个走私团伙被打掉

专案组的缉私民警通过线索梳理和摸排研判，先后排查出 23 个海南离岛免税走私团伙，逐步掌握了这些团伙走私犯罪的相关证据，随后专案组组织展开统一查缉抓捕行动。

缉私民警在广州市番禺区抓获其中一个团伙头目苏某勇。经初步查实，苏某勇从2020年5月开始至案发时，利用他人的离岛免税额度购买大量化妆品、洋酒、电子产品，货值达131万多元，涉及向外邮寄的包裹数950个。为了扩大利润，作案团伙成员也会赶在一些免税店的打折季，或差价较大的时候，自己购买机票或组织亲朋好友去海南免费旅游，有针对性地购买一些热门商品。

在番禺缉私分局侦办的案件中，方某是涉案值最大的走私团伙头目。方某从2022年初开始，组织他人从海南免税店购买手机、平板电脑等电子产品180多部，以及大量进口护肤品、酒类等，邮寄到广州大学城所开设的门店，再进行网上和线下销售。不到一年时间，方某购买的海南离岛免税商品总货值就超过了300万元。行动中，缉私民警在方某的仓库查获涉嫌走私的海南离岛免税包裹24箱，经开箱检查，里面全部为高档进口化妆品，价值10多万元。

（资料来源：央视新闻客户端）

任务三　谨防"套代购"陷阱

自2011年离岛免税政策落地海南，海南免税业稳步向前发展。2020年7月，海南推出了离岛免税购物新政，将免税购物额度从每人每年3万元提高到10万元。额度的大幅提高，全面激活了海南离岛免税购物的活力。但随着免税行业的不断发展，套购、代购、走私免税品的情况层出不穷。甚至有些人不知不觉就掉进"套代购"的陷阱中。

一、"套代购"的定义

"套代购"是指以牟利为目的，利用个人购买离岛免税品的资格和额度为他人购买免税品或将所购免税品在国内市场再次销售；或组织、利用他人购买海南离岛免税品的资格和额度，购买免税品并进行倒卖的行为，都属于离岛免税"套代购"走私行为。

"套购"是指组织、利用他人购买离岛免税品的资格和额度购买免税品并在国内市场再次销售，牟取非法利益的行为。这种行为往往涉及多个环节的分工合作，如有人负责提供购买资格和额度，有人负责购买免税品，还有人负责在国内市场销售。

"代购"是指收取代购费报酬，利用自己购买离岛免税品的资格和额度，为他人购买免税品的行为。代购虽然看似是个人行为，但实质上也是利用免税政策进行牟利，同样属于走私违法犯罪行为。需要注意的是，判定代购是否违法的关键在于是否以"牟利"为目的。如本人不以转销牟利为目的，为亲朋好友代为购买；或者本人购买后送给亲朋好友，这都不违法。如果超过免税购物额度，旅客在免税店购买时补缴了关税及其他税费，就可以正常离岛。

二、"套代购"的形式

"套代购"走私是一种新型的走私违法犯罪行为。法律禁止的"套代购"行为主要有以下三种情形：

（一）有偿代购

有偿出借个人离岛免税额度，为套购团伙购买、运输离岛免税品的行为，违反海关监管相关法律法规，依法将会受到行政处罚，情节严重、涉嫌刑事犯罪的，将依法追究刑事责任。

（二）充当中介

为套购团伙提供贷款、资金、账号、发票、证明，或者为其提供运输、保管、邮寄或者其他方便的，将被依法作为走私共犯论处。走私行为偷逃税额十万元以上的，将被依法追究刑事责任。

（三）组织代购

作为团伙头目组织"水客"走私离岛免税品，或在走私离岛免税品犯罪中起主要作用的，将作为主犯受到严厉的刑事处罚。

三、"套代购"的危害

"套代购"走私行为不仅破坏了国家税收秩序和海关监管制度，还冲击了国内相关产业和市场秩序。此外，这种行为还可能对参与其中的个人产生不良影响，如面临行政处罚甚至刑事责任。同时，对于利用学生等弱势群体进行"套代购"的行为，更是对社会造成了极大的危害。

（一）破坏税收秩序

"套代购"行为通过非法手段规避了国家税收，导致国家税收流失，破坏了正常的税收秩序。这不仅减少了国家的财政收入，还可能影响政府提供公共服务和基础设施的能力。

（二）扰乱市场秩序

"套代购"走私的商品往往以低于市场价格的方式流入市场，这会对正规渠道的商品销售造成冲击，扰乱市场秩序，长此以往可能导致正规商家经营困难甚至退出市场，影响市场的健康发展。

(三)破坏公平竞争

"套代购"行为通过非法手段获取竞争优势,破坏了市场的公平竞争原则。这会导致正规商家在竞争中处于不利地位,影响其创新和发展能力。长期来看,这将削弱中国经济的整体竞争力和创新能力。

(四)损害消费者权益

"套代购"的商品来源不明,可能存在质量问题或假冒伪劣产品。消费者在购买这些商品时,往往难以辨别真伪,容易上当受骗。此外,"套代购"的商品通常无法享受正规的售后服务和保修政策,给消费者的权益保护带来困难。

(五)滋生腐败和犯罪

"套代购"行为往往涉及多个环节的分工合作,包括提供购买资格和额度、购买免税品、运输和销售等。这些环节中的不法分子可能利用职权或关系网进行利益输送和腐败行为。同时,"套代购"行为还可能引发其他犯罪行为,如洗钱、走私等。

(六)影响国家形象

"套代购"行为的存在不仅损害了国家的经济利益,还可能影响国家的形象和声誉。国际社会可能会因此对中国的市场监管能力和法律制度产生质疑,不利于中国的国际形象和国际地位的提升。

四、"套代购"行为的后果

"套代购"走私行为会影响海南自由贸易港建设的健康发展,严重破坏海关监管秩序。偷逃应缴税款造成国家税款流失,扰乱国内市场正常秩序,必须予以严厉打击。无论是主动从事"套代购"行为还是被动参与"套代购"行为,都将面临相应的惩罚。

(一)行政处罚

对于有偿代购、有偿出借个人离岛免税额度,为套购团伙购买、运输离岛免税品的行为,以及充当中介为套购团伙提供贷款、资金、账号、发票、证明等便利的行为,将依法受到行政处罚。

1. 没收已购买的免税品

没收是离岛免税"套代购"走私主要的行政处罚方式,即将已经购买的免税品全数没收,如果免税品已经销售的,还需要追缴与该免税品等值的价款。举例来说,假设张三套购了 100 万元的化妆品,被查获时已经卖出去了 80 万元,还有 20 万元的货在手里。那么,这尚未销售的 20 万元货将会被全数没收,执法部门还会再向张三追缴等值价款 80 万元。

2. 没收违法所得

除免税品外,没收的范围还包括违法所得,这里的违法所得通常是指实施"套代购"走私行为所获得的报酬。再以张三为例,假设张三以 1 500 元卖掉了自己本年度 10 万元的离岛免税购物额度,张三收到的这 1 500 元就属于实施违法行为所获得的报酬,应当被没收。

3. 偷逃应缴纳税款三倍以下罚款

罚款是选择性的，既可以处以罚款，也可以不处以罚款，由执法机关根据个案裁量，数额为偷逃应缴纳税款的三倍以下钱款。再以张三为例，假设张三套购了100万元的化妆品，应当缴纳的税款为10万元，则罚款最高可到30万元。

4. 三年内不得购买离岛免税品

限制三年内不得购买离岛免税品属于海关管理措施之一，海关执法部门可当场作出。离岛旅客实施以下行为的，海关可作出限制其三年内不得购买离岛免税品的处理决定：(1)以牟利为目的为他人购买免税品或将所购免税品在国内市场再次销售的；(2)购买或者提取免税品时，提供虚假身份证件或旅行证件、使用不符合规定身份证件或旅行证件，或者提供虚假离岛信息的。

5. 失信联合惩戒

失信联合惩戒即列入离岛免税购物严重失信主体名单，被列入严重失信名单的主体将面临以下惩戒措施：(1)纳入重点监管范围、限制享受优惠政策和便利措施、实施从业限制、限制参加评先评优、限制申请财政性资金项目等；(2)商业银行、保险公司和证券公司等金融机构可以按照风险定价原则，对免税购物严重失信主体提高贷款利率、财产保险费率和交易佣金，或者限制向其提供贷款、保荐、承销、保险等服务。

（二）刑事责任

如果"套代购"行为涉及偷逃应缴税额达到一定程度（一般为10万元以上），或者情节严重、涉嫌刑事犯罪的，将依法追究刑事责任。根据《中华人民共和国刑法》第一百五十三条的规定，走私货物、物品偷逃应缴税额在10万元以上不满50万元的或一年内曾因走私被给予二次行政处罚后又走私的，将处3年以下有期徒刑或者拘役，并处偷逃应缴税额1倍以上5倍以下罚金。如果偷逃应缴税额在50万元以上不满250万元的或者有其他严重情节的，将处3年以上10年以下有期徒刑，并处偷逃应缴税额1倍以上5倍以下罚金。如偷逃应缴税额在250万元以上，或有其他特别严重情节的，处10年以上有期徒刑或无期徒刑，并处偷逃应缴税额1倍以上5倍以下罚金或没收财产。

1. 走私普通货物、物品罪

进行有偿代购、组织代购的中介行为，或与走私罪犯通谋，为其提供贷款、资金、账号、发票、证明；或为其提供核销、提取、运输、保管、邮寄等其他方便的行为，都可能会构成走私普通货物、物品罪。

走私普通货物、物品罪的刑罚有3档：第一档，处3年以下有期徒刑或者拘役，并处偷逃应缴税额1倍以上5倍以下罚金；第二档，处3年以上10年以下有期徒刑，并处偷逃应缴税额1倍以上5倍以下罚金；第三档，处10年以上有期徒刑或者无期徒刑，并处偷逃应缴税额1倍以上5倍以下罚金或者没收财产。

2. 掩饰、隐瞒犯罪所得罪和犯罪所得收益罪

明知是走私的离岛免税品而购买的，可能构成掩饰、隐瞒犯罪所得罪和犯罪所得收益罪或走私普通货物、物品罪（间接走私）。掩饰、隐瞒犯罪所得罪和犯罪所得收益罪是指明知是犯罪所得及其产生的收益而予以收购、代为销售或以其他方式为其掩饰、隐瞒的犯罪行为。走私的离岛免税品属于犯罪所得，因此明知是走私的离岛免税品而购买的行为可能构成掩饰、隐瞒犯罪所得罪和犯罪所得收益罪。

掩饰、隐瞒犯罪所得罪和犯罪所得收益罪的刑罚有两档：第一档，处 3 年以下有期徒刑、拘役或者管制，并处或者单处罚金；第二档，情节严重的，处 3 年以上 7 年以下有期徒刑，并处罚金。

3. 洗钱罪

明知是走私犯罪的犯罪所得及其产生的收益而掩饰、隐瞒其来源、性质的，可能构成洗钱罪（自洗钱）。

洗钱罪的刑罚有两档：第一档，处 5 年以下有期徒刑或者拘役，并处或者单处罚金；第二档，情节严重的，处 5 年以上 10 年以下有期徒刑，并处罚金。

图 4-5　防"套代购"宣传图
（图片来源：《湛江日报》2021 年 8 月 18 日）

（三）信用惩戒

涉及"套代购"的个人或企业，可能会被列入离岛免税购物严重失信主体名单，影响其未来的信用评级和享受相关优惠政策的权利。被列入严重失信名单的主体将面临以下惩戒措施：（1）纳入重点监管范围、限制享受优惠政策和便利措施、实施从业限制、限制参加评先评优、限制申请财政性资金项目等；（2）商业银行、保险公司和证券公司等金融机构可以按照风险定价原则，对免税购物严重失信主体提高贷款利率、财产保险费率和交易佣金，或者限制向其提供贷款、保荐、承销、保险等服务。

课程动画：理性消费，谨防"套代购"

五、"套代购"行为的防范

（一）提高警惕，认清"套代购"的本质

"套代购"是指利用离岛免税政策，通过非法手段获取免税品并在国内市场进行销售的行为。这种行为不仅违法，还可能导致个人信用受损和财产损失。因此，我们要认清"套代购"的本质和危害，不参与任何形式的"套代购"活动，不将个人信息和免税额度借给他人使用。

（二）加强个人信息保护

个人信息是"套代购"分子进行非法活动的重要工具。我们要保护好自己的身份证、护照、航班信息等个人信息，避免被他人利用；不轻易将个人信息泄露给陌生人或不可信的代购商家，不随意在不明网站或 App 上填写个人信息。

图 4-6 加强个人信息防护宣传海报

（三）选择正规渠道购买免税品

购买免税品时，应选择正规渠道和信誉良好的商家，如官方免税店或知名电商平台上的官方店铺；避免通过非正规渠道或私人代购购买免税品，以免买到假冒伪劣产品或陷入"套代购"陷阱。

（四）仔细核实商品信息和卖家信誉

在购买免税品前，要仔细核实商品信息，包括品牌、型号、产地等，确保所购商品符合自己的需求和期望。同时，要查看卖家的信誉和评价，选择有良好信誉和口碑的卖家进行交易。

（五）保留购物凭证和交易记录

在购买免税品时，要保留好购物凭证和交易记录，如发票、支付截图等。这些凭证和记录是维权的重要证据。如果遇到"套代购"或其他违法行为，可以向相关部门投诉举报，并提供相关证据协助调查。

（六）增强法律意识和维权意识

我们要了解相关法律法规和维权途径，增强自己的法律意识和维权意识；如果遇到"套代购"或其他违法行为导致自己的权益受损，要及时向公安机关报案或向相关部门投诉举报，维护自己的合法权益。

（七）强化监管力度

海关部门应加强对离岛免税品的监管，对疑似"套代购"行为进行严格检查，防止免税品被非法转售。同时，海关部门还应建立跨部门协作机制，加强与公安、市场监管等部门的合作，形成合力打击"套代购"行为。

▶ [资料链接]

中华人民共和国海关对海南离岛旅客免税购物监管办法

第一章　总则

第一条　为规范海关对海南离岛旅客免税购物业务的监管，促进海南国际旅游消费中心建设，根据《中华人民共和国海关法》和相关法律法规，制定本办法。

第二条　海关对离岛旅客在海南省离岛免税商店（含经批准的网上销售窗口，以下简称"离岛免税商店"）选购免税品，在机场、火车站、港口码头指定区域提货，并一次性随身携带离岛的监管，适用本办法。

第三条　离岛免税商店应当在海南省机场、火车站和港口码头前往内地的隔离区（以下简称"隔离区"）设立提货点，并报经海关批准。

隔离区属于海关监管区，有关设置标准应当符合海关监管要求。

第四条　离岛免税商店应当在免税品入库前，按照海关要求登记免税品电子数据信息。旅客购买免税品、提货时，离岛免税商店应当完整、准确、实时向海关传输符合海关规定格式的旅客购物、提货信息等电子数据。

第二章　免税品销售监管

第五条　离岛旅客购买免税品时，应当主动提供本人有效身份证件或旅行证件，以及海关规定的所搭乘离岛运输工具等相关信息。

第六条　离岛旅客可在任意离岛免税商店购买免税品，采用线上方式购买的，购物人、支付人应当为同一人。

旅客购买免税品后,搭乘运输工具携运免税品离岛记为1次免税购物。

第七条 离岛旅客每人每年免税购物额度、免税商品种类及每次购买数量限制等,按照财政部、海关总署、税务总局公告相关规定执行。离岛免税商店应当严格按照离岛免税政策规定的销售对象、品种、数量和金额等销售免税品。超出年度免税购物额度、限量的部分,照章征收进境物品进口税。

第八条 离岛旅客年度免税购物额度中如有剩余(或者未使用),在缴税购买超出免税限额的商品时,海关以"离岛免税商店商品零售价格减去剩余的免税限额"作为完税价格计征税款。

旅客购物时不使用年度免税购物额度或者超出限量购买的,海关以离岛免税商店商品零售价格作为完税价格计征税款。

第九条 海关计征税款时,对旅客超出年度免税购物额度或者超出限量购买的商品,适用离岛免税商店商品零售价格所对应的税率。

第十条 离岛旅客可以通过离岛免税商店向海关办理税款缴纳手续。离岛免税商店应当每10天向海关集中办理一次税款缴纳手续,并于海关填发税款缴纳凭证之日起5个工作日内向指定银行(国库)缴纳税款。逾期缴纳税款的,海关自缴款期限届满之日起至缴清税款之日止,按日加收滞纳税款万分之五的滞纳金,最高不得超出税款数额。

滞纳金的起征点为人民币50元。

第三章 免税品提离监管

第十一条 离岛免税商店应当按照海关监管要求将离岛旅客需提取的免税品施加封志,并提前运送至提货点。

在离岛旅客提取前,离岛免税商店应当确保已售免税品外部封志完好。

第十二条 在市内离岛免税商店或在离岛免税网上窗口购买了免税品的旅客进入隔离区后,应当在提货点办理所购免税品的提取手续。离岛免税商店应当验凭离岛旅客有效身份证件、搭乘运输工具的凭证等无误后交付免税品。

离岛旅客在隔离区离岛免税商店购买后即可提取所购免税品。

第十三条 离岛旅客在隔离区提货后,因航班(车次、航次)延误、取消等原因需要离开隔离区的,应当将免税品交由离岛免税商店(包括提货点)代为保管,待实际离岛再次进入隔离区后提取。

离岛旅客购买免税品后变更航班(车次、航次),变更后的航班(车次、航次)时间为原离岛日期之后30天内的,免税商店可为其办理相应的延期提货手续。超过规定时限的,免税商店应当为其办理退货手续。

离岛旅客购买免税品后退票的,离岛免税商店应当为其办理退货手续。

第十四条 离岛旅客提货后退货的,离岛免税商店应当重新办理退货免税品的入库手续。因退货原因需要退税的,自缴纳税款之日起1年内,由离岛旅客或者离岛免税商店向海关提出申请，海关核准后填发税款退还凭证，交原纳税人凭以向指定银行（国库）办理退税手续。

离岛旅客提货后需要换货的，离岛免税商店应当确保退回免税品与更换免税品的品名、货号、规格型号等完全一致，经海关核准后交付离岛旅客。

第十五条　离岛免税商店应当将退换货等免税品异常处理情况及时报告海关。

第四章　法律责任

第十六条　离岛免税商店有下列情形之一的，海关责令其改正，可给予警告；对于在一个公历年度内被海关警告超过3次的，海关可暂停其从事离岛免税经营业务，暂停时间最长不超过6个月；情节严重的，海关可以撤销离岛免税商店注册登记。同时，离岛免税商店还应当按照进口货物补缴相应税款：

（一）将免税品销售给规定范围以外对象的；

（二）超出规定的品种或者规定的限量、限额销售免税品的；

（三）未在海关核准的区域销售免税品的；

（四）未按照海关监管规定办理免税品进口报关、入库、出库、销售、提货、核销等相关手续的；

（五）出租、出让、转让免税商店经营权的。

第十七条　离岛旅客有下列情形之一的，由海关按照相关法律法规处理，且自海关作出处理决定之日起，3年内不得享受离岛免税购物政策，并可依照有关规定纳入相关信用记录：

（一）以牟利为目的为他人购买免税品或将所购免税品在国内市场再次销售的；

（二）购买或者提取免税品时，提供虚假身份证件或旅行证件、使用不符合规定身份证件或旅行证件，或者提供虚假离岛信息的；

（三）其他违反海关规定的。

第十八条　违反本办法规定，组织、利用他人购买离岛免税品的资格和额度购买免税品谋取非法利益构成违反海关监管规定或者走私行为的；离岛免税商店有违反海关监管规定行为或者走私行为的，由海关依照《中华人民共和国海关法》和《中华人民共和国海关行政处罚实施条例》的有关规定予以处理；构成犯罪的，依法追究刑事责任。

第五章　附则

第十九条　本办法中下列用语的含义：

离岛旅客，是指年满16周岁、搭乘运输工具离开海南本岛但不离境的国内外旅客。

身份证件或旅行证件，是指境内旅客居民身份证、港澳居民来往内地通行证、台湾居民来往大陆通行证和外国旅客护照。

运输工具，是指经海南设立离岛免税海关监管机构的机场、火车站、港口码头，离开海南本岛但不离境的飞机、火车、轮船等公共交通运输工具。

第二十条　对离岛免税商店及免税品的其他监管事项按照《中华人民共和国海关对免

税商店及免税品监管办法》等有关规定执行。

第二十一条 本办法由海关总署负责解释。

第二十二条 本办法自 2020 年 7 月 10 日起施行。

▶ [项目小结]

本项目以海南离岛免税政策的应用为基础，从海南离岛免税购物的前提条件、购买时间、提货方式等角度，全面总结梳理出海南离岛购物中的流程和注意事项。本项目还通过案例，引出海南离岛免税政策的红线——"套代购"违法行为，并从"套代购"行为的定义、形式、危害、责任后果及预防等方面全方位认知"套代购"行为。学习本项目应熟知海南离岛免税政策内容，掌握海南离岛免税的政策运用，认同海南离岛免税政策的制度优势，识别并抵制"套代购"等违法行为，树立正确的消费观。

▶ [头脑风暴]

1. 如何避免掉入离岛免税"套代购"的陷阱？
2. 如何根据实际情况选择海南离岛免税的提货方式？

▶ [实践运用]

1. 画一个海南离岛免税购物的线下购物流程图。
2. 画一个海南离岛免税购物的线上购物流程图。
3. 查阅有关"套代购"违法行为的案例，在课堂上进行交流。

▶ [在线资源]

拓展学习

互动练习

项目五

海南离岛免税购物攻略

▶ [学习目标]

- 了解海南12家离岛免税店及其特点
- 明确经营海南离岛免税店企业的主体
- 掌握海南离岛免税购物的相关攻略
- 能实际运用海南离岛免税购物攻略
- 树立正确的消费观

▶ [任务导学]

- 任务一 认识海南离岛免税店及其经营主体
- 任务二 掌握海南离岛免税购物攻略

▶ [引例]

"世界最大单体免税店"海口开业

海南免税购物又添新地标。

沿海南海口海岸线一路西行,可以见到一朵庞然而又灵动的"海棠花"盛放——这是2022年10月28日刚刚开业的海口国际免税城。其紧邻海口交通枢纽新海港,是目前"世界最大单体免税店"。

"世界最大",有多大?免税城单体建筑面积28.9万平方米,相当于39个足球场;地上4层、地下2层,全部逛完需要步行超过4公里。

近4 000平方米的高奢通体主力店,全球旅游零售面积最大、品牌最全的香化世界,独家定制史诗级主题中庭——AURA天际秘林……坐落于海口市西海岸城市副中心的海口国际免税城在开业当天吸引了无数游客。它不仅是继三亚国际免税城之后世界最大单体免税店,也将成为海南自贸港建设的标志性项目之一。

据了解,海口国际免税城整个项目总建筑面积93万平方米,由6个地块组成,涵盖免税商业、有税商业、高档办公、高端酒店、人才社区等多种业态,满足商旅休闲、度假居住、办公艺展等复合需求。

(资料来源:《中国经济周刊》2022年第21期)

图 5-1 海口国际免税城盛大开业

思考：海南一共有多少家离岛免税店？它们分布在哪里？由谁经营？有何特色？去哪家店买最划算？学完这个项目，你将一一找到答案。

任务一 认识海南离岛免税店及其经营主体

一、海南离岛免税店概况

离岛免税店是指具有实施离岛免税政策资格，并实行特许经营的面向离岛旅客销售免税商品的商店。依托于海南离岛免税政策，海南离岛免税店如雨后春笋般拔地而起。截至 2024 年 7 月，海南岛有 12 家离岛免税店，这些免税店分布在海口、三亚、琼海、万宁等城市，其中海口 6 家，三亚 4 家，琼海 1 家，万宁 1 家。

二、海南离岛免税店介绍

（一）cdf 三亚国际免税城

1. 开业时间：2014 年 9 月 1 日
2. 地址：海南省三亚市海棠区海棠北路 118 号
3. 经营主体：中免
4. 营业时间：10：00—22：00
5. 客服热线：0898-96656
6. 微信公众号：cdf 三亚国际免税城官方
7. 商城小程序：cdf 中免海南

图 5-2 cdf 三亚国际免税城

8. 简介：cdf 三亚国际免税城前身为三亚市内免税店，试营业开始于为 2009 年 9 月 1 日，2011 年 4 月 20 日正式开业。2014 年 9 月 1 日，市内免税店整体搬迁至海棠湾并更名为三亚国际免税城，原三亚市内大东海的免税店停止营业。三亚国际免税城在海口国际免税城开业之前，一直是世界面积最大免税店，也是销售额最高的免税店，是国内规模最大的高端免税购物综合体，三亚国际免税城品类齐全，有超过 750 个国际品牌。它总面积达 12 万平方米，其中商业面积 7.2 万平方米，地上 3 层、地下 1 层，分 A、B 区，三楼中间有廊桥连通。

A 区一层：香化、国际精品。

A 区二层：香化、香化折扣区、个人护理、轻奢品牌。

A 区三层：有税商品、名品折扣区、儿童乐园、烟酒、运动品牌、特产。

B 区一层：钟表、珠宝、首饰、箱包、国际精品。

B 区二层：钟表、珠宝、时尚名品、童装、玩具、保健食品。

B 区三层：电子产品、酒水、餐饮。

（二）海口美兰国际机场 T1 免税店

1. 开业时间：2011 年 12 月 11 日
2. 地址：海南省海口市美兰区美兰国际机场 T1 候机楼隔离区内
3. 经营主体：中免
4. 营业时间：6：00—23：00
5. 客服热线：0898-96656
6. 微信公众号：cdf 海口美兰机场免税店
7. 商城小程序：cdf 中免海南
8. 简介：海口美兰国际机场 T1 免税店是国内首家离岛机场免税店，实行离岛当天"即购即提"提货方式，但需有当天机票并过完安检。

免税店分 A 区（箱包和食品）和 B 区（香水和化妆品）两大区域，总营业面积 1.4 万平方米，涵盖 200 多个国际一线高端品牌。

图 5-3 cdf 海口日月广场免税店

（三）cdf 海口日月广场免税店

1. 开业时间：2019 年 1 月 19 日
2. 地址：海南省海口市国兴大道 8 号日月广场西区射手座 L 层、双子座 L—2 层
3. 经营主体：海免（中免控股）
4. 营业时间：10：00—22：00
5. 客服热线：0898-96656
6. 微信公众号：cdf 海口日月广场免税店
7. 商城小程序：cdf 中免海南

8. 简介：cdf 海口日月广场免税店坐落于海口 CBD 核心区域，共计经营面积 2.2 万平方米，集香化酒水购物、吃喝玩乐于一体。其射手座 L 层包括美妆、护肤、轻奢时尚、手表和配饰等，品牌有雅诗兰黛、SK-Ⅱ、香奈儿、阿玛尼等；双子座 L 层则汇聚时尚精品、珠宝、手表几大品类，品牌包括罗意威、博柏利、菲拉格慕、麒麟、江诗丹顿、卡地亚、万国等；双子座 2 层是食品百货、数码电器、香化优享区。

（四）cdf 琼海博鳌免税店

1. 开业时间：2019 年 1 月 19 日
2. 地址：海南省琼海市博鳌镇东屿岛度假景区内
3. 经营主体：中免
4. 营业时间：10：00—18：00
5. 客服热线：0898-96656
6. 微信公众号：cdf 琼海博鳌免税店
7. 商城小程序：cdf 中免海南

图 5-4　cdf 琼海博鳌免税店

8. 简介：博鳌免税店位于琼海市博鳌亚洲论坛景区内，经营面积约 4 200 平方米。店内经营涵盖香水、化妆品、箱包、手表、首饰、食品等 38 大类免税商品，已引进包括雅诗兰黛、兰蔻、SK-Ⅱ、资生堂等近两百个国际知名品牌。

（五）cdf 三亚凤凰机场免税店

1. 开业时间：2020 年 12 月 30 日
2. 地址：海南省三亚市天涯区凤凰路凤凰国际机场 T1 航站楼 206-208 登机口旁
3. 经营主体：中免
4. 营业时间：6：00—23：00
5. 客服热线：0898-96656
6. 微信公众号：cdf 三亚凤凰机场免税店
7. 商城小程序：cdf 中免海南

图 5-5　cdf 三亚凤凰机场免税店

8. 简介：三亚凤凰机场免税店离岛当天即购即提，旅客只需出示凤凰国际机场离岛机票并过完安检，便能快捷购物。免税店总面积约 8 000 平方米，经营范围涵盖化妆品、香水、太阳镜、手表、箱包、进口酒类等免税商品。

（六）CNSC 国药中服免税三亚店

1. 开业时间：2020 年 12 月 30 日
2. 地址：海南省三亚市天涯区解放一路 16 号
3. 经营主体：国药中服免税

图 5-6　CNSC 国药中服免税三亚店

4. 营业时间：10：00—22：00

5. 客服热线：400-868-9898

6. 微信公众号：CNSC 国药中服免税三亚店

7. 商城小程序：CNSC 国药中服免税三亚店

8. 简介：CNSC 国药中服免税店坐落于三亚市中心城区鸿洲广场，毗邻游艇码头、凤凰岛中央商务区，经营面积近 4 万平方米，后期可拓展至 20 万平方米。中服免税已经与 LVMH 集团、雅诗兰黛集团、历峰集团等国际顶尖奢侈品集团达成意向合作，并将体育用品、钟表、瓷器等品类引入海南离岛免税市场，率先实现了离岛免税新品类的开拓及覆盖。

一层：香化、酒水、精品、数码。

二层：精品、香化、酒水、玩具、数码、食品。

三层：精品、香化、数码、大健康、儿童区、食品、酒水。

图 5-7　三亚海旅免税城

（七）三亚海旅免税城

1. 开业时间：2020 年 12 月 30 日

2. 地址：海南省三亚市吉阳区迎宾路 303 号

3. 经营主体：海旅投

4. 营业时间：10：00—22：00

5. 客服热线：400-900-1888

6. 微信公众号：三亚海旅免税城

7. 商城小程序：海旅免税城

8. 简介：三亚海旅免税城位于三亚市中心的千古情景区旁边，是三亚免税购物第一站。其经营面积 9.5 万平方米，经营近 350 个国际知名品牌，涵盖了手表、首饰、箱包、香水、化妆品、电子产品、进口酒等 45 大类免税商品，是集免税购物、有税购物、餐饮娱乐于一体的高端旅游零售综合体。免税城还引进了 GUCCI 彩妆、昆仑（CORUM）、DJULA、斐登（FRED）、宝珀（BLANCPAIN）等一批首次入驻海南离岛免税店的品牌。

负一层：酒水、食品、健康产品。

一层：腕表、首饰、箱包、服饰。

二层：时尚名品、钟表、首饰、电子产品。

三层：香水、化妆品。

四层：服装、箱包、时尚腕表、家居生活、玩具、香化。

五层：时尚潮牌。

（八）海控 GDF 全球精品免税城

1. 开业时间：2021 年 1 月 31 日

2. 地址：海南省海口市国兴大道 8 号日月广场东区水瓶座 1-3 层

3. 经营主体：海发控

4. 营业时间：10：00—22：00

5. 客服热线：400-060-5000

6. 微信公众号：GDF 免税城

7. 商城小程序：GDF 免税城

8. 简介：海控 GDF 全球精品免税城位于日月广场东区的 CBD 核心区域，集吃喝玩乐购于一体。

图 5-8　海控 GDF 全球精品免税城

一层：香化和部分酒类，包括轩尼诗、马爹利和人头马等品牌。

二层：电子产品、箱包、鞋履、手表、首饰、珠宝、太阳眼镜和折扣香化。

三层：酒水（干邑、白兰地、香槟和红酒）、玩具、有税白酒、有税盐和有税奶粉。

四层：展销区，包括日本馆、法国馆、瑞士馆、韩国馆等。

（九）深免海口观澜湖免税城

1. 开业时间：2021 年 1 月 31 日

2. 地址：海南省海口市龙华区羊山大道 39 号观澜湖新城

3. 经营主体：深免

4. 营业时间：10：00—21：30

5. 客服热线：400-080-9898

6. 微信公众号：深免海口观澜湖免税城

7. 商城小程序：深免海南

8. 简介：深免海口观澜湖免税城位于海口观澜湖新城内，总营业面积 10 万平方米。免税城每栋免税购物大楼设置了不同主

图 5-9　深免海口观澜湖免税城

题，分别为美妆精品馆、名优特馆、免税店"世界之窗"、珠宝腕表馆、名酒世界、全球食品生活馆以及 3C 电子智能馆。其主营免税商品涵盖腕表珠宝、美妆香化、名优特产品、精品箱包、时装配饰、品牌名酒、进口食品、礼品玩具，以及智能手机、可穿戴设备和 3C 电子产品等，包含数百个国际品牌。

1 号楼：香化精品馆（首层）、国内名优特馆（二层）。

3号楼：DFS世界名品馆。

4号楼：珠宝腕表馆（电子）。

5号楼：世界名酒中心。

6号楼：全球食品生活馆。

（十）海口美兰国际机场T2免税店

1. 开业时间：2021年12月2日

2. 地址：海南省海口市美兰区美兰国际机场T2航站楼隔离区内

3. 经营主体：中免

4. 营业时间：6：00—23：00

5. 客服热线：0898-96656

6. 微信公众号：cdf海口美兰机场免税店

7. 商城小程序：cdf中免海南

8. 简介：海口美兰国际机场T2免税店经营面积达9 313平方米，经营涵盖香化、精品、手表、首饰、酒类、食品、电子产品等免税商品品类。该免税店实现了离岛当天"即购即提"，有当天T2航站楼的机票，并过完安检即可。

图5-10 cdf海口国际免税城

（十一）cdf海口国际免税城

1. 开业时间：2022年10月28日

2. 地址：海南省海口市秀英区海色路5号

3. 经营主体：中免

4. 营业时间：10：00—22：00

5. 客服热线：0898-96656

6. 微信公众号：cdf海口国际免税城

7. 商城小程序：cdf中免海南

8. 简介：cdf海口国际免税城位于海口新海港旁，是西海岸新地标，其中免税商业中心总建筑面积为28.9万平方米，是全球最大的免税店。免税城云集了800多个国际国内大牌，其中有25个是海南免税店首进品牌，还有78个是海南离岛免税中免集团的独家品牌。

一层：大牌奢侈品、时尚名品、腕表、数码产品和酒水。

二层：美肤、彩妆和香氛产品。

三层：运动品牌、珠宝首饰、腕表、儿童服饰、玩具、眼镜和餐饮。

四层：酒水、博物馆、艺术展馆、餐饮。

B1层：名品折扣区、糖果、保健产品、家具、烟草、CDF全球购、美食街和行李寄存处。

B2层：停车场。

（十二）万宁王府井国际免税港

1. 开业时间：2023 年 4 月 8 日
2. 地址：海南省万宁市莲兴大道 1 号悦舞小镇
3. 经营主体：王府井集团
4. 营业时间：9：30—22：00
5. 客服热线：400-089-9000
6. 微信公众号：王府井国际免税港
7. 商城小程序：王府井海南免税线上商城

图 5 - 11　万宁王府井国际免税港

8. 简介：万宁王府井国际免税港位于海南东部旅游城市万宁，于 2023 年 1 月 18 日对外试营业，2023 年 4 月 8 日正式开业。万宁免税港总建筑面积 10.25 万平方米，计划分 3 期开业，目前已引进香化、黄金配饰、数码家电、家居、酒水、儿童用品、保健品、食品咖啡及体育用品等 9 大品类，将近 400 个品牌，其中海南首次引进品牌 20 余家。免税港共 2 层，一层为有税商品，二层为免税商品。

表 5 - 1　海南离岛免税店一览表

序号	离岛免税店	开业时间	所在城市	营业时间	客服热线
1	cdf 三亚国际免税城	2014 年 9 月 1 日	三亚	10：00—22：00	0898-96656
2	海口美兰国际机场 T1 免税店	2011 年 12 月 11 日	海口	6：00—23：00	0898-96656
3	cdf 海口日月广场免税店	2019 年 1 月 19 日	海口	10：00—22：00	0898-96656
4	cdf 琼海博鳌免税店	2019 年 1 月 19 日	琼海	10：00—18：00	0898-96656
5	cdf 三亚凤凰机场免税店	2020 年 12 月 30 日	三亚	6：00—23：00	0898-96656
6	CNSC 国药中服免税三亚店	2020 年 12 月 30 日	三亚	10：00—22：00	400-868-9898
7	三亚海旅免税城	2020 年 12 月 30 日	三亚	10：00—22：00	400-900-1888
8	海控 GDF 全球精品免税城	2021 年 1 月 31 日	海口	10：00—22：00	400-060-5000
9	深免海口观澜湖免税城	2021 年 1 月 31 日	海口	10：00—21：30	400-080-9898
10	海口美兰国际机场 T2 免税店	2021 年 12 月 2 日	海口	6：00—23：00	0898-96656
11	cdf 海口国际免税城	2022 年 10 月 28 日	海口	10：00—22：00	0898-96656
12	万宁王府井国际免税港	2023 年 4 月 8 日	万宁	9：30—22：00	400-089-9000

微课学习：机场免税店和市内免税店的优缺点

三、海南离岛免税的经营主体

海南12家离岛免税店分属于中免集团、海免公司、海旅投、海发控、深免公司、中服免税、王府井等持牌企业。这些企业形成了一定的规模效应和竞争格局。

（一）中免集团

1. 集团概况

中国免税品（集团）有限责任公司（简称"中免集团"或"中免"）成立于1984年，是经国务院批准在全国范围内开展免税业务的国有公司。中免集团自成立以来，始终秉承"分享购物的快乐、延伸旅游的享受"的企业使命，发展成为中国免税行业的代表和旗舰企业，是中国最大的奢侈品运营商。中免集团在全国30个省、市、自治区（包括港澳台地区）设有240多家免税店，业务遍布全国各大重要交通枢纽和旅游目的地。

中免脱胎于中国国旅，2017年起公司开始整合国内大市场，2017—2018年先后并购日上中国、日上上海，获得了北京、上海机场免税运营权；2019年收购控股股东持有的海免公司51%股权，基本完成了国内核心免税市场的整合统一。2019年1月，公司剥离旅行社资产，自此聚焦于以免税为主的旅游零售业务。

2. 中免集团在海南离岛免税的运营情况

（1）门店布局

在海南离岛免税市场中，中免保持着领先的地位，是海南离岛免税市场的主要经营主体之一。截至2024年，中免集团在海南拥有7家离岛免税店，分别是三亚国际免税城、海口国际免税城、海口日月广场免税店、海口美兰国际机场T1免税店、海口美兰国际机场T2免税店、三亚凤凰国际机场免税店和琼海博鳌免税店。这些免税店遍布海南各大机场、港口和热门旅游区域，不仅规模宏大，而且商品种类丰富，涵盖了化妆品、香水、珠宝首饰、手表、服装鞋帽、箱包、电子产品等多个品类，为游客提供便捷的免税购物体验。

（2）经营情况

在经营业绩方面，近年来，随着海南自贸港建设的加速推进和离岛免税政策的不断完善，中免集团在海南离岛免税市场的经营业绩显著提升。2023年，中免集团营业收入约675.4亿元人民币，同比增加24.08%；在海南地区的营业收入达到396.5亿元人民币，占总营收的58.7%。这一业绩的取得得益于中免集团对市场的精准把握、对商品的精选以及对服务的持续优化。

（3）经营优势

一是具有丰富的运营经验。中免集团作为中国免税行业的领军企业，拥有多年的免税运营经验，能够准确把握市场需求和消费者偏好。二是拥有强大的品牌影响力。中免集团与全球众多知名品牌建立了长期稳定的合作关系，能够为消费者提供丰富多样的免税商品选择。三是提供优质的服务。中免集团注重提升购物环境和服务质量，为消费者提供愉悦的购物体验，从而赢得了广大消费者的信赖和支持。

（4）未来规划

中免集团将继续深耕海南离岛免税市场，不断扩大海南离岛免税的市场份额，加大投入力度，推动业务持续健康发展，推进重点项目建设，包括推进海口国际免税城项目各地块、三亚国际免税城一期2号地酒店部分以及三亚国际免税城三期建设。同时，中免集团还将积极拓展国际市场，参与国际免税市场竞争，不断提升自身的国际竞争力和影响力。

（二）海免公司

1. 公司概况

海南省免税品有限公司成立于2011年10月31日，注册地位于海南省澄迈县老城经济开发区南一环路69号海口综合保税区跨境电商产业园国际商务中心。海免公司是由财政部会同商务部、海关总署、国家税务总局审查通过，并经国务院批准设立的具有免税品经营许可的国有独资企业。

2019年10月22日，海南省国资委将其持有的海免公司51%股权无偿划转给中国旅游集团，海免公司成为中国旅游集团控股子公司。

2023年12月20日，海免公司发生工商变更，注册资本由2亿人民币增至12亿元人民币，增幅达500%。公司经营范围广泛，包括首饰、工艺品、手表、香水、化妆品等三十八类免税商品和国产精品的销售服务，以及与销售配套的餐饮、娱乐休闲等。同时，公司还兼营有税品批发和零售贸易、仓储、物流、商务服务及对外贸易等。

2. 海免公司在海南离岛免税业务方面的运营情况

（1）门店布局

目前，海免公司在海南有海口美兰国际机场免税店、海口日月广场免税店等多个重要门店，为消费者提供便捷的购物体验。随着海南离岛免税市场的不断发展，海免公司的经营面积也在不断扩大，以满足日益增长的消费需求。2020年6月以来，海南离岛免税市场在政策利好下显著扩容，海免公司作为重要运营商之一，积极参与门店布局。

（2）经营情况

近年来，海免公司在海南离岛免税市场的销售业绩持续增长，特别是随着海南国际旅游消费中心的建设加速和离岛免税政策的不断完善，海免公司的销售额和利润均实现了显著提升。在市场竞争方面，海免公司凭借其丰富的商品种类、优质的购物体验和良好的品牌形象，在海南离岛免税市场中占据了一定的市场份额。

（3）未来规划

随着海南自贸港建设的深入推进和离岛免税政策的持续优化，海免公司将继续加大在海南的投资力度，进一步拓展门店布局和经营面积。同时，海免公司还将积极引入更多国际知名品牌和优质商品，提升购物体验和服务质量，满足消费者日益增长的多元化、个性化需求。

（三）海旅投

1. 公司概况

海南省旅游投资发展有限公司是海南省委、省政府为积极响应国家关于海南自贸港建设的战略部署，于 2020 年 7 月 21 日成立的省属国有独资企业。公司旨在通过整合海南省内旅游资源，推动旅游产业升级，促进国际旅游消费中心的建设。海旅投的业务范围广泛，涵盖旅游交通、旅游商业、景区度假区、酒店餐饮、海洋旅游、旅行服务等多个领域。公司定位为海南自贸港旅游产业的投资发展商，致力于成为具有国际影响力的旅游龙头企业。

2. 海旅投在海南离岛免税业务方面的运营情况

（1）门店布局

海旅控主要经营面积近 5 万平方米的三亚海旅免税城。

（2）经营情况

三亚海旅免税城致力于打造快闪文化。快闪文化是现代零售业中一个非常新的概念，许多品牌通过快闪店的形式，把品牌最想表达的核心理念以及文化内核第一时间传递给消费者。在 2021 年度、2022 年度和 2023 年 1—5 月，公司在海南离岛免税市场的市场占有率分别为 3.58%、7.84% 和 7.97%。2022 年度，海旅控免税业务的营业收入为 33.98 亿元人民币，2023 年营收为 39.4 亿元人民币。

（3）未来规划

海旅投将继续深耕海南离岛免税市场，加大投入力度，拓展业务规模。公司计划通过引入更多国际知名品牌、优化购物环境、提升服务质量等措施，进一步提升自身在离岛免税市场的竞争力。同时，公司也将积极探索新的业务模式和市场机会，为海南自贸港建设和国际旅游消费中心的发展贡献更多力量。

（四）海发控

1. 公司概况

海南省发展控股有限公司（简称"海发控"），成立于 2005 年，是海南省人民政府为了引进重大项目、带动省外资金投资海南、推进省内重大项目实施、促进海南经济发展而设立的综合性投资控股国有独资公司。

公司业务广泛，涉及海洋油气开发利用、热带农副产品开发、海洋水产品开发、汽车、旅游、免税、玻璃、浆纸、医药、工业项目开发等多个领域，是海南离岛免税市场的重要资本力量。

截至 2021 年 6 月底，公司资产总额达到 996 亿元人民币，净资产为 461 亿元，是海南首家 AAA 主体信用等级的国有企业。公司下属参控股公司众多，全系统在岗从业人员数千人。

2. 海发控在海南离岛免税业务方面的运营情况

（1）门店布局

海发控通过其全资子公司或控股公司积极参与海南离岛免税业务。其中，全球消费精品（海南）贸易有限公司是海发控在离岛免税领域的重要运营主体，旗下主要经营位于海南省海口市日月广场的全球精品免税城。

（2）经营情况

GDF 全球精品免税城秉承"诚信经营，优质服务"的服务宗旨和"精致、服务、体验"

的经营理念，对标国际一流，朝着集免税零售、有税零售、跨境电商等多业态为一体的旅游零售综合运营商目标，形成"免税＋有税"的双轮驱动，实现"线上＋线下"协同发展，为消费者提供新颖的购物体验和满意的服务。2022年，全球精品免税城销售额近38亿元人民币，同比增长105％，市场份额从2021年的3％提升到7.5％；2023年，免税城进店人次约150万人。

（3）未来规划

随着海南自贸港建设的深入推进和国内外市场的不断拓展，GDF全球精品免税城有望继续保持快速增长的态势，将不断加强与各链条合作伙伴的合作，引进更多国际一线品牌，优化服务，进一步提升财务收入和市场份额，助力海南打造国际旅游消费中心。

（五）深免集团

1. 公司概况

深圳市国有免税商品（集团）有限公司成立于1980年1月，是中国第一家经国务院批准经营免税商品的国有独资企业，由深圳市国资委直管。集团主要从事免税业务，兼营现代商贸、物流配送和物业管理等业务。目前，深免集团已拥有多个全资子公司和控股公司，并在多个领域形成了行业领先的企业群体。

深免集团的免税店覆盖了多个本地和异地口岸，包括深圳罗湖、皇岗、文锦渡、沙头角、宝安机场、福田、深圳湾、蛇口等8个本地口岸，以及海南海口、西安机场、上海吴淞口、大连大窑湾、威海机场、武夷山机场、新疆霍尔果斯、黑龙江黑河、广州东站等9个异地免税店项目。这表明深免集团在全国范围内都有广泛的业务布局。

在"十四五"期间，深免集团定位为"做精做强免税业务，做特做优有税业务，做具有品牌影响力和核心竞争力的免税商品综合运营商"。集团致力于建设国际一流免税企业，并争当深圳建设国际消费中心和"双区"建设的主力军。依托免税品特许经营权，发挥自身优势，抓住政策调整和市场发展机遇，持续优化商业模式，带动有税业务联动发展。

2. 深免集团在海南离岛免税业务方面的运营情况

（1）免税店布局

深免集团在海南的离岛免税业务主要集中在海口观澜湖免税城。该免税城作为深免集团在海南的重要布局，为游客提供了丰富的免税商品选择。

（2）经营特色

深免集团一直致力于发展差异化经营模式，开业至今积极整合资源，从产品品类、服务方式等多方面做到差异化竞争。2024年第二季度，深免集团布局海南首个免税"体育世界"，引进了时下热门的滑雪、海钓、高尔夫、马术等相关体育用品。

（3）未来规划

随着海南自由贸易港建设的深入推进和离岛免税政策的不断完善，深免集团在海南的离岛免税业务有望迎来新的发展机遇。集团将继续发挥自身优势，抓住市场机遇，不断优化服务质量和商品品质，为游客提供更加优质的购物体验。同时，集团还将积极探索新的业务模式和市场拓展方向，以实现更加稳健和可持续的发展。

（六）中服

1. 公司概况

中服成立于1983年（另有说法称其免税业务始于1980年），是经国务院批准的中国首家全国性免税品经营企业，隶属于国药集团旗下的国药国际。作为全国唯一的市内外汇免税运营商，中服已实现涵盖离岛免税、口岸免税、境外免税在内的全业态免税业务。

中服免税拥有29个免税项目，国内免税店遍布北京、上海、杭州、南京、重庆、三亚、大连、青岛、哈尔滨、郑州、南昌、合肥、昆明、贵阳等城市，并在日本、迪拜设立海外免税店。

中服免税以市内外汇免税为独家特色，以国药大健康为差异优势，依托国药集团的雄厚实力，大力发展多元化的免税业务，逐步形成"健康＋免税""市内＋口岸＋离岛＋境外＋线上"的一体化联动运营新模式。

2. 中服免税在海南离岛免税业务方面的运营情况

（1）免税店布局

中服免税在海南的离岛免税业务主要通过CNSC国药中服免税三亚店进行运营。该免税店位于三亚市中心吉阳区鸿洲广场，地理位置优越，植入了国药天然优势的健康元素，以"免税＋健康"概念为特色。

（2）经营情况

为了吸引更多游客前来购物，中服免税三亚店会定期举办各类促销活动，如折扣优惠、满额赠礼等，以回馈广大游客的支持和厚爱。同时，该店也注重提升消费者体验，通过优化店内布局、商品陈列和客户服务等方面的工作，为游客提供舒适、便捷的购物环境。

（3）未来规划

随着海南自由贸易港建设的深入推进和离岛免税政策的不断完善，中服免税三亚店有望迎来更多的发展机遇。为了提升市场竞争力和营业额表现，中服免税三亚店将会继续优化商品结构，提升服务质量，加强品牌合作并拓展线上销售渠道。

（七）万宁王府井国际免税港

1. 公司概况

王府井集团是北京首旅集团旗下的骨干企业，创立于1993年，前身为成立于1955年的北京市百货大楼，是新中国历史上第一座由国家投资、建设的大型百货商店。王府井集团销售网络覆盖中国七大经济区域，在36个城市开设450家大中型零售门店，涵盖了百货、购物中心、奥特莱斯、超市、自营业务、网上商城等多种零售业态。王府井集团总经营面积超540万平方米。作为国内最大的零售集团之一，王府井集团在零售市场上具有显著的竞争力和影响力。

2. 王府井集团在海南离岛免税业务方面的运营情况

（1）免税店布局

王府井集团免税业态的首个离岛免税项目——海南万宁王府井国际免税港，于2023

年4月8日开业并投入运营。该项目是王府井集团首个"有税＋免税"双轮驱动的旅游零售特色项目。

图5-12　2024年2月10日海南万宁王府井国际免税港大年初一活动现场

（2）经营情况

以2024年春节期间的运营情况为例，万宁王府井国际免税港通过政府消费券、多种折扣促销组合拳、趣味横生的促消费活动等多种营销手段，为海南自由贸易港的游客和消费者带来了一场购物盛宴。

免税港在春节期间销售同比去年增长39%，全场客流近50万人次。这些成绩的取得，不仅得益于万宁王府井国际免税港独特的购物模式，更得益于消费者对万宁王府井免税港高品质产品、高质量服务体验的认可。

（3）未来规划

王府井集团在海南离岛免税市场的运营取得了显著成效，不仅为消费者提供了优质的免税商品和服务，也进一步提升了"王府井"品牌在海南乃至全国的影响力。未来，随着海南自由贸易港建设的深入推进和离岛免税政策的不断完善，王府井公司有望在海南离岛免税市场继续扩大份额、提升业绩，从而为集团的长远发展注入新的动力。

任务二　掌握海南离岛免税购物攻略

海南离岛免税购物是一项备受国内外旅客青睐的优惠政策，如何更好地享受购物乐趣和最大化优惠，本项目为你提供一份购物攻略，仅供参考。

一、购物前准备

(一) 证件准备

旅客需确保年满16周岁,携带有效身份证件[中国大陆(内地)和港澳台旅客分别持居民身份证、旅行证件,国外旅客持护照]。旅客需提前购买离岛机票、火车票或船票,并保留电子信息以便查验。

(二) 注册免税店会员

旅客可以搜索关注免税店企业的公众号,并注册成为各大免税企业的会员,享受积分政策。目前,除万宁王府井免税港50元消费积1分外,其余免税店基本为100元积1分,1积分等于1元钱,在第二次下单时即可使用。

二、购物技巧

(一) 货比12家

海南岛目前有12家离岛免税店,分属于不同的经营主体。即使离岛免税商品的原本定价一致,但由于每家企业的运营模式不同,免税店的促销方式、活动力度都会有所不同,因此免税商品最后的呈现价格和优惠也会不尽相同。

图 5-13 海控 GDF 全球精品免税城 3 周年店庆活动

1. 关注免税店的公众号等自媒体账号

在进入免税店购物之前,提前关注好各大免税店的公众号、微博账号、抖音号等,尤其是各大免税店的公众号。如2024年1月28日,海控GDF全球精品免税城举行了开业3周年店庆活动。恰逢龙年,为做好此项活动,免税城提前10天于1月18日便在公众号上发布活动预热信息,主题为"三周年龘谢盛宴",推出十重重磅礼,包括现金补贴礼、金币红包礼、品牌见面礼、寻龙探店礼、微信集赞礼、龙年私享礼、66积分礼、摇摇抽奖礼、同程出行礼及万元福袋礼。此外,还有一些商品的秒杀福利。此后公众号继续以倒计时的形式发布相关活动资讯为周年庆造势,该主题一直延续至活动当天。店庆活动当天,单日进店客流破万,环比增长45%,再创历史新高(如图5-13)。

2. 线下实体店比价

旅客如果时间、精力和地点都允许的情况下,在购买免税品时可以多实地比较几家免税店。每家免税店都有其特色,经常会有一些线下独有的活动,每家免税店的价格会不一样,部分商品还会有线下专属秒杀价。

3. 添加免税店商城小程序并比价

如果没有时间和精力前往线下免税店,线上购物是个很好的选择,且不受跨城市地域的影响。如以法国品牌兰蔻旗下明星产品"小黑瓶"100毫升双支装为例,其在2024年某一时间段,海南12家免税店的价格各不相同(如图5-14)。

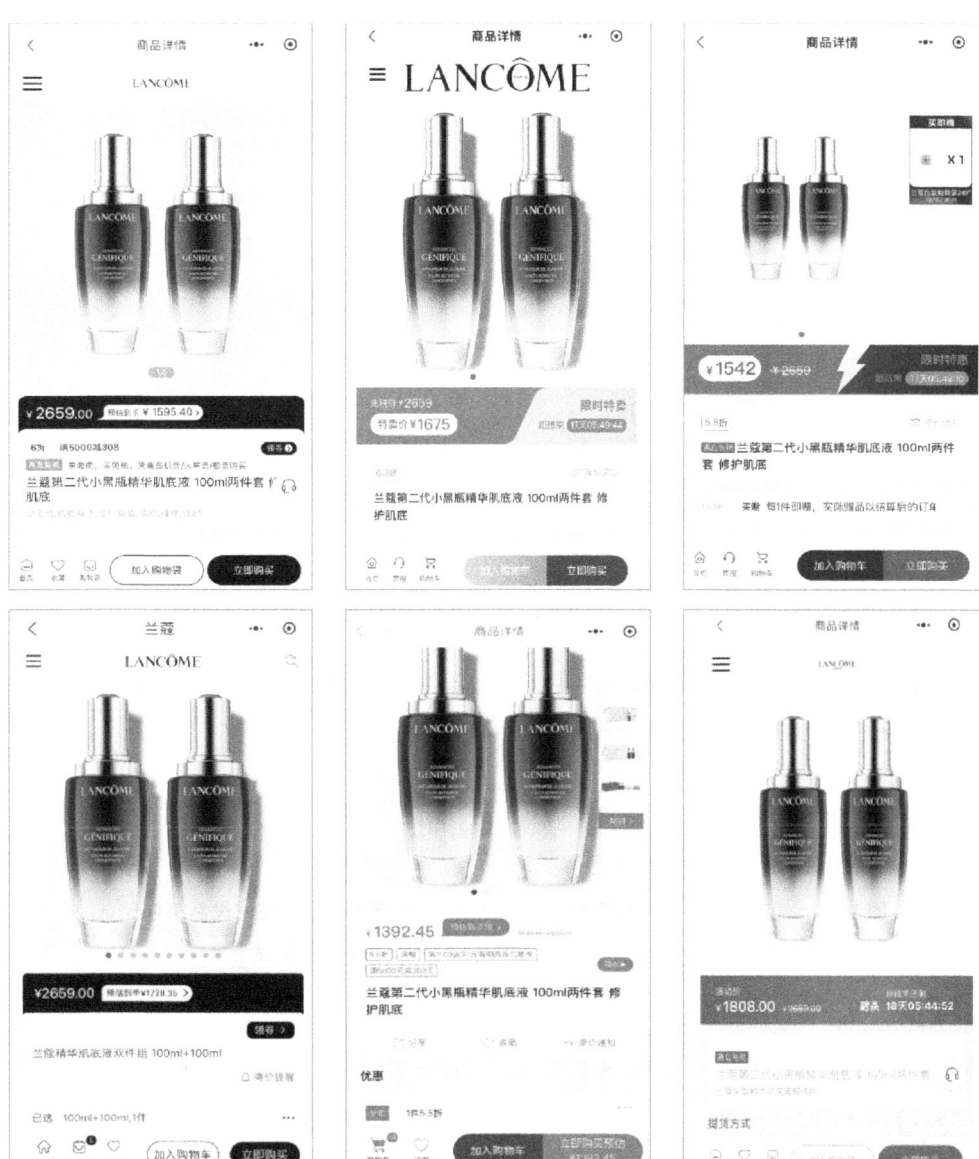

图5-14 同一产品各免税店价格不同

(二)线上线下两手抓

即使是同一家免税店,其价格和活动力度也会出现差异。因此,旅客在进行海南离岛免税购物的过程中,可以比较线上和线下的区别。

1. 价格

在定价上,同一家免税店一般情况下线上线下为同一价格,但是部分特价免税品则不同;且即使是相同价格的商品,线上的满减活动和线下的也不一致。如以"肌肤之钥"品牌的明星产品长管隔离为例,2024 年某一时间段,GDF 全球精品免税城线上商城价格为 263 元(如图 5-15),但线下价格则为 269 元。其次,线上购买有满 62 元减 12 元的活动,但是线下也有满 150 元减 50 元的券可领用。因此,总体而言,该产品在线下购买较为划算。

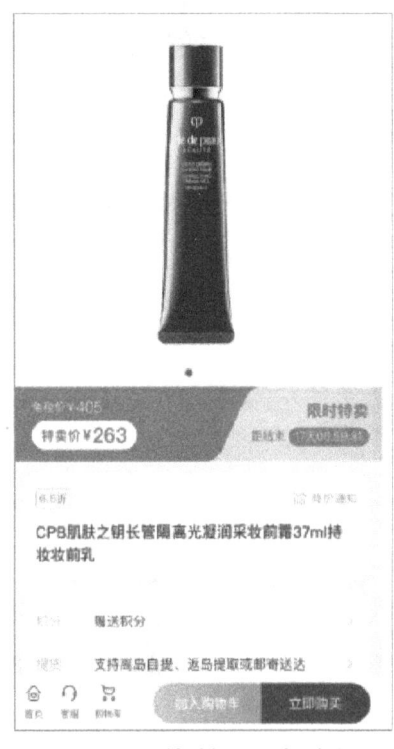

图 5-15 某时段"肌肤之钥"
长管隔离产品线上价格

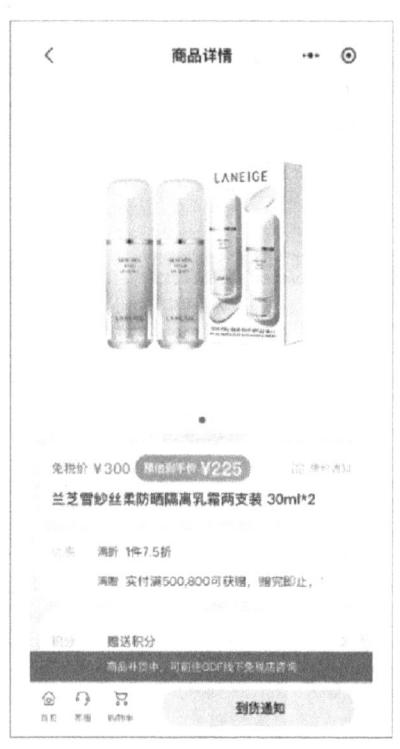

图 5-16 某时段兰芝防晒
隔离乳霜线上商城售罄

2. 商品缺货

同样的商品,线上售罄,但是线下免税店可能还会有。同样,线下售罄的商品,线上又可能有余货。图 5-16 为 2024 年某一时间段,GDF 全球精品免税城线上商城兰芝防晒隔离乳霜为售罄状态,但是同一时间段,线下门店有货。

3. 附赠礼品

同样的商品,线上线下购买不仅价格可能不同,且一些附加的赠礼也不同。如以 2024 年某时段海南某离岛免税店销售的古驰绮梦栀子香型香水 50 毫升装为例,线下购买没有任何礼品赠送,但线上购买则附赠 4 支同款 1.5 毫升试用装香水(图 5-17 为当时的订单截图)。

图 5-17 某出岛旅客订单页面

（三）积分权益要享用

各大免税店均有会员制度，只要购买特定的商品便能获得相应的积分。1 积分等于 1 元钱，在第二次下单时即可无门槛使用。由于这些免税店分属于不同的集团，它们旗下的免税店在积分权益制度上各有特色，包括积分规则、会员等级、积分有效期及生日优惠等方面。消费者在购物前可详细了解各店铺的积分政策，以便最大化实现积分收益。

1. 中免 6 店

中免在海南有 6 家离岛免税店，积分系统都实现了全面通用，不仅覆盖了线上预订与直邮平台，还与大部分其他地区的中免线下门店积分规则实现共享。其积分规则见下表。

表 5-2 cdf 中免积分规则

cdf 中免（6 家免税店通用）					
会员等级	普通卡	银卡	金卡	铂金卡	钻石卡
累计消费	≥0 元	≥5 000 元	≥1.5 万元	≥6.5 万元	≥16.5 万元
积分倍数	1 倍	1.1 倍	1.2 倍	1.3 倍	1.5 倍
生日当月	积分倍数不变，领取生日礼券				
积分累计	每消费 100 元累计 1 积分（四舍五入取整）				
积分抵现	1 积分＝1 元人民币				
积分有效期	3 个自然年				

2. 海控 GDF 全球精品免税城

GDF 全球精品免税城的积分权益在 2024 年 2 月 25 日进行了更新，积分从原来的 30 元积 1 分调整为 100 元积 1 分，会员等级也从原来的 5 个级别调整现有的 3 个级别，原银卡升级为金卡，原铂金卡升级为钻石卡。仅限线下门店及线上预订平台（"GDF 免税城"小程序）享积分权益，线上直邮平台（"GDF 会员购"）不享有积分政策，具体积分规则见表 5-3。

表 5-3　海控 GDF 全球精品免税城积分规则

海控 GDF 全球精品免税城			
会员等级	普通卡	金卡	钻石卡
累计消费	≥0 元	≥1 万元	≥5 万元
积分倍数	1 倍	1.5 倍	2 倍
生日当月	2 倍	3 倍	4 倍
积分累计	每消费 100 元累计 1 积分（四舍五入取整）		
积分抵现	1 积分＝1 元人民币		
积分有效期	2 个自然年		
备注	生日当天普通卡享双倍积分，如产品自身已有多倍积分，则不能叠加，具体以店内活动积分倍数为准		

3. 海旅免税城

海旅免税城的积分政策也是三个等级，积分有效期为 3 年。另外，海旅可以共享其他免税店的会员等级，旅客需要去三亚海旅免税城一楼服务台出示会员等级，登记后即可完成升级。线上预订平台和线上直邮平台需要进行互换才可通用，具体方式在各平台会员中心的"积分互换"中完成。海旅免税城具体积分规则见表 5-4。

表 5-4　海旅免税城积分规则

海旅免税城			
会员等级	VIP 卡	白金卡	黑卡
累计消费	≥0 元	≥1 万元	≥4 万元
积分倍数	1 倍	1.5 倍	2 倍
生日当月	2 倍	2.5 倍	3 倍
积分累计	每消费 100 元累计 1 积分（四舍五入取整）		
积分抵现	1 积分＝1 元人民币		
积分有效期	3 个自然年		
备注	生日当天享受"＋1"倍积分，共享其他免税店会员等级		

4. 深免观澜湖免税城

深免观澜湖免税城的积分规则和海控 GDF 全球精品免税城的积分规则几乎一样，都是消费 100 元积 1 分，会员等级分别为金卡、铂金卡和钻石卡 3 个级别，线下门店和线上预订平台共享使用，免税直邮和跨境购平台无积分，具体积分规则见表 5-5。

5. CNSC 国药中服免税三亚店

CNSC 国药中服免税三亚店的积分权益在 2024 年 7 月 1 日进行了更新，积分从原来的三档 30 元、50 元、100 元调整为 100 元积 1 分，仅限线下门店和线上预订平台，线上直邮平台不享受积分政策，具体积分规则见表 5-6。

表 5-5 深免观澜湖免税城积分规则

深免观澜湖免税城			
会员等级	金卡	铂金卡	钻石卡
累计消费	≥0 元	≥2 万元	≥5 万元
积分倍数	1 倍	1.5 倍	2 倍
生日当月	2 倍	3 倍	4 倍
积分累计	每消费 100 元累计 1 积分（四舍五入取整）		
积分抵现	1 积分＝1 元人民币		
积分有效期	3 个自然年		
备注	生日当天享受双倍积分		

表 5-6 CNSC 国药中服免税三亚店积分规则

CNSC 国药中服免税三亚店					
会员等级	普卡	银卡	金卡	铂金卡	钻石卡
累计消费	≥0 元	≥5 000 元	≥1.5 万元	≥6.5 万元	≥16.5 万元
积分倍数	1 倍	1.2 倍	1.5 倍	2 倍	2 倍
生日当月	2 倍	2.4 倍	3 倍	4 倍	4 倍
积分累计	100 元积 1 分				
积分抵现	1 积分＝1 元人民币				
积分有效期	3 个自然年				
备注	生日当天享双倍积分，满 10 积分以上可用				

6. 万宁王府井国际免税港

万宁王府井国际免税港的会员等级分为四档：W 卡、银卡、金卡和钻石卡。会员等级的生成和成长值有关，不同品类兑换成长值的比率不同，具体需关注万宁王府井国际免税港官方平台。离岛免税商品 50 元积 1 分，线下门店、线上预订及线上直邮平台均共享积分政策，但万宁王府井国际免税港"全球购"不参与积分政策，具体积分规则如表 5-7。

表 5-7 万宁王府井国际免税港积分规则

万宁王府井国际免税港				
会员等级	W 卡	银卡	金卡	钻石卡
累计消费（成长值）	0～299 元	300～899 元	900～2 999 元	≥3 000 元
积分倍数	1 倍	2 倍	3 倍	3.5 倍
生日当月	2 倍	4 倍	5 倍	7 倍
积分累计	每消费 50 元累计 1 积分			
积分抵现	1 积分＝1 元人民币			
积分有效期	2 个自然年			

(四)各种"羊毛"记得薅

1. 政府消费券

为鼓励消费者进行免税购物,推动海南旅游消费结构向更高质量、更高附加值的方向发展,海南省政府从 2023 年 6 月 22 日起开始发放免税消费券,并持续至后续多个阶段。2024 年已安排发放上亿元消费券,同时开展"机票即门票"等一系列促进免税消费的活动,图 5-18 即为 2024 年 3 月份海口市政府发放的离岛免税消费券券面。

图 5-18 海口市政府发放的离岛免税消费券

2. 免税店代金券

每家免税店都会不定期地推出不一而同的代金券,有些是线上券,有些是线下券。这些券有些在免税店官方商城发放,有些通过第三方如"海易办"小程序、支付宝来发放。值得一提的是,在"海易办"和支付宝上的代金券每月定期更新一次,如 GDF 全球精品免税城 2024 年初推出的线下门店香化类产品满 150 元减 50 元(商品折扣在 6.5 折以上即可参与)活动广受消费者欢迎;2024 年 7 月开始,又推出了通用 50 元券,单笔订单 6.5 折以上及折后价格高于 50 元即可使用。以店里销售的资生堂气垫粉底液粉盒为例,该商品原价 80 元,7.5 折后为 60 元,使用支付宝领取的通用 50 元券后,只需支付 10 元便可购得该商品。

图 5-19 各渠道免税优惠券

3. 银行满减活动

银行满减活动是免税店与银行合作推出的一种促销手段,旨在吸引更多顾客通过指定银行渠道（如信用卡、借记卡、移动支付等）进行消费，并在满足一定消费金额条件后享受银行提供的现金减免或返现优惠。这类活动不仅为顾客提供了实实在在的购物优惠，也促进了银行和免税店之间的业务合作。通常这类活动会限定某一家银行的持卡人参与，要求顾客在免税店内使用特定的银行卡进行支付。为了享受满减优惠，顾客需要在免税店内的消费达到一定金额，比如满 500 元减 50 元、满 1 000 元减 100 元、满 2 000 减 200 元等，一般还会限制一定的名额数量。图 5‐20 中两图分别为 2014 年 1 月份中国农业银行和 2023 年 1 月中国工商银行推出的离岛免税购物满减活动截图。

图 5‐20　银行满减活动截图

4. 免税店促销活动

此外，各大免税店定期会推出一系列的促销活动，如周年庆和节假日，尤其是春节、国庆和元旦等节日，如中免连续举办 4 届的中免腕表节，还有从 2021 年开始的离岛免税购物节等。在活动期间，免税店会开展诸如商品打折、秒杀、赠送积分、满减、红包、抽奖、彩妆体验、皮肤护理社交媒体打卡送礼等形式多样的活动。不定期的活动如品牌快闪店，是快闪店创新玩法，基本上只需要通过完成很简单的一些任务，如店内拍照打卡、小红书带话题、微信发朋友圈等即可领取礼品，深受年轻人的喜欢（如图 5‐21）。

图 5‐21　cdf 三亚国际免税城促销活动

课程动画：海南离岛免税购物攻略

▶ [资料链接]

中免会员手册

一、会员注册

1. 中免会员免费注册，可通过"中免会员"微信小程序、App、各线上购物平台、官方微信公众号完成注册。

2. 注册中免会员，需正确填写姓名、证件信息、生日信息、手机号等。生日信息需与注册身份证件所登载的出生日期相同，会员身份证件号码及生日信息一经提交不可修改。如因证件号码或生日信息填写错误造成的损失由会员自行承担。

二、积分规则

1. 积分积累

会员每消费100元人民币，积1积分。

① 会员购物每满100元人民币积1积分，购物积分累加等级积分、活动积分等之后，不足1积分按四舍五入取整。

② 购物积分按订单实付金额计算，即仅限以现金、数字货币、银行卡和第三方支付方式完成交易的金额，不含税款、担保金、优惠券及积分抵现等；个别品牌及商品的积分获取和使用规则另行标注，详见门店公示或各线上购物平台的购物须知。

③ 线下门店消费产生的积分，在交易完成后实时到账。线上购物平台消费产生的积分，在订单签收7天后自动到账。

④ 会员等级变更前的交易产生的积分，按原等级积分倍数进行积累。

⑤ 积分仅限会员本人积累及使用，不可提现、转让、出售或赠予。

2. 积分使用

1积分等值于1元人民币，积分支持抵现消费、兑换礼品和会员权益等。

① 每笔积分自获取之日起36个自然月有效，逾期未使用自动清零并无法恢复。积分扣减遵循先进先出的原则，即系统会优先使用最早获取的积分。

② 会员积累满10积分即可抵现消费，限本人持卡使用。

③ 如会员申请退货，需扣除该笔订单派送的积分及相关联订单派送的积分。当会员卡内积分余额大于退货应扣除积分时，直接扣除相应积分；当卡内积分余额不足时，在扣除可用积分后，将在该笔退货订单的应退款项中扣除剩余积分对应的金额。如退货订单涉

及积分支付且相关积分在退货时已过期,相关积分不予返还。

④ 注销中免会员账户后,积分账户余额将随之清除,不可恢复。

三、会员等级

1. 中免会员共设立五个等级,分别是普卡会员、银卡会员、金卡会员、铂金VIP、钻石VIP。

普卡会员	积分倍数	1倍积分
	入会条件	免费注册
银卡会员	积分倍数	1.1倍积分
	等级资质	累计等级有效消费金额满5 000元
金卡会员	积分倍数	1.2倍积分
	等级资质	累计等级有效消费金额满10 000元
铂金VIP	积分倍数	1.3倍积分
	等级资质	累计等级有效消费金额满50 000元
钻石VIP	积分倍数	1.5倍积分
	等级资质	累计等级有效消费金额满100 000元

2. 升降级规则

① 等级有效消费金额的定义:指会员在中免线下门店和线上购物平台的实付消费金额,不包括税款、担保金、优惠券或积分等权益抵现部分。每消费1元人民币累计1等级有效消费金额(其他币种按各门店或线上购物平台订单交易汇率换算成人民币进行计算)。线下门店消费,在交易完成后实时计算等级有效消费金额;线上购物平台消费,等级有效消费金额在订单签收7天后计算。等级有效消费金额有效期为当笔交易完成之日起三个自然年,逾期失效金额不再累计到等级消费金额。会员订单退货导致的等级有效消费金额的变动,会员等级将即时调整。

② 升级:会员累计等级有效消费金额满足晋级条件时即刻升级。

③ 降级:每年12月31日24时,会员累计等级有效消费金额未满足当前等级条件时则降级。

四、会员权益

中免推出丰富的会员权益,为您带来非凡体验。

1. 生日专属礼券

会员生日当月可在"中免会员"微信小程序及App领取生日礼券包,当月1日开放领取,礼券全月有效。包含以下礼券:

① 生日通用礼券

中国内地:2张50元人民币礼券,单笔订单消费满1 000元人民币可使用1张。适用于中国内地指定线下门店及线上购物平台。

中国香港：2张50元港币礼券，单笔订单消费满1 000元港币可使用1张。适用于中国香港指定线下门店及线上购物平台。

中国澳门：2张50元澳门币礼券，单笔订单消费满1 000元澳门币可使用1张。适用于中国澳门指定线下门店及线上购物平台。

海外地区：2张5美元礼券，单笔订单消费满100美元可使用1张。适用于海外地区指定线下门店及线上购物平台。

② 生日限定礼券

适用于指定线下门店及线上购物平台的生日礼券，限定券详情以实际领取页面为准。

2. 免税店专车接送服务

铂金VIP每年享有2次专车服务礼遇；

钻石VIP每年享有5次专车服务礼遇；

所有等级会员均可使用会员积分兑换专车服务，具体兑换积分金额标准以实际兑换时页面载明为准。

免税店专车接送服务限海南省海口市和三亚市区，预约方式及用车规则：请登录"中免会员"微信小程序或App—首页—会员专车，进行自助预约。

3. 会员到店尊享礼遇

为了提升您的到店服务体验，中免为铂金VIP和钻石VIP提供了丰富的贵宾权益项目。详情可登录"中免会员"微信小程序或App—"权益中心"页面查询。

4. 会员旅行贵宾礼遇

为了愉悦您的出行，中免为铂金VIP和钻石VIP准备了更多旅行相关的尊享权益项目，并持续更新。详情可登录"中免会员"微信小程序或App—"权益中心"页面查询。

5. VIP会员沙龙礼遇

中免联合全球知名品牌，不定期举办VIP会员主题沙龙活动，根据VIP会员的喜好定向邀约，在各城市举办妆容定制、奢宠护肤、香氛学堂、名酒品鉴、腕表鉴赏活动等，带给会员精致生活体验。

五、会员须知

1. 会员卡使用

中免会员卡为实名制会员卡，限申请人本人使用，不可转让、出售或赠予。会员应合理使用其享有的会员权益，不得滥用、不得以任何形式售卖或利用会员权益非法获利，否则中免有权冻结或注销会员卡，并要求持卡人承担相应责任。

① 线下门店会员卡使用方法：结算时请出示会员卡或注册证件，在识别中免会员身份后可积累积分、使用积分及计算会员等级有效消费金额。

② 线上购物平台会员卡使用方法：登录线上购物平台并识别中免会员身份后，即可积累积分、使用积分及计算会员等级有效消费金额。

③ 会员服务权益的使用方法：登录"中免会员"微信小程序或 App 并识别中免会员身份后，依照"权益中心"详情页面指导使用。

2. 会员资料更新

① 会员如需变更注册手机号码、电子邮箱或新增证件，可通过"中免会员"微信小程序或 App—"我的"—"帮助中心"—"设置"自助完成修改。

② 如无法成功自助修改或其他资料变更，请拨打中免会员服务热线 4000500180。会员需提供手持本人有效身份证件的照片，经中免客服核实身份后，在七日内反馈修改结果。

③ 所有关于会员个人信息的更新，仅在更新生效后享受相应的会员权益。

3. 会员注销

会员可通过拨打会员服务电话 4000500180 进行注销。注销后，会员所有信息及权益（包括但不限于会员等级、积分、消费记录等）一并被注销，不可恢复。重新申请入会，上述信息及权益不予恢复。

六、附则

1. 注册时请仔细阅读并接受《中免会员手册》《中免会员服务协议》《中免隐私政策》，按要求提交注册后方可享受各项权益。一经办理会员卡并使用，即代表接受以上条款及细则。

2. 为保证会员服务的正常进行，用户应自行诚信向中免提供真实、有效的个人资料，如用户的个人资料有变动，应及时告知中免更新注册资料。如果用户提供的注册资料不合法、不真实、不准确、不详尽，需承担因此引起的相应损失，并且中免保留终止用户享用中免会员各项服务的权利。

3. 中免会员卡仅适用于中免旗下门店、线上购物平台及第三方合作机构，进行积分抵现消费或兑换相关会员服务。

4. 以下情形，中免有权删除相关信息、终止提供服务等，且无须征得用户的同意：

① 用户违反《中免会员手册》《中免会员服务协议》《中免隐私政策》或有违反国家法律法规和地方性法规、规章的行为，中免有权停止传输并删除其信息，禁止用户发言，注销用户账户并按照相关法律规定向相关主管部门进行披露。

② 中免有权对用户的注册信息及购买行为进行查阅，发现注册信息或购买行为中存在虚假或违规等问题的，有权向用户发出询问及要求改正的通知或者做出冻结、关闭账户、取消订单等处理。

5. 注册成功后，账号及卡号由会员本人负责保管，任何使用该账号和卡号的行为将被视为会员本人行为，使用该账号及卡号所进行的一切活动以及因此所产生的损失或损害均由会员本人承担。

6. 注册成功后，经用户同意，中免即拥有通过微信、邮件、短信电话等形式，向注册的用户发送资讯、促销活动等信息的权利。如有疑问可拨打会员服务热线 4000500180 退订。

7. 本手册适用中华人民共和国的法律，并予以解释。在履行本手册过程中发生的任何争议，应通过友好协商解决，协商不成的，可提交北京市东城区人民法院诉讼解决。

8. 中免在法律法规允许的范围内，保留随时修订或更正《中免会员手册》的权利（包括但不限于会员制度、积分规则、会员等级、会员权益等）。如有修改将会在"中免会员"微信小程序、App以及官网予以公示，会员予以登录并充分阅读、理解相关修订。相关变更自变更通知上载明的生效日期生效。

9. 如对中免会员制度及权益有任何争议，以《中免会员手册》最新版本为准。

10. 中免在法律法规允许的范围内，对本规则拥有最终解释权。

▶ ［项目小结］

本项目以海南离岛免税购物为基础，深入介绍了海南岛12家离岛免税店的开业时间、所在城市、营业时间及经营范围等内容，并从公司概况及其在海南离岛免税的运营角度详细介绍了海南12家离岛免税店的经营主体。最后，本项目全方位整理出海南离岛免税最实用的购物攻略。学习本项目，学生应理解海南离岛免税企业的运营，感受免税企业深耕免税行业的决心和力量，感悟民族企业对地方经济和国家经济建设的贡献，更要明白海南省政府不遗余力办好离岛免税事业的决心，从而树立为海南自贸港建设作贡献的志向。

▶ ［头脑风暴］

1. 海南离岛免税的购买技巧有哪些？
2. 海南各大免税店分别有何特色？

▶ ［实践运用］

1. 进入海南离岛6家企业的小程序，对比每家企业的特点。
2. 关注几家海南离岛免税店公众号并了解实时资讯。
3. 关注其他与海南离岛免税相关的公众号并了解相关资讯。

▶ ［在线资源］

拓展学习

互动练习

项目六

海南离岛免税商品分类与特点

▶ [学习目标]

- 掌握海南离岛免税政策下各类免税商品的基本分类
- 掌握海南各类离岛免税商品的主要品牌情况及特点
- 了解各类免税商品的市场竞争格局、消费者需求变化及行业发展趋势

▶ [任务导学]

- 任务一　美妆与个护
- 任务二　箱包与服装
- 任务三　珠宝首饰与腕表
- 任务四　电子产品与美容仪器
- 任务五　母婴食品与保健品
- 任务六　其他品类

▶ [引例]

免税政策调整激起市场"热浪"

图 6-1　海口日月广场免税店新增免税品

2020年6月30日，在海口日月广场免税店，工作人员将苹果手机、平板电脑、耳机

等新增免税商品上架展示。

"这个柜台目前展示的是手机、耳机等新增免税商品。像这款无线耳机是 2 199 元，离岛免税新的政策落地后，离岛旅客购买就可以享受到免税价。"2020 年 6 月 30 日，在位于海口日月广场双子座 2 楼的免税店内，销售员林志华不断回答一拨拨顾客的咨询问题。

林志华所在的是新增免税商品展示区，他眼前的柜台上摆放着苹果、华为等品牌的手机、电子手表、耳机等产品。这些产品将于 7 月 1 日正式对外免税销售。

6 月 29 日，财政部、海关总署、国家税务总局发布《关于海南离岛旅客免税购物政策的公告》（简称《公告》），明确自 2020 年 7 月 1 日起实施。《公告》中有关免税购物额度从每年每人 3 万元提高至 10 万元，离岛免税商品品种由 38 种增至 45 种等等有关"剁手福利"的内容，让不少消费者感到兴奋和期待，并带来市场"热浪"。

"我对穿戴设备等电子消费产品比较感兴趣，如果有免税价格，那我肯定选择在海南购买，我时常会从广州回海口省亲，刚好有机票。"免税店内，来自广东的消费者林先生说。

对于热衷购买香化类商品的外省旅客李芝芝而言，最令她高兴的是一次可购买化妆品件数的增加："以前每人每次只能购买 12 件，调整后可以买 30 件，我不用担心买超啦！"

离岛免税新政实施前夕，兴奋的不只是消费者，免税从业人员也在抓紧时间"做好功课"。"政策公布后，我们即着手做好相应的准备。首先，针对扩充的免税商品品种，我们积极协调全球供应商，加强对海南免税品供应的支持；其次，我们将优化商品结构，引进国际一线高品质、高水准的产品，以迎接这次离岛免税政策调整落地，满足岛内外居民游客高端消费需求，希望为游客提供更加丰富多样的全球产品。"中国旅游集团中免股份有限公司有关负责人说。同时，公司积极优化现有店面服务流程、扩大离岛提货面积、增加市内展示店，以满足消费者更高的购物需求。

在此次政策调整之前，免税额度提升、单件产品限额、增加电子产品和酒类产品等一直是消费者讨论和关注的焦点。

中免有关负责人表示，这次政策调整充分关注到消费者的购买热情和需求，除每年每人离岛免税购物额度从 3 万元提高至 10 万元，还取消了单件商品 8 000 元免税限额规定，扩大免税商品种类，增加电子消费产品等 7 类消费者青睐的商品，仅限定化妆品、手机和酒类商品的单次购买数量。更丰富的免税商品品类，更便利的购物条件，将大幅改善消费者购物体验，吸引更多消费者前往离岛免税店购物。

财政部关税司在对《公告》政策解读时提到，此次政策调整力度大，将大幅改善消费者购物体验，释放政策红利，提升群众获得感，促进海南国际旅游消费中心建设，增强各界对海南自贸港建设的信心。

（资料来源：《海南日报》2020 年 7 月 1 日，https：//www.hainan.gov.cn/hainan/mtjd/202007/ee8ecedd626642268af401ec030bf7cf.shtml）

思考：随着海南离岛免税购物额度的增加，单次购买同一品牌的免税品，是否有限购数量？学完这一项目，你就能找到答案。

任务一　美妆与个护

一、美妆与个护类免税品概述

美妆与个人护肤品（beauty and personal care products）指用于改善和维护个人外貌和皮肤健康的产品。美妆品包括彩妆类产品，如粉底、眼影、口红等，旨在提升和改变个人的外观。个人护肤品包括洁面、爽肤水、精华、面霜等，主要用于清洁、保湿、修复和保护皮肤。

在海南离岛免税店中，全球知名的美妆与护肤品牌包括兰蔻、雅诗兰黛、迪奥、香奈儿、资生堂（SHISEIDO）、SK-Ⅱ、倩碧（CLINIQUE）、海蓝之谜、娇韵诗（CLAR-INS）等。这些品牌凭借优秀的产品质量和创新技术，在全球范围内拥有大量忠实消费者。

美妆与个人护肤品在免税品市场中占据重要地位。由于免税政策的价格优势，这些高端美妆和护肤品在海南离岛免税店中备受消费者青睐。免税店不仅提供了更加实惠的购买选择，同时也确保了产品的真实性和质量，提升了购物体验。此外，免税美妆和护肤品的多样性和高品质使其成为游客购物的主要目标，进一步巩固了其在免税市场中的重要地位。

通过本项目任务的学习，学生能够更好地了解各类美妆与护肤品的特点、功能及其适用人群，从而在海南离岛免税购物时做出明智的决策，享受更优质的购物体验。

二、美妆与个护类免税品主要品牌及特点

（一）兰蔻

1. 品牌档案

中文名：兰蔻

外文名：LANCOME

创始人：阿曼达·珀蒂让（Armand Petitjean）

国家：法国

创立时间：1935 年

2. 品牌历史

兰蔻于 1935 年在法国创立，是全球顶尖的奢侈美妆品牌之一，以其精致的护肤品、彩妆和香水闻名。创始人阿曼达·珀蒂让致力于将法国的优雅和浪漫注入护肤和美妆产品

中。品牌名称来自法国的兰科姆城堡（Château de Lancosme）。兰蔻以其高端护肤品和奢华的化妆品著称，经典产品如"兰蔻小黑瓶"精华液和"奇迹"香水，广受欢迎。

3. 品牌特色

兰蔻以其创新的科学技术和高效的护肤成分著称，产品兼具奢华感和高效性，致力于满足女性对美的追求。

4. 经典系列

品牌经典产品有："小黑瓶"精华、"菁纯"系列、气垫粉底等（如图 6-2 至 6-5）。

图 6-2　兰蔻"小黑瓶"精华

图 6-3　兰蔻"菁纯"系列产品之一

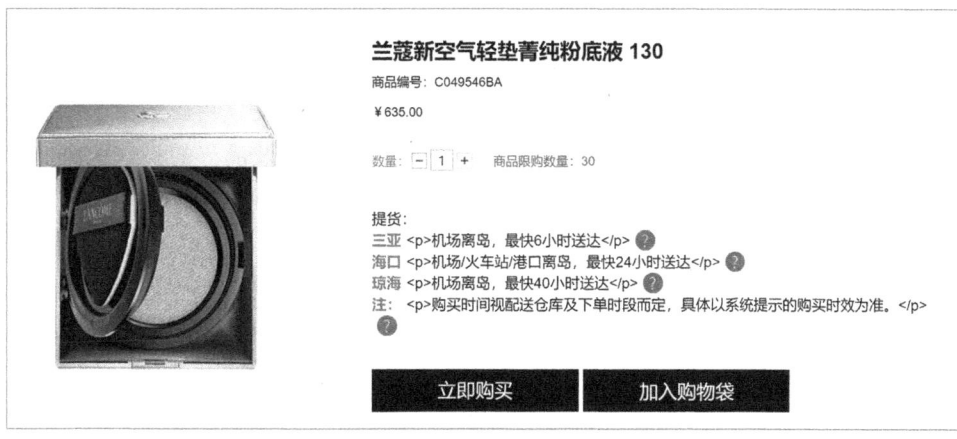

图 6-4 兰蔻"菁纯"系列产品之二

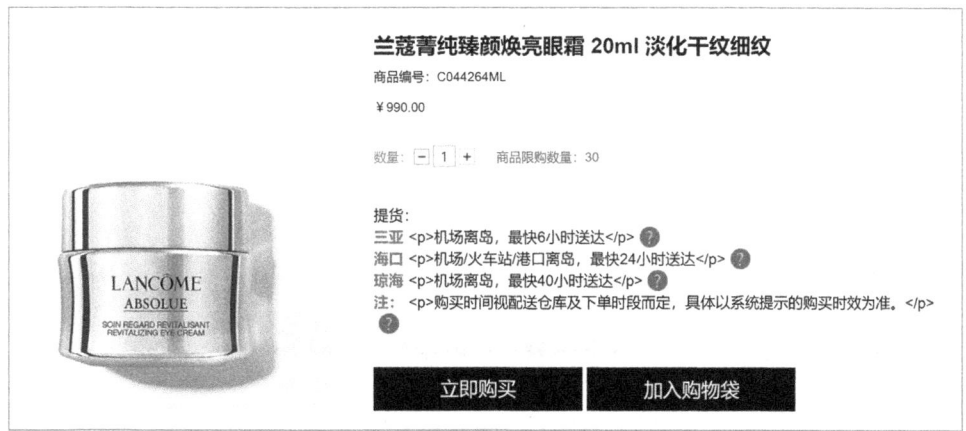

图 6-5 兰蔻"菁纯"系列产品之三

微课学习：兰蔻——优雅浪漫的法兰西玫瑰

（二）雅诗兰黛

1. 品牌档案

中文名：雅诗兰黛

外文名：Estée Lauder

创始人：雅诗·兰黛（Estée Lauder）

国家：美国

创立时间：1946 年

2. 品牌历史

雅诗兰黛是全球最大的护肤、彩妆和香水公司之一，1946年创立于纽约，品牌的创始人雅诗·兰黛以其创新的护肤理念和高质量的产品迅速赢得了市场的认可。她相信每个女人都可以通过优质的护肤品保持美丽。品牌推出的"小棕瓶"成为护肤品界的经典之作。雅诗兰黛以其高质量的护肤品和化妆品而著称，涵盖护肤、彩妆和香水等多个领域。

3. 品牌特色

雅诗兰黛强调科学研究和技术创新，提供高效、温和且适用于各种肤质的产品。

4. 经典系列

雅诗兰黛的经典产品有："小棕瓶"精华露（Advanced Night Repair）、白金级系列（Re-Nutriv）、"红石榴"系列等（如图6-6至6-10）。

图6-6 雅诗兰黛"小棕瓶"精华露

图6-7 雅诗兰黛白金级系列（粉底液）

图 6-8 雅诗兰黛白金级系列（眼部精华霜）

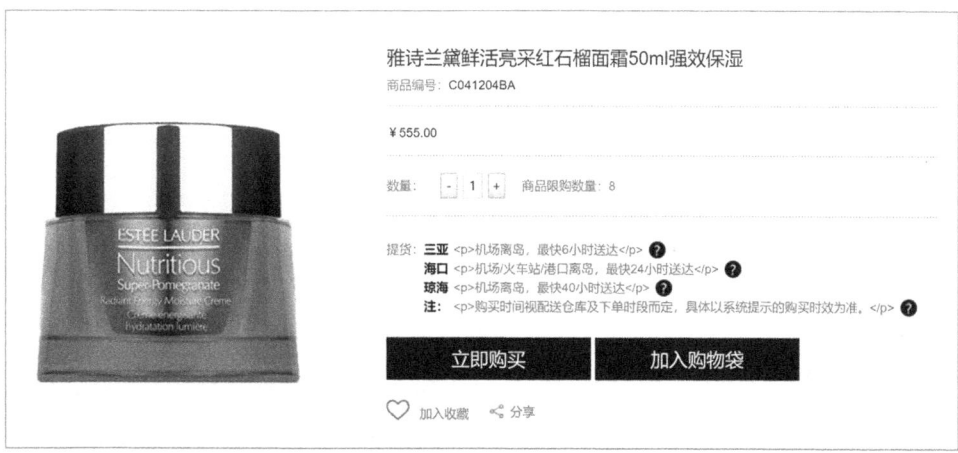

图 6-9 雅诗兰黛"红石榴"系列（面霜）

图 6-10 雅诗兰黛"红石榴"系列（洁面乳）

项目六　海南离岛免税商品分类与特点 / 115

微课学习：雅诗兰黛——护肤帝国的不老传说

（三）迪奥

1. 品牌档案

中文名：迪奥

外文名：DIOR

创始人：克里斯汀·迪奥（Christian Dior）

国家：法国

创立时间：1946 年

2. 品牌历史

迪奥于 1946 年在巴黎创立，以其奢华的时装设计闻名于世。品牌很快扩展至美妆和护肤品领域，以其高端、创新的产品赢得了市场的认可。迪奥的真我香水和烈艳蓝金唇膏成为经典之作，品牌始终保持着法国的优雅和奢华风格。

3. 品牌特色

迪奥的产品设计注重时尚与艺术的结合，充满创意和优雅感，同时追求卓越的品质。

4. 经典系列

烈艳蓝金唇膏、花蜜活颜丝悦系列、真我香水等（如图 6-11 至 6-13）。

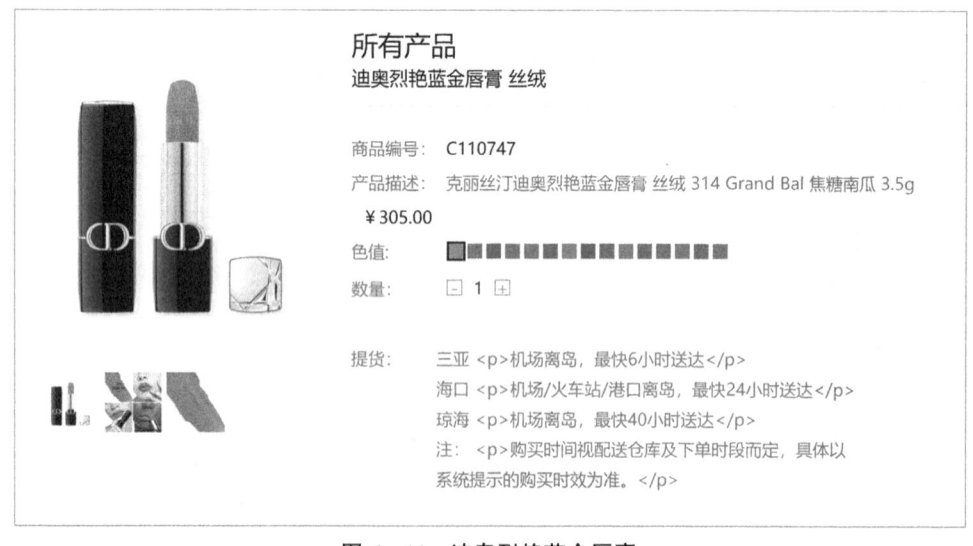

图 6-11 迪奥烈艳蓝金唇膏

所有产品
克丽丝汀迪奥花蜜活颜丝悦光皙BB霜01 SPF50 PA

商品编号： C101002
产品描述： 克丽丝汀迪奥花蜜活颜丝悦光皙BB霜01 30ml
￥780.00
数量： − 1 +

提货： 三亚 <p>机场离岛，最快6小时送达</p>
海口 <p>机场/火车站/港口离岛，最快24小时送达</p>
琼海 <p>机场离岛，最快40小时送达</p>
注： <p>购买时间视配送仓库及下单时段而定，具体以系统提示的购买时效为准。</p>

图 6-12 迪奥花蜜活颜丝悦系列

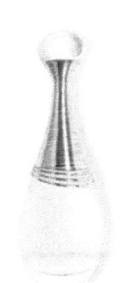

所有产品
迪奥真我纯真香水

商品编号： C103313
产品描述： 沙巴茉莉的暖阳气息邂逅中国木兰的丝柔芬芳，橙花花水*清新闪耀，以纯真灵动的芬芳演绎，挚献真我纯白香颂。
￥910.00
毫升： 50ML 100ML
数量： − 1 +

提货： 三亚 <p>机场离岛，最快6小时送达</p>
海口 <p>机场/火车站/港口离岛，最快24小时送达</p>
琼海 <p>机场离岛，最快40小时送达</p>
注： <p>购买时间视配送仓库及下单时段而定，具体以系统提示的购买时效为准。</p>

图 6-13 迪奥真我香水

（四）香奈儿
1. 品牌档案
中文名：香奈儿
外文名：CHANEL

创始人：嘉柏丽尔·香奈儿（Gabrielle Chanel）

国家：法国

创立时间：1910 年

2. 品牌历史

香奈儿品牌由嘉柏丽尔·香奈儿于 1910 年在巴黎创立。香奈儿最初是一家帽子店，名为"香奈儿时尚"（Chanel Modes），随后逐渐扩展到时装领域。1921 年，香奈儿推出了其第一款香水——香奈儿 5 号。这款香水由调香师恩尼斯·鲍（Ernest Beaux）调制，以其独特的花香调和简约的瓶身设计迅速风靡全球，成为香水界的经典之作。香奈儿 5 号不仅代表了一种香气，更象征着一种生活方式和态度。

在护肤品和美妆领域，香奈儿同样表现出色。其护肤系列如山茶花保湿系列和智慧紧肤系列，以高科技成分和卓越的护肤效果广受欢迎。香奈儿的彩妆产品，如一号红色山茶花唇颊蜜和四色眼影，以其丰富的色彩和持久的妆效，深受全球女性的喜爱。

3. 品牌特色

香奈儿以其经典、优雅和简约的设计风格著称，产品始终保持高品质和创新性。

4. 经典系列

山茶花保湿系列、可可小姐香水、炫亮魅力唇膏等（如图 6-14 至 6-16）。

图 6-14　香奈儿山茶花护甲滋润油

图 6-15 香奈儿可可小姐香水

图 6-16 香奈儿炫亮魅力唇膏

（五）资生堂

1. 品牌档案

中文名：资生堂

外文名：SHISEIDO

创始人：福原有信

国家：日本

创立时间：1872 年

2. 品牌历史

资生堂创立于1872年，是日本历史最悠久的化妆品公司之一，产品包括护肤、彩妆和香水。创始人福原有信最初开设了一家西式药房，随后发展成为一家全球知名的美妆与护肤品牌公司。资生堂融合了东方传统与西方科技，产品涵盖护肤、彩妆和香水等多个领域，强调科学与艺术的结合。

3. 品牌特色

资生堂将东方传统与西方科技结合，强调高品质和安全性，提供适合各种肤质的产品。

4. 经典系列

红妍肌活系列、悦薇珀翡系列、百优系列等（如图 6-17 至 6-21）。

图 6-17 资生堂红妍肌活系列（眼霜）

图 6-18 资生堂红妍肌活系列（精华露）

图 6-19 资生堂悦薇珀翡系列（亮肤水）

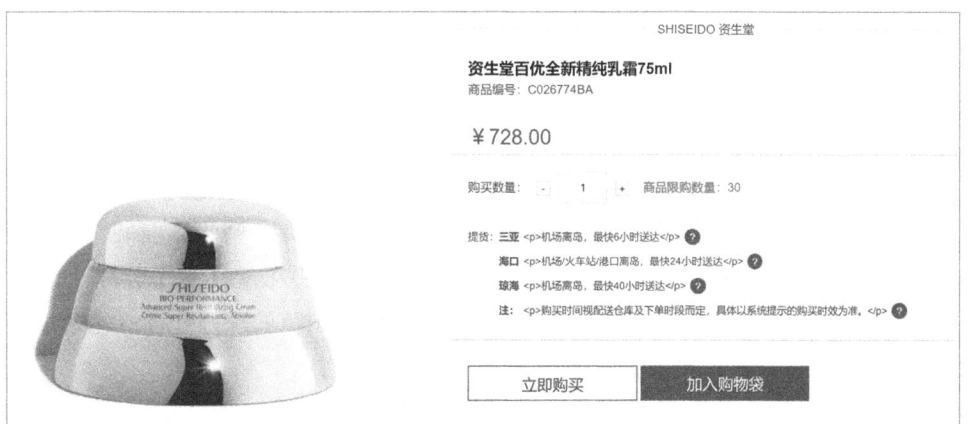

图 6-20 资生堂百优系列（乳霜）

图 6-21 资生堂百优系列（眼霜）

项目六 海南离岛免税商品分类与特点 / 121

(六) SK-Ⅱ

1. 品牌档案

中文名：无

外文名：SK-Ⅱ

创始人：SK-Ⅱ并非由某个具体的个人创立，而是由一群日本科学家在20世纪70年代的研究成果发展而来。

国家：日本

创立时间：1975年

2. 品牌历史

SK-Ⅱ是日本的高端护肤品牌，品牌故事源于20世纪70年代的一次偶然发现。当时，一群日本科学家注意到在酿酒厂工作的老年工人虽然脸上布满皱纹，但他们的双手却异常光滑、年轻。这引起了科学家的好奇心，经过深入研究，他们发现这种现象是由于工人们长期接触发酵过程中的某种成分。这种神奇的成分被提取并命名为Pitera™，成为SK-Ⅱ护肤品的核心成分。

SK-Ⅱ于1975年正式成立，并推出了其首款产品——护肤精华露，即"神仙水"。这种透明的液体含有90%以上的Pitera™，能够显著改善肌肤质感，使肌肤更加光滑、细腻、富有光泽。"神仙水"迅速成为SK-Ⅱ的明星产品，并在全球范围内广受欢迎。

SK-Ⅱ的产品系列主要集中在护肤领域，包括清洁、护理、精华、面膜等多种产品。其核心理念是通过高科技和天然成分相结合，提供卓越的护肤效果。除了"神仙水"，SK-Ⅱ的护肤面膜和R.N.A.立体紧致系列也备受推崇，以其出色的保湿和抗老化效果著称。

3. 品牌特色

SK-Ⅱ的产品专注于肌肤再生和修复，主要成分Pitera™具有卓越的抗衰老和保湿效果。

4. 经典系列

神仙水（Facial Treatment Essence）、R.N.A系列（R.N.A. Power）等（如图6-22、6-23）。

图6-22　SK-Ⅱ"神仙水"

图 6-23 SK-Ⅱ "大红瓶" 面霜

微课学习：SK-Ⅱ——年龄只是一个数字

课程动画：不同皮肤如何护理？

任务二　箱包与服装

一、箱包与服装类免税品概述

箱包与服装类免税品是指在免税商店中销售的各种箱包和服装商品，这些商品免征进口关税和其他相关税费，其价格较普通市场更具竞争力。免税箱包包括手提包、背包、旅行箱等；免税服装则涵盖各种男女服饰、鞋履及配饰。

箱包与服装的类型分为箱包、服装、鞋履、配饰等。箱包有手提包、背包、肩包、钱包、行李箱等，服装有男装、女装、童装、运动装、礼服等，鞋履有休闲鞋、高跟鞋、运动鞋、靴子等，配饰有围巾、领带、帽子、皮带等。

在海南离岛免税店中，消费者可以购买到众多世界知名品牌的箱包与服装，包括路易威登、古驰、香奈儿、普拉达、迪奥、博柏利等。

箱包与服装的作用各有不同。对箱包而言，除了作为时尚配饰外，还在日常生活和旅行中具有实用功能，用于携带和保护个人物品。服装不仅满足人们的基本穿着需求，还通过设计和款式表达个人风格和品位，适应不同场合的需求。鞋履和配饰可以进一步丰富和完善个人的整体造型，提升时尚感和舒适度。

箱包与服装类商品在免税品市场中占据重要地位，吸引了大量国内外游客购买。免税政策让消费者可以以更优惠的价格购买到国际知名品牌的高端商品。免税店不仅提供了丰富多样的商品，还确保了商品的真实性和高品质，提升了顾客的购物体验。因此，箱包与服装类免税品在海南离岛免税店中备受欢迎，成为游客购物的主要目标之一。

二、箱包与服装类免税品主要品牌及特点

（一）路易威登

1. 品牌档案

中文名：路易威登

外文名：Louis Vuitton（简称 LV）

创始人：路易·威登

国家：法国

创立时间：1854 年

2. 品牌历史

路易·威登于 1854 年在巴黎开设了自己的首家店铺，最初专注于制造高品质的行李箱。凭借卓越的工艺和创新的设计，他迅速获得了欧洲上流社会的青睐。1896 年，路易·威登的儿子乔治·威登（Georges Vuitton）设计了标志性的字母组合图案（monogram），成为品牌的象征。如今，LV 已发展成为全球领先的奢侈品牌，产品涵盖箱包、时装、鞋履和配饰。

3. 品牌特色

LV 产品以经典的 monogram、卓越的手工艺和创新设计著称，融合了传统与现代时尚。

4. 经典系列

Speedy 手袋、Neverfull 托特包、Keepall 旅行袋、Alma 包（如图 6-24 至 6-27）。

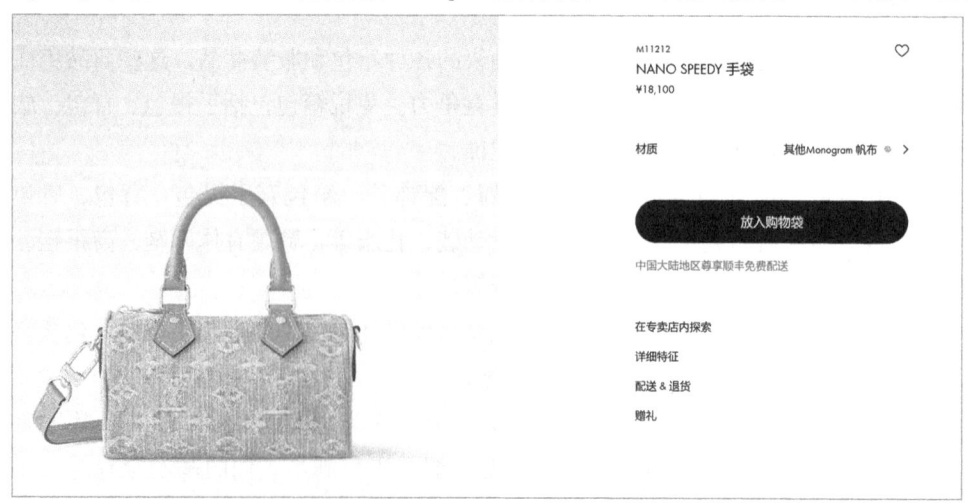

图 6-24 Speedy 手袋

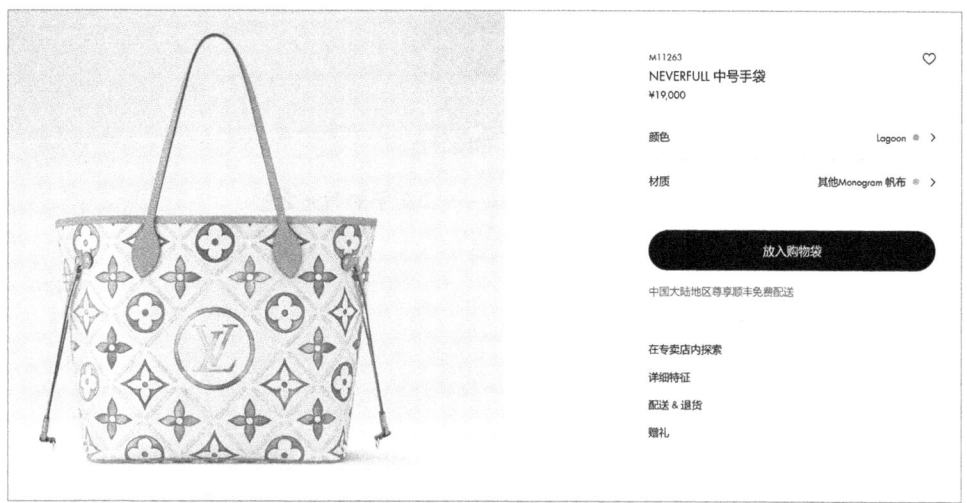

图 6-25 Neverfull 托特包

图 6-26 Keepall 旅行袋

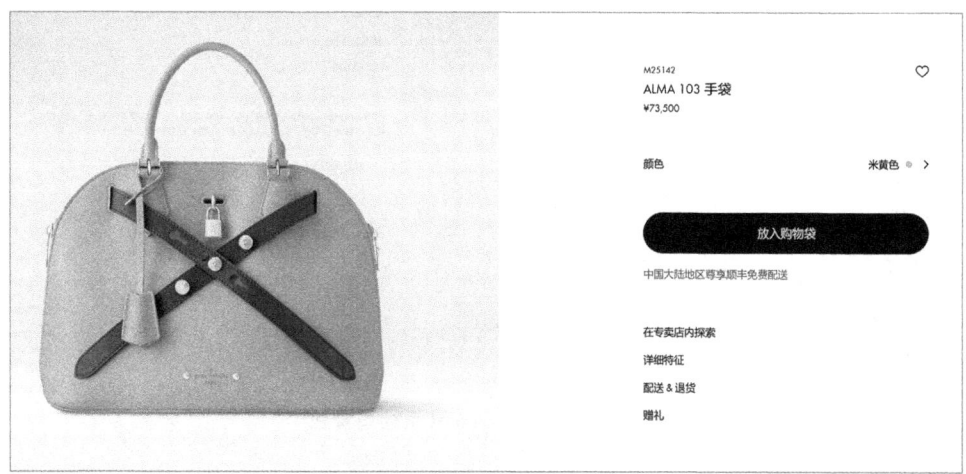

图 6-27 Alma 手袋

微课学习：路易威登——一口箱子的时光之旅

（二）古驰

1. 品牌档案

中文名：古驰

外文名：GUCCI

创始人：古驰奥·古驰（Guccio Gucci）

国家：意大利

创立时间：1921 年

2. 品牌历史

古驰奥·古驰在 1921 年于佛罗伦萨创立了 GUCCI 品牌，以制造皮革行李箱起家。古驰曾在伦敦的萨沃伊酒店工作，他将英国贵族的优雅风格融入意大利传统手工艺中。品牌的双 G 标志和红绿条纹迅速成为奢华和高品质的象征。如今，GUCCI 已成为全球最受欢迎的时尚品牌之一，涵盖时装、箱包、鞋履和配饰。

3. 品牌特色

GUCCI 的设计大胆且充满创意，融合现代时尚与经典元素，尤其以双 G 标志和红绿条纹著称。

4. 经典系列

GG Marmont 系列、Dionysus 系列、Sylvie 系列、Jackie 系列（如图 6 - 28 至 6 - 30）。

图 6 - 28　GG Marmont 系列肩背包

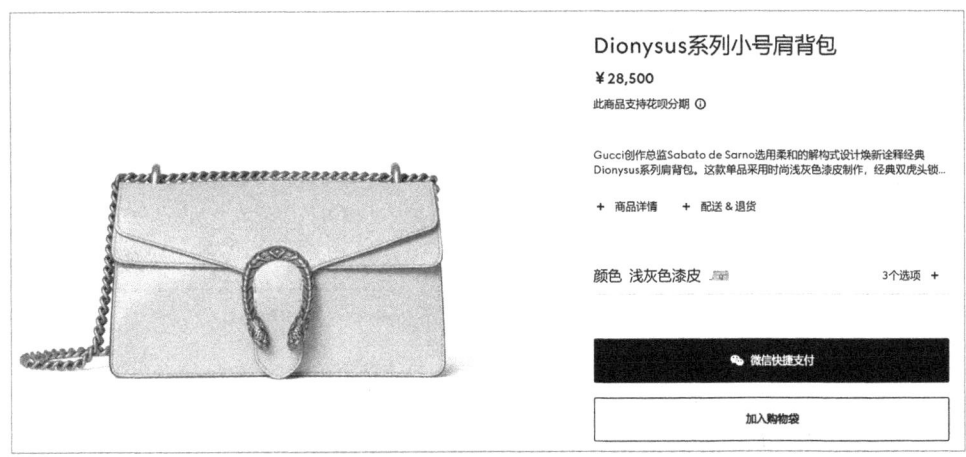

图 6-29　Dionysus 系列肩背包

图 6-30　Jackie 系列肩背包

（三）香奈儿

1. 品牌档案

中文名：香奈儿

外文名：CHANEL

创始人：嘉柏丽尔·香奈儿（Gabrielle Chanel）

国家：法国

创立时间：1910 年

2. 品牌历史

嘉柏丽尔·香奈儿于 1910 年在巴黎创立了自己的第一家帽子店，并迅速以其独特的设计风格受到欢迎。她的设计强调简约、优雅和舒适，颠覆了当时繁复的女性时尚。1921 年，香奈儿推出了著名的香水香奈儿 5 号，进一步巩固了品牌的地位。香奈儿的经典菱格纹手袋和双 C 标志成为时尚的象征。

3. 品牌特色

香奈儿的设计以简约、优雅和经典著称，标志性的菱格纹图案和双 C 标志成为品牌的象征。

4. 经典系列

2.55 手袋、Boy Chanel 手袋、Classic Flap 手袋、Gabrielle 包（如图 6‑31、6‑32）。

图 6‑31　2.55 手袋

图 6‑32　Classic Flap 手袋

微课学习：香奈儿——典雅女人味

（四）普拉达

1. 品牌档案

中文名：普拉达

外文名：PRADA

创始人：马里奥·普拉达（Mario Prada）

国家：意大利

创立时间：1913 年

2. 品牌历史

普拉达由马里奥·普拉达于 1913 年在米兰创立，最初是一家专营高端皮具的店铺。品牌以其精湛的工艺和高品质的材料迅速崭露头角。20 世纪 70 年代，马里奥的孙女米乌奇娅·普拉达（Miuccia Prada）接管了公司，带来了创新的设计理念，使普拉达从传统的皮具品牌转型为现代时尚的象征。

3. 品牌特色

普拉达以简洁、前卫的设计风格闻名，常采用尼龙材质和独特的几何图案，使产品兼具实用性和时尚感。

4. 经典系列

Galleria 手袋、Cahier 系列、Re-Nylon 系列、Saffiano 皮具（如图 6-33 至 6-35）。

图 6-33　Galleria 手袋

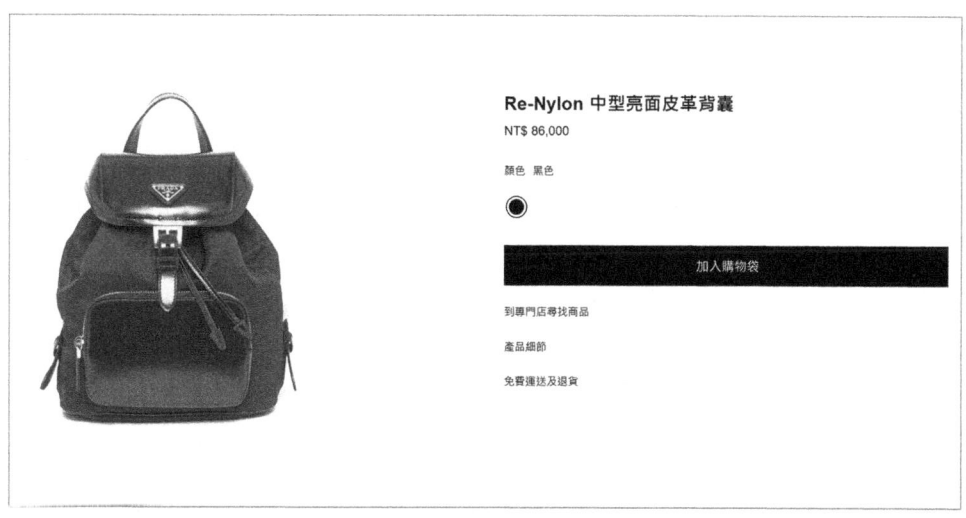

图 6-34　Re-Nylon 系列

图 6-35　Saffiano 皮革手袋

微课学习：普拉达——女王的气场

（五）迪奥

1. 品牌档案

中文名：迪奥

外文名：DIOR

创始人：克里斯汀·迪奥（Christian Dior）

国家：法国

创立时间：1946 年

2. 品牌历史

克里斯汀·迪奥于 1946 年在巴黎创立了迪奥品牌，并于次年推出了 New Look 系列，这一系列以其夸张的女性曲线和奢华的用料迅速获得巨大成功，重新定义了战后女性时尚。迪奥品牌不仅在高级定制时装方面享有盛誉，还涉足香水、护肤品和配饰领域，成为全球顶尖的奢侈品牌之一。

3. 品牌特色

迪奥的设计融合了优雅与奢华，经典的 Dior oblique 印花和藤格纹（cannage）缝线成为品牌的标志。

4. 经典系列

Lady Dior 手袋、迷你马鞍包、Book Tote 手袋、Dioramour 手袋（如图 6-36 至 6-39）。

图 6-36 Lady Dior 手袋

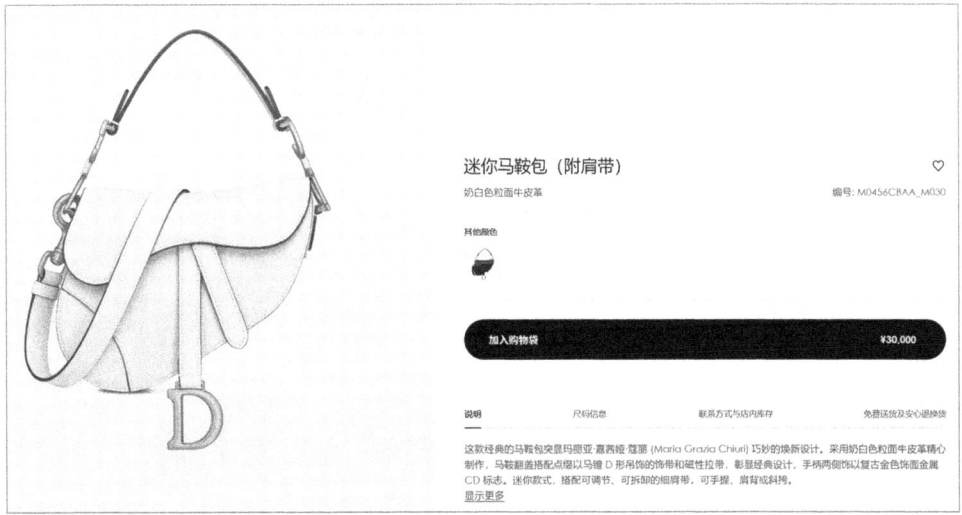

图 6-37 迷你马鞍包

图 6-38 Book Tote 手袋

图 6-39 Dioramour 手袋

(六) 博柏利

1. 品牌档案

中文名：博柏利

外文名：BURBERRY

创始人：托马斯·博柏利（Thomas Burberry）

国家：英国

创立时间：1856 年

2. 品牌历史

托马斯·博柏利于 1856 年在贝辛斯托克创立了 BURBERRY 品牌，以生产防水耐用的华达呢（Gabardine）面料而著称。这种面料为品牌的经典风衣奠定了基础。博柏利的格纹图案和 Trench 风衣在第一次世界大战期间为英国军官所采用，随后成为品牌的标志。如今，博柏利继续将英国传统与现代设计相结合，成为全球知名的奢侈品牌。

3. 品牌特色

博柏利以经典英伦风格著称，注重传统与创新的结合，其格纹图案和 Trench 风衣成为品牌的象征。

4. 经典系列

Trench 风衣、TB Bag 系列、Check 围巾、Vintage Check 系列（如图 6-40 至 6-42）。

图 6-40　Trench 风衣

图 6-41　TB Bag 系列之一

图 6-42　Check 围巾

课程动画：为什么女性爱买包？

任务三　珠宝首饰与腕表

一、珠宝首饰类免税品概述

在海南自由贸易港的建设中，珠宝首饰类免税品作为免税购物政策的关键组成部分，展现了其独特的吸引力与重要性。海南离岛政策不仅拓宽了消费者的购物渠道，还通过税收减免措施，使得此类商品在价格上相较于国际市场更具竞争力，成为游客青睐的购物热点。

海南离岛免税店的珠宝首饰专区，宛如一座集世界珠宝艺术之大成的殿堂，汇聚了众多享誉全球的珠宝品牌。这些品牌以其精湛的工艺、独特的设计以及高品质的原材料，为消费者提供了多样化的选择。从经典的黄金、白银饰品，到现代感十足的钻石、翡翠、宝石等高级珠宝，每一类都代表了不同的审美风格与文化内涵。

在款式上，珠宝首饰类免税品更是琳琅满目，涵盖了项链、手链、戒指、耳环、吊坠、手镯等多种类型，满足了不同消费者对于时尚、个性与经典的追求。这些饰品不仅适合日常佩戴，增添个人风采，也是赠予亲友、纪念重要时刻的佳品。

总体而言，海南离岛免税店的珠宝首饰类免税品以其丰富的种类、卓越的品质以及优惠的价格，成为展现海南自由贸易港购物魅力的重要组成部分，为游客提供了前所未有的购物体验。

二、珠宝首饰类免税品主要品牌及特点

（一）梵克雅宝

1. 品牌档案

中文名：梵克雅宝

外文名：Van Cleef & Arpels

创始人：阿尔弗莱德·梵克（Alfred Van Cleef）和艾斯特尔·雅宝（Estelle Arpels）

国家：法国

创立时间：1906 年

主要产品：珠宝、腕表、香水等

2. 品牌历史

梵克雅宝，这一享誉全球的珠宝品牌，其历史可追溯至 20 世纪初，一个艺术与时尚交相辉映的黄金时代。品牌的诞生，源自两位对珠宝艺术充满无限热忱与卓越才华的创始人——阿尔弗莱德·梵克与艾斯特尔·雅宝的浪漫联姻与智慧碰撞。

（1）初创时期（20 世纪初）

在 19 世纪末至 20 世纪初的巴黎，珠宝行业正经历着前所未有的变革与创新。阿尔弗莱德·梵克以其对宝石切割技术的精湛掌握与独到见解，迅速在业界崭露头角。而艾斯特尔·雅宝则以其敏锐的时尚触觉与非凡的设计能力，成为当时巴黎上流社会争相追捧的珠宝设计师。两人的结合，不仅为梵克雅宝品牌奠定了坚实的基础，也开启了珠宝艺术的新篇章。

（2）辉煌发展（20 世纪中期）

进入 20 世纪中期，梵克雅宝在两位创始人的共同努力下，逐渐发展成为国际珠宝界的佼佼者。品牌以其独特的隐秘式镶嵌技术闻名于世，这种技术能够巧妙地隐藏金属爪，使宝石更加完美地呈现其璀璨光芒。同时，梵克雅宝还擅长将自然元素、花卉图案以及神话故事融入珠宝设计中，创造出既具艺术美感又富含文化内涵的珠宝作品。这些作品不仅深受皇室贵族的喜爱，也赢得了全球珠宝爱好者的广泛赞誉。

（3）传承与创新（20 世纪后期至今）

时至今日，梵克雅宝已历经数代传承，但其对珠宝艺术的追求与创新精神却从未改变。品牌继续秉持着"诗意与创造"的设计理念，不断探索新的材质、工艺与设计风格，以满足当代消费者的多元化需求。同时，梵克雅宝还积极参与国际文化交流与合作，将品牌的独特魅力与全球珠宝艺术的发展紧密相连，共同推动珠宝文化的传承与创新。

3. 品牌特色

（1）卓越设计与精湛工艺

品牌以卓越的艺术设计融合世代传承的精湛工艺，尤其是标志性的隐秘式镶嵌技术，创造出既经典又富有创新性的珠宝作品，展现出非凡的美学追求与技艺水平。

（2）独特女性魅力展现

梵克雅宝专注于为女性打造独一无二的魅力饰品，其作品风格多样，从浪漫到优雅，再到现代时尚，都能完美诠释女性独特的韵味与风采，深受全球女性消费者的喜爱。

（3）国际高端奢侈品定位

作为国际珠宝界的知名品牌，梵克雅宝在高端奢侈品市场占据重要地位。其精品店遍布全球，吸引着国际知名人士与珠宝爱好者的目光，成为展现尊贵身份与品位的象征。

4. 经典系列

（1）Alhambra 系列

特点：Alhambra 系列以四叶草为设计灵感，象征着幸运与幸福。这一系列的珠宝作品，如项链、手链、耳环等，都巧妙地融入了四叶草元素，通过不同材质和宝石的镶嵌，展现出多样化的风格（如图 6-43）。

影响：Alhambra 系列自推出以来便深受全球消费者的喜爱，成为梵克雅宝最具代表性的系列作品之一。

图 6-43　Alhambra 系列之一

（2）Frivole 系列

特点：Frivole 系列以花卉为主题，灵感源自自然界中盛开的花朵（如图 6-44）。该系列作品以精湛的工艺和细腻的设计，将花朵的柔美与珠宝的璀璨完美融合，展现出一种生机勃勃、春意盎然的氛围。例如，2024 年 Frivole 系列推出的五款新作，包括白 K 金七花手镯、玫瑰金指间戒等，都以花卉为灵感，通过不对称设计、镜面抛光等工艺，展现出独特的魅力。

创新：Frivole 系列不断创新，将传统工艺与现代设计相结合，为消费者带来耳目一新的珠宝体验。

图 6-44　Frivole 系列之一

(3) Perlée 系列

特点：Perlée 系列以其独特的珠边设计而闻名。这一系列的作品通过精细的珠边工艺，将珠宝表面打造出细腻而富有质感的纹理，展现出一种低调而奢华的美感（如图 6-45）。Perlée 系列的作品款式多样，包括项链、手链、戒指等，满足不同场合和风格的佩戴需求。

工艺：Perlée 系列的珠边工艺是品牌工匠们精湛技艺的体现，每一道珠边都经过精心打磨和抛光，确保呈现出最佳的光泽和质感。

图 6-45　Perlée 系列之一

(4) Lucky Animals 系列

特点：Lucky Animals 系列以可爱的动物为主题，如瓢虫、蝴蝶、鸽子等，通过精细的雕刻和镶嵌工艺，将这些动物形象栩栩如生地呈现在珠宝作品上（如图 6-46）。该系列作品不仅具有观赏价值，还寓意吉祥和幸福。

多样性：Lucky Animals 系列的作品种类繁多，包括胸针、手链、吊坠等，每一件作品都充满了童趣和活力，非常适合作为礼物送给亲朋好友或自己佩戴。

图 6-46 Lucky Animals 系列之一

（二）宝格丽

1. 品牌档案

中文名：宝格丽

外文名：BVLGARI

创始人：索蒂里奥·宝格丽（Sotirio Bvlgari）

国家：意大利

创立时间：1884 年

主要产品：珠宝、腕表、皮具、配饰、香水、主题酒店等

2. 品牌历史

宝格丽，这一源自意大利的珠宝与奢侈品品牌，由索蒂里奥·宝格丽先生于 19 世纪后半叶在罗马创立，起初是一家专营高级珠宝与贵金属制品的精品店，后迅速在欧洲珠宝界崭露头角。

（1）初创与奠基（19 世纪末至 20 世纪初）

索蒂里奥·宝格丽凭借对珠宝艺术的深刻理解与非凡眼光，在罗马的康多提大道上开设了第一家店铺。他坚持选用最优质的宝石与贵金属，结合精湛的意大利手工艺，创造出既典雅又不失现代感的珠宝作品。这一时期，宝格丽以其独特的设计风格和卓越的品质赢得了皇室贵族及上流社会的青睐，为品牌的未来发展奠定了坚实的基础。

（2）拓展与繁荣（20 世纪中叶）

进入 20 世纪中叶，宝格丽在索蒂里奥之子的领导下，迎来了前所未有的繁荣。品牌不仅继续深耕珠宝领域，还积极拓展至腕表、香水、配饰等多个领域，形成了多元化的产品布局。同时，宝格丽凭借其创新的设计理念与卓越的市场策略，成功打入国际市场，成为全球知名的奢侈品品牌。这一时期，宝格丽以其标志性的蛇形元素、色彩斑斓的宝石镶嵌以及大胆的几何图案设计，赢得了全球消费者的喜爱与追捧。

(3) 传承与创新（20 世纪晚期至今）

时至今日，宝格丽已历经数代传承，但其对珠宝艺术的追求与创新精神却从未改变。品牌继续秉持着"永恒之美，源于自然与艺术的和谐共生"的设计理念，不断探索新的材质、工艺与设计风格，以满足当代消费者的多元化需求。同时，宝格丽还积极参与国际文化交流与合作，将品牌的独特魅力与全球时尚潮流紧密相连，共同推动奢侈品行业的繁荣与发展。

3. 品牌特色

(1) 奢华与色彩并重的珠宝艺术

宝格丽以其对彩色宝石的独到运用而著称，将自然界的绚烂色彩融入珠宝设计中，创造出既奢华又充满生命力的作品。其珠宝系列不仅展现了精湛的工艺，更通过丰富的色彩搭配，传达出品牌对美的独特理解和追求。这种将奢华与色彩完美结合的艺术风格，让宝格丽在众多品牌中脱颖而出。

(2) 大胆创新的设计语言

宝格丽在设计上始终保持着大胆创新的精神，不拘泥于传统框架，敢于突破常规。其设计语言独特而富有力量感，常常以几何图形、蛇形元素等作为设计灵感，创造出既现代又充满个性的作品。这种设计上的创新不仅满足了消费者对新鲜感的追求，也体现了宝格丽作为奢侈品牌的前瞻性和引领性。

(3) 匠心独运的手工制作与限量珍藏

宝格丽深知每一件珠宝作品的独特价值，因此坚持手工制作的传统。其工匠们以世代传承的技艺，精心雕琢每一件作品，确保每一颗宝石都能得到最完美展现。此外，宝格丽还定期推出限量版珠宝系列，这些作品不仅在设计上更为独特，更因其稀缺性成为收藏家们竞相追逐的珍品。这种对品质的极致追求和对限量珍藏的执着，让宝格丽的珠宝作品不仅具有佩戴的价值，更拥有了传承和保值的意义。

4. 经典系列

(1) Serpenti 系列

设计灵感：Serpenti 系列以蛇为灵感，象征着智慧、诱惑与永恒的生命力（如图 6-47）。每一款作品都仿佛灵蛇在腕间或颈间轻盈缠绕，展现出女性的柔美与神秘。

产品特点：该系列以其独特的蛇形设计和精湛的镶嵌工艺著称，采用高品质的宝石和贵金属，确保每一件作品都璀璨夺目，具有极高的艺术价值和收藏价值。

(2) Papillon 系列

设计灵感：Papillon 系列源自轻盈舞动的蝴蝶，象征着自由、美丽与蜕变。设计师巧妙地将蝴蝶的形态融入珠宝设计中，创造出既优雅又富有动感的作品。

产品特点：这一系列的珠宝作品，如项链、耳环和手镯等，都充满了轻盈与灵动的气息。宝石的镶嵌和金属的处理都力求完美，使得每一件作品都如同真实的蝴蝶般栩栩如生，令人爱不释手。

图 6-47 Serpenti 系列

（3）LVCEA 系列

设计理念：LVCEA 系列融合了罗马的辉煌历史与现代女性的优雅气质，以太阳为灵感，象征着光明、希望与无限可能。

产品特点：该系列珠宝作品以其独特的圆形表盘设计和璀璨夺目的宝石镶嵌而著称。无论是腕表还是珠宝饰品，都展现出一种高贵而典雅的气质。LVCEA 系列不仅适合日常佩戴，也是出席各种重要场合的理想选择。

（4）Parentesi 系列

设计灵感：Parentesi 系列的设计灵感来源于括号，这一看似简单的符号在宝格丽的设计师手中却焕发出了全新的生命力。

产品特点：这一系列的珠宝设计简约而不简单，每一个括号都仿佛是一个故事的开始或结束，充满了无尽的遐想空间。无论是项链、手镯还是戒指，Parentesi 系列都能为佩戴者增添一抹经典的韵味和独特的个性（如图 6-48）。

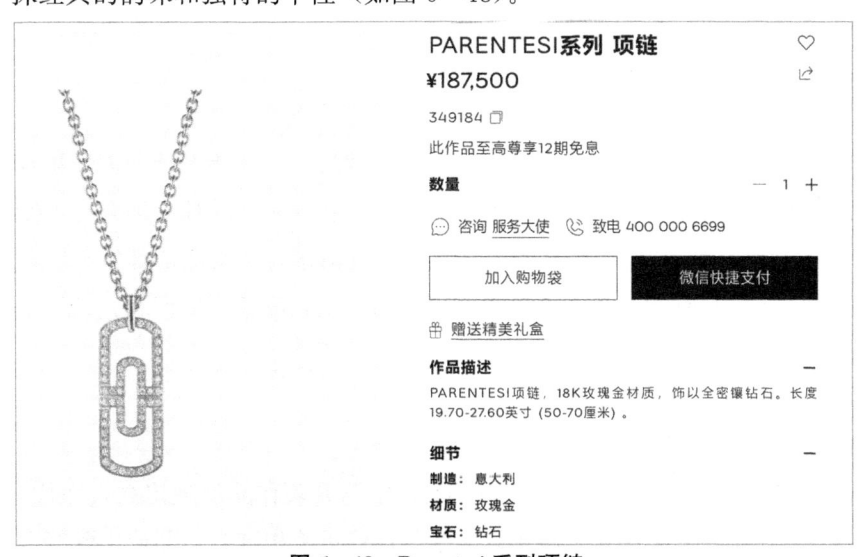

图 6-48 Parentesi 系列项链

(三) 卡地亚

1. 品牌档案

中文名：卡地亚

外文名：Cartier

创始人：路易-弗朗索瓦·卡地亚（Louis-François Cartier）

国家：法国

创立时间：1847 年

主要产品：珠宝、钟表、皮具、香氛等

2. 品牌历史

卡地亚，这一享誉全球的珠宝与钟表巨擘，其辉煌历程可追溯至 19 世纪中叶的法国巴黎，由路易-弗朗索瓦·卡地亚先生一手创立。自诞生之日起，卡地亚便以其卓越的设计、精湛的工艺以及对创新的不懈追求，在珠宝与制表领域树立了不朽的丰碑。

（1）初创与奠基（19 世纪末）

1847 年，路易-弗朗索瓦·卡地亚在巴黎的蒙特吉尔街开设了第一家店铺，标志着卡地亚品牌的正式诞生。起初，卡地亚专注于为巴黎的皇室贵族及上流社会提供高品质的珠宝与贵金属制品。路易-弗朗索瓦凭借其敏锐的商业嗅觉和独到的审美眼光，迅速在竞争激烈的珠宝市场中脱颖而出。他坚持选用最优质的宝石与贵金属，结合法国传统手工艺，创造出了一系列既典雅又不失现代感的珠宝作品，赢得了市场的广泛赞誉。

（2）拓展与辉煌（20 世纪初至中期）

进入 20 世纪，卡地亚在路易-弗朗索瓦之子的领导下迎来了前所未有的辉煌。品牌不仅继续深耕珠宝领域，还成功将业务拓展至制表行业，推出了多款具有里程碑意义的腕表作品。卡地亚的腕表以其精湛的制表工艺、独特的设计风格和卓越的性能表现，迅速成为全球钟表市场的佼佼者。同时，卡地亚还积极参与国际博览会及各种展览，多次荣获大奖，进一步提升了品牌的国际知名度和影响力。

（3）传承与创新（20 世纪晚期至今）

时至今日，卡地亚已历经数代传承，但其对卓越品质、独特设计和创新精神的追求却从未改变。品牌继续秉持着"制造世界上最美的珠宝和钟表"的核心理念，不断探索新的材质、工艺和设计理念，以满足当代消费者的多元化需求。卡地亚的珠宝与腕表作品不仅展现了精湛的工艺和卓越的品质，更蕴含了深厚的文化底蕴和历史传承。它们不仅是时间的见证者，更是艺术与技术的完美结合体。

3. 品牌特色

（1）经典雅致的设计风格

卡地亚以经典雅致的设计风格为核心，其珠宝与腕表作品展现出高贵而优雅的气质。品牌注重细节与比例的完美融合，将传统美学与现代审美相结合，创造出既符合时代潮流又不失永恒价值的经典之作。无论是简约线条的勾勒还是繁复图案的装饰,都彰显出卡地亚对美的独特理解和追求。

(2) 技术创新引领行业前沿

卡地亚在技术创新方面始终处于行业领先地位,不断突破传统制表与珠宝制作的界限。品牌致力于研发新材料、新技术和新工艺,以提升产品的性能和品质。从精密的机械机芯到独特的防水设计,从璀璨的宝石切割到精细的金属锻造,卡地亚的每一项技术创新都旨在为消费者带来更加卓越的使用体验。

(3) 深厚历史底蕴与品牌文化传承

卡地亚拥有近两个世纪的历史底蕴,其品牌文化源远流长、博大精深。自创立以来,卡地亚一直秉承着卓越品质、独特设计和创新精神的品牌理念,为全球消费者提供高品质的珠宝等时尚作品。品牌的历史遗产和文化传统被珍视并传承至今,成为卡地亚不可或缺的品牌资产。

4. 经典系列

(1) Trinity 系列

设计特点:Trinity 系列以其三环缠绕嵌套的设计而著称,每一环分别代表不同的情感寓意——白金代表友谊,玫瑰金代表爱情,黄金代表忠诚。这种设计不仅美观独特,而且寓意深远,让人感受到美好的情感延伸(如图 6-49)。

经典地位:作为卡地亚的经典之作,Trinity 系列自推出以来就备受喜爱,成为许多人心目中的珠宝首选。

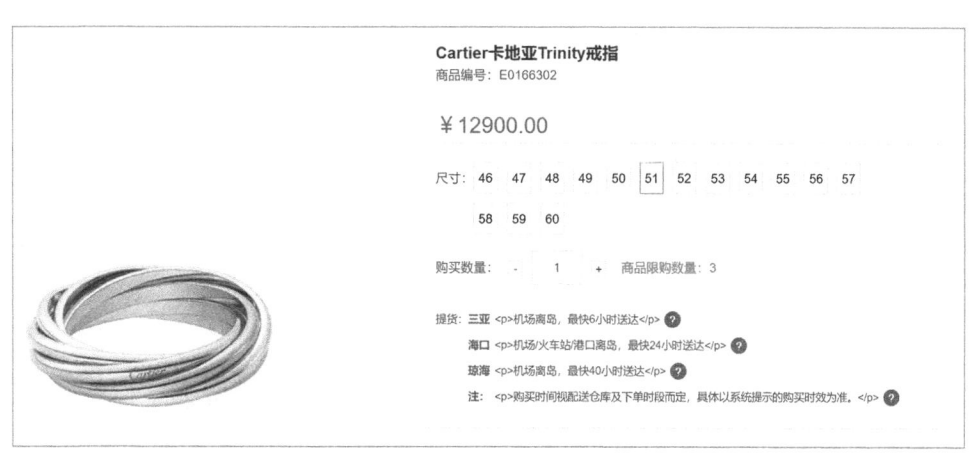

图 6-49 Trinity 系列(戒指)

(2) LOVE 系列

设计特点:LOVE 系列以其标志性的螺钉设计而闻名于世。这种设计不仅美观大方,而且寓意对爱情的忠贞与承诺。佩戴者需要使用特制的螺丝刀将螺钉固定,才能完成佩戴,这种独特的佩戴方式也增加了产品的趣味性和互动性(如图 6-50)。

市场反响：LOVE 系列自诞生以来就深受全球消费者的喜爱，其独特的设计和深刻的寓意赢得了无数人的青睐，成为卡地亚珠宝中最具代表性的系列之一。

图 6-50　LOVE 系列（戒指）

（3）Juste un Clou 系列

设计特点：Juste un Clou 系列的设计灵感来源于日常生活中的钉子元素。这个系列将简单的钉子幻化为珠宝臻品，展现出独特的创意和工艺。其流畅的线条和精巧的圆形设计使得每一件作品都充满了现代感和时尚气息（如图 6-51）。

产品种类：Juste un Clou 系列包括手镯、戒指、耳环等多种款式，每一款都以其独特的设计和精湛的工艺赢得了消费者的喜爱。

图 6-51　Juste un Clou 系列（手镯）

（4）猎豹系列

设计灵感：猎豹系列的设计灵感来源于卡地亚标志性的动物图案——猎豹。猎豹以其优雅与野性的魅力成为卡地亚设计师们的灵感源泉。这个系列的作品通过精湛的镶嵌工艺和宝石配色将猎豹形象栩栩如生地展现出来（如图 6-52）。

经典作品：猎豹胸针是猎豹系列中的经典之作。其以立体造型镶嵌钻石呈现猎豹的姿态，展现出精致细腻的自然主义风格。此外，猎豹系列还包括手镯、项链等多种款式，每一款都充满了卡地亚的创意和匠心。

图 6-52　猎豹系列（项链）

课程动画：珠宝首饰的清洁与养护

三、腕表类免税品概述

腕表，或称手表，是指佩戴于手腕，用以计时、显示时间的仪器。按机芯的动力来源，可分为机械表和石英表。

随着我国高档奢侈品的消费群体不断扩大，高端手表的消费文化也在孕育形成，高端手表成为注重身份的消费者显示文化品位、社会地位的有效装饰品。通常以平均公价（人民币）为统计口径，售价 3 000 元以下的手表为低端手表，3 000～10 000 元的手表为中端手表，10 000 元以上的手表为高端手表。从手表市场结构来看，高端手表市场份额最高，2020 年达到 53.6％。低端手表、中端手表市场份额分别为 31％、15.4％[1]。

三亚国际免税城是目前海南地区腕表品牌最多的高端旅游购物目的地，有超 60 个主流腕表品牌，其中包括 30 余个海南地区中免独售品牌，宝玑（Breguet）、宝珀（BLANCPAIN）、格拉苏蒂原创（Glashütte Original）3 家还设立了中国大陆地区首家腕表精品店，为消费者打造全方位、高品质的腕表体验。

---

[1]　https://www.chinairn.com/scfx/20230425/172658257.shtml

cdf 海口国际免税城于 2022 年 10 月开业，成为全球最大的单体免税店，其以多元业态、新颖体验及品质服务不断释放出强磁场效应，现已成为众多高奢腕表品牌布局的重点。目前，店内已汇聚 41 个主流腕表品牌、上千款腕表作品，首次引进帕玛强尼（Parmigiani Fleurier）、雅诺（Arnold ＆ Son）、亚明时（ARMIN STROM）、法穆兰（FRANCK MULLER）、柯籁天音（Christophe Claret）等多家品牌及中免独家品牌。

四、腕表类免税品主要品牌及特点

（一）江诗丹顿

1. 品牌档案

中文名：江诗丹顿

外文名：Vacheron Constantin

创始人：让-马克·瓦什隆（Jean-Marc Vacheron）

国家：瑞士

创立时间：1755 年

2. 品牌历史

在时间的浩瀚长河中，江诗丹顿如同一艘稳健航行的巨轮，穿越历史的波涛，经历了数个辉煌的发展阶段，以其精湛的制表技艺、不懈的创新追求和深厚的文化底蕴，铸就了钟表界的传奇篇章。

（1）初创奠基阶段（1755 年—19 世纪末）

1755 年，日内瓦的制表大师让-马克·瓦什隆创立了江诗丹顿，这标志着品牌辉煌历史的起点。在这个阶段，江诗丹顿以手工制作为核心，专注于生产高品质的时计作品。瓦什隆及其后继者们在传承传统制表技艺的同时，不断探索新的技术和设计理念，为品牌的发展奠定了坚实的基础。随着时间的推移，江诗丹顿逐渐赢得了市场的认可，成为日内瓦乃至全球钟表业的重要一员。

（2）技术创新与拓展阶段（20 世纪初期至 20 世纪中期）

进入 20 世纪，江诗丹顿迎来了技术创新与业务拓展的新阶段。品牌开始积极引入新材料、新技术和新设计理念，推动制表工艺的不断进步。在这一时期，江诗丹顿成功研发了多款具有划时代意义的复杂功能腕表，如万年历、陀飞轮等，这些作品不仅展现了品牌在技术创新方面的卓越实力，也进一步提升了江诗丹顿在全球钟表市场的地位。同时，品牌还积极拓展国际市场，将精湛的制表技艺和卓越的产品带到了世界各地。

（3）艺术融合与高端定位阶段（20 世纪中后期至今）

随着时代的变迁和消费者需求的多样化，江诗丹顿开始更加注重艺术与设计的融合，以及品牌的高端定位。品牌邀请了一批杰出的设计师和艺术家加入创作团队，共同探索钟表艺术的新境界。在这一阶段，江诗丹顿推出了众多设计独特、工艺精湛的艺术腕表作品，这些作品不仅具有卓越的性能和精准的计时功能，更蕴含着丰富的艺术内涵和深厚的文化底蕴。同时，品牌还通过举办各种艺术展览和文化活动，进一步提升了自身的影响力和知名度。如今，江诗丹顿已成为全球高端钟表市场的领军品牌之一，其卓越的品质、精湛的工艺和独特的艺术魅力赢得了全球钟表爱好者的青睐和尊敬。

3. 品牌特色

（1）精湛工艺

江诗丹顿精选上乘材料，如贵金属、珍贵宝石及高品质皮革，确保每一枚腕表的基础品质。坚持手工打磨、雕刻和组装，每一道工序都经过严格把关，展现古典匠艺的精髓。对每一个细微之处都进行精心处理，如表盘的纹理、指针的平衡、表壳的抛光等，体现微雕艺术的极致。制表技艺在家族和工匠之间世代相传，确保了品牌工艺的传承性和连续性。

（2）技术创新

拥有独立的研发部门，不断探索和研发新的制表技术和材料。品牌推出多款具备复杂功能的腕表，如陀飞轮、万年历、三问等，展现品牌在技术上的领先地位。致力于提高腕表的精准度，采用高精度机芯和先进的调校技术，确保每一枚腕表都能提供精准的计时体验。多项技术成果和创新设计成为行业内的标杆，引领着整个钟表行业的潮流和发展方向。

（3）艺术融合

结合现代审美与古典元素，设计出既具时尚感又不失文化底蕴的腕表作品。将品牌的历史故事和文化内涵融入设计中，每一枚腕表都承载着品牌的文化传承。与艺术家、设计师等跨界合作，推出限量版或特别版腕表，赋予作品独特的艺术价值和收藏价值。这些融合了艺术与技术的腕表作品，成为值得珍藏的艺术瑰宝，不仅具有实用价值，更具备深厚的艺术和文化价值。

4. 经典系列

（1）Overseas 纵横四海系列

作为江诗丹顿的运动表系列，Overseas 纵横四海系列全方位诠释了品牌的旅行精神。该系列腕表设计独特，结合了当代设计、技术性能与运动气息，是旅行者和探险家的理想选择（如图 6‑53）。其可替换表带、防磁功能和卓越的防水性能，确保了腕表在不同环境下的实用性和耐用性。

图 6‑53　Overseas 纵横四海系列

图 6-54 Historiques 历史名作系列

(2) Historiques 历史名作系列

此系列以现代方法重新演绎江诗丹顿历史上的经典款式,见证了品牌悠久的历史传统。此系列每一款腕表都是对品牌卓越技艺和创造力的致敬,它们融合了精密复杂的技术和大胆的美学设计,让佩戴者能够感受到品牌深厚的历史底蕴和独特的艺术魅力(如图 6-54)。

(3) Traditionnelle 传袭系列

Traditionnelle 传袭系列专注于传承品牌的经典制表技艺和美学理念。该系列腕表设计简约而不失高贵,每一枚都严格遵循日内瓦传统制表规范,展现了江诗丹顿对卓越品质和精湛工艺的不懈追求(如图 6-55)。这一系列腕表不仅是时间的记录者,更是品牌历史与文化的传承者。

图 6-55 Traditionnelle 传袭系列

图 6-56 Métiers d'Art 艺术大师系列

(4) Métiers d'Art 艺术大师系列

Métiers d'Art 艺术大师系列展现了江诗丹顿在微绘、雕刻、镶嵌等工艺上的非凡造诣。该系列腕表每一件都是独一无二的艺术品,设计师从艺术、历史与文化中汲取灵感,将制表与珠宝技艺完美融合(如图 6-56)。这些腕表不仅具有极高的观赏价值,更是收藏家们梦寐以求的珍品。

微课学习:江诗丹顿——与时间同行

（二）天梭

1. 品牌档案

中文名：天梭

外文名：TISSOT

创始人：查理-费里西安·天梭（Charles-Félicien Tissot）

国家：瑞士

创立时间：1853 年

2. 品牌历史

天梭，作为瑞士制表业的璀璨明珠，其品牌历史是一部融合了技术创新、设计美学与全球市场拓展的壮丽史诗。自 1853 年诞生以来，天梭经历了几个关键的发展阶段，每一步都深刻烙印着对精准计时的不懈追求与对卓越品质的坚定承诺。

（1）初创与奠基（1853 年—19 世纪末）

天梭的故事始于瑞士力洛克小镇，一个以精湛制表技艺闻名遐迩的地方。品牌创始人查理-费里西安·天梭凭借对钟表行业的敏锐洞察和满腔热情，创立了这家以"创新"为灵魂的企业。这一时期，天梭专注于机械表的研发与生产，通过引入先进的制造工艺和精密的计时技术，迅速在竞争激烈的市场中崭露头角。其生产的怀表因精准可靠而广受好评，为天梭日后的辉煌奠定了坚实的基础。

（2）技术创新与品牌扩张（20 世纪初—20 世纪中叶）

进入 20 世纪，天梭迎来了前所未有的发展机遇。随着科技的进步和消费者需求的多样化，天梭不断推陈出新，引领着制表行业的潮流。品牌在这一阶段积极投入研发，成功推出了多款具有里程碑意义的腕表作品，如首款防水腕表、自动上链腕表等，这些创新成果不仅巩固了天梭在高端制表领域的地位，也进一步提升了其市场影响力。同时，天梭开始积极拓展国际市场，将精湛的制表工艺和优雅的设计美学带给全球的钟表爱好者。

（3）全球化与多元化（20 世纪后半叶至今）

进入 20 世纪后半叶，天梭步入了全球化发展的快车道。品牌通过一系列战略性的市场布局和推广活动，成功将"天梭"这一名字镌刻在了全球消费者的心中。天梭不断丰富产品线，涵盖运动计时、经典正装、时尚配饰等多个领域，满足不同消费者的个性化需求。同时，品牌还注重与体育、文化等领域的跨界合作，通过赞助国际体育赛事、举办艺术展览等方式，提升品牌形象，传递品牌价值。如今，天梭已成为瑞士制表业中不可或缺的一员，其卓越的品质、精湛的工艺和不断创新的精神赢得了全球消费者的广泛赞誉。

3. 品牌特色

（1）技术创新，前瞻引领

天梭始终站在制表技术的最前沿，不断推动行业创新与发展。从经典机械表的精湛工艺到现代智能腕表的科技融合，天梭不断探索新技术、新材料的应用，引领着钟表行业的潮流趋势。因其前瞻性的技术理念和创新精神，天梭在全球范围内赢得了广泛的认可和赞誉。

(2) 品质卓越，经典传承

作为瑞士制表业的杰出代表，天梭始终将品质视为品牌的生命线。从选材到制作，从设计到检测，每一个环节都严格遵循高标准、严要求，确保每一枚天梭腕表都能达到卓越的品质水平。同时，天梭还注重传承瑞士制表业的悠久历史和精湛工艺，将经典元素与现代设计巧妙融合，打造出既具有历史底蕴又符合时代审美的腕表作品。

(3) 多元风格，满足需求

天梭深知消费者需求的多样性，因此不断丰富产品线，推出多种风格、多种功能的腕表系列。无论是商务正装、休闲运动还是时尚配饰，天梭都能提供多样化的选择，满足不同消费者的需求和喜好。此外，天梭还注重与国际知名品牌、艺术家及体育明星的合作，推出联名款、限量版等特色产品，为消费者带来更加独特的佩戴体验。这种多元化的品牌策略，使得天梭在全球市场上具有广泛的适应性和竞争力。

4. 经典系列

(1) 力洛克系列（Le Locle）

力洛克系列是天梭最具代表性的系列之一，以品牌发源地瑞士力洛克小镇命名。该系列手表以其简约大气的设计、精湛的制表工艺和卓越的性能而闻名。表盘设计简洁，常包含品牌标志性的"Le Locle"字样，彰显其瑞士血统和对传统工艺的传承（如图6-57）。力洛克系列多采用自动机械机芯，部分款式获得天文台认证，确保了精确的走时性能，适合钟情于传统机械表、追求经典美学的消费者。

图6-57 力洛克系列（自动表）

(2) 速驰系列（Quickster）

速驰系列以其时尚动感的外观和卓越的性能而受到年轻消费者的喜爱。该系列手表采用了运动风格的设计，配备了精确的计时功能和耐用的材料，让佩戴者在运动时展现出活力四射的精神状态（如图6-58）。速驰系列手表适合运动场合佩戴，展现出佩戴者的活力与激情，是追求时尚与运动相结合的消费者的理想选择。

图 6-58 速驰系列（腕表）

（3）魅时系列（Trend T-Classic）

魅时系列是天梭品牌下的以时尚简约风格为主导的腕表系列。该系列手表以简洁的表盘设计著称，表盘通常采用纯净的单色背景，搭配简洁的指针和时标，呈现出极简主义美学风格。魅时系列在细节处理上相当用心，表壳线条流畅，厚度适中，兼顾了佩戴的舒适度与观感的优雅。表带方面提供精钢表带、皮质表带等多种选择，适合追求时尚、崇尚简约生活方式的年轻消费者。

（4）小美人系列（Lady Heart Series）

小美人系列是天梭专为女性消费者打造的充满女性韵味和时尚感的腕表系列。该系列手表以其独特的设计、精巧的工艺以及对女性魅力的深刻理解而备受青睐。小美人系列手表的设计十分注重细节，表盘往往采用柔美的线条和优雅的元素，如心形镂空设计、镶嵌璀璨的钻石或施华洛世奇仿水晶等，充满了浪漫与梦幻的氛围（如图6-59）。表盘尺寸相较于男款手表更为小巧纤薄，更适合女性手腕的曲线，展现女性的柔美和婉约气质。

图 6-59 小美人系列（腕表）

微课学习：天梭——时间，随你掌控

（三）积家

1. 品牌档案

中文名：积家

外文名：Jaeger-LeCoultre

创始人：安东尼·勒考特（Antoine LeCoultre）

国家：瑞士

创立时间：1833 年

2. 品牌历史

积家，作为瑞士高级制表艺术的璀璨瑰宝，其品牌历史是一部跨越世纪、不断追求卓越与创新的辉煌篇章。自 1833 年由安东尼·勒考特在瑞士汝拉山谷的勒桑捷小镇创立以来，积家经历了几个关键的发展阶段，每一阶段都深刻体现了品牌对精湛工艺、技术创新以及美学设计的不懈追求。

（1）初创与奠基（1833 年—19 世纪末）

积家的故事始于一个对钟表制作充满热情与梦想的工匠——安东尼·勒考特。他凭借非凡的才华和不懈的努力，逐渐在钟表制造领域崭露头角。在这一阶段，积家专注于提升制表工艺，致力于开发高精度、高可靠性的机械机芯。通过不断的技术革新和工艺改进，积家成功推出了多款具有里程碑意义的作品，奠定了其在瑞士制表业中的坚实地位。这些早期的成就不仅展现了积家对制表技艺的深刻理解，更为品牌日后的辉煌发展奠定了坚实的基础。

（2）技术创新与全球拓展（20 世纪初—20 世纪中叶）

进入 20 世纪，积家迎来了更加辉煌的时期。随着科技的进步和全球市场的开放，积家积极拥抱变革，不断推动技术创新与产品升级。品牌在这一阶段推出了众多革命性的设计，如超薄机芯、复杂功能腕表等，这些创新成果不仅使积家赢得了业界的广泛赞誉，也进一步巩固了积家在高级制表领域的领先地位。同时，积家还积极拓展国际市场，将精湛的制表工艺和优雅的设计美学带给全球的钟表爱好者。通过一系列成功的市场推广和品牌建设活动，积家的品牌影响力不断扩大，成为全球公认的高级制表品牌之一。

（3）艺术跨界与卓越传承（20 世纪下半叶至今）

进入 20 世纪后半叶，积家不仅继续在技术创新的道路上稳步前行，更在品牌发展上迈出了新的步伐。这一阶段，积家积极探索与艺术界的跨界合作，通过赞助艺术展览、与文化名人共同创作等方式，将制表工艺与艺术美学深度融合。这种跨界合作不仅为积家带来了全新的设计灵感和创作元素，也进一步提升了品牌的文化内涵和艺术价值。同时，积家始终不忘对卓越制表传统的传承与发扬。品牌坚持使用高品质的材料和精湛的制表工艺，确保每一枚腕表都能达到最高的品质标准。此外，积家还注重培养新一代的制表人才，通过设立学院、举办培训班等方式，将制表技艺传授给下一代，确保积家的卓越传统能够得以延续。

3. 品牌特色

（1）美学典范

积家不仅注重保持精湛的制表技艺，更将艺术美学融入每一枚腕表的设计中。品牌与众多艺术领域的杰出人才合作，将绘画、雕塑、建筑等艺术元素融入腕表创作，打造出独具匠心的作品。这些腕表不仅具备精准的计时功能，更成为佩戴者彰显个性与品位的艺术品。积家以美学典范的姿态，展现了制表工艺与艺术美学的完美融合，这是其他腕表品牌难以企及的独特魅力。

（2）个性化定制

积家提供个性化定制服务，满足消费者对于独特性和专属性的需求。消费者可以根据自己的喜好和需求，选择表盘材质、颜色、功能等要素，定制出独一无二的腕表。这种个性化定制服务不仅体现了积家对消费者需求的深刻理解，也为消费者带来了更加尊贵和独特的佩戴体验，进一步彰显了积家品牌的独特魅力。

（3）创新引领

积家以卓越的技术实力和不懈的创新精神著称。在机芯制造、复杂功能开发等关键技术领域，积家始终走在行业前列，不断突破技术瓶颈，创造出一系列引领潮流的杰作。这种对技术的极致追求，使积家的腕表不仅具有卓越的计时性能，更成为制表工艺的典范，区别于众多以外观为主打的品牌。

4. 经典系列

（1）翻转系列（Reverso）

翻转系列自1931年诞生以来，便以其独特的可翻转表壳设计而闻名于世（如图6-60）。这一设计最初是为了满足马球运动员在激烈比赛中保护表面的需求，如今已成为积家最具辨识度的标志之一。翻转系列不仅承载着历史的厚重感，更将精湛的工艺与时尚的设计完美融合，展现出积家品牌的独特魅力。

（2）超薄大师系列（Master Ultra Thin）

超薄大师系列代表了积家在超薄制表领域的卓越成就。这一系列腕表以其极致纤薄的表壳和精湛的制表工艺而著称，每一枚腕表都是对"少即是多"设计理念的完美诠释（如图6-61）。超薄大师系列不仅展现了积家对制表技艺的极致追求，更为佩戴者带来了前所未有的舒适佩戴体验。

图 6-60 翻转系列（腕表）

图 6-61 超薄大师系列（腕表）

（3）大师系列（Master Control）

大师系列以其卓越的技术性能和精准可靠的计时功能而广受赞誉。该系列腕表采用了积家自主研发的机芯，并经过严格的测试和质量控制，确保了每一枚腕表的精准度和可靠性（如图 6-62）。大师系列不仅代表了积家制表工艺的最高水平，更为消费者提供了值得信赖的计时工具。

（4）双翼系列（Duometre）

双翼系列是积家创新精神的核心体现。这一系列腕表采用了独特的双翼双擒纵机构设计，使得两个独立的机械装置能够由同一调校机制控制，从而实现了更高的精准度和稳定性。双翼系列不仅展现了积家在制表复杂功能领域的深厚底蕴，更为消费者带来了前所未有的视觉和佩戴体验。

图 6-62　大师系列（腕表）

课程动画：如何辨别腕表的种类？

任务四　电子产品与美容仪器

一、电子产品类免税品概述

海南离岛免税店提供丰富多样的电子产品及设备，涵盖多个品类和品牌，以满足不同消费者的需求。这些产品主要包括但不限于：

1. 手机：既有国产品牌也有国外知名品牌，如苹果、三星、华为、小米等。这些手机在免税店内享受免税优惠，价格通常比官网或市场售价更为优惠。

2. 平板电脑：包括 iPad、华为 MatePad、三星 Galaxy Tab 等多种品牌和型号，为消费者提供多样化的选择。

3. 相机及摄影设备：从入门级到专业级，各种类型和品牌的相机及配件应有尽有，如佳能、尼康、索尼等品牌的单反相机、无反相机以及便携式相机。

4. 数码产品：包括耳机、音箱、智能手表、智能手环等，这些产品不仅具备实用性，还兼具时尚元素，深受消费者喜爱。

二、电子产品类免税品主要品牌及特点

（一）苹果

1. 品牌档案

中文名：苹果

外文名：Apple

创始人：史蒂夫·乔布斯（Steve Jobs）

国家：美国

创立时间：1976 年

2. 品牌历史

苹果公司（Apple Inc.）作为全球知名的电子产品公司，其发展历程充满了创新与变革。自 1976 年由史蒂夫·乔布斯、斯蒂夫·沃兹尼亚克和罗纳德·韦恩共同创立以来，苹果便致力于推动科技与设计的融合，引领消费电子产品的潮流。

（1）初创与早期发展时期（1976—1985 年）

1976 年，苹果公司由史蒂夫·乔布斯、斯蒂夫·沃兹尼亚克和罗纳德·韦恩在美国加州库比蒂诺的车库中共同创立。初创阶段的苹果公司以推出 Apple Ⅰ 个人电脑为起点，虽然销量有限，但为后续的 Apple Ⅱ 奠定了基础。Apple Ⅱ 的发布标志着苹果公司进入个人电脑主流市场，其创新的设计和友好的用户界面赢得了市场的广泛赞誉，推动了个人电脑行业的快速发展。然而，随着公司的成长，内部管理和权力斗争逐渐浮现，乔布斯在 1985 年因内部矛盾被迫离开苹果公司。

（2）复兴与变革时期（1985—1997 年）

乔布斯离开后，苹果公司经历了短暂的动荡期，市场份额和利润均有所下滑。但在此期间，苹果仍努力推出了一系列新产品，如 Macintosh 电脑，这是世界上第一台采用图形用户界面的个人电脑，具有划时代的意义。然而，由于市场竞争激烈和内部管理问题，苹果未能充分利用 Macintosh 的潜力。直到 1997 年，乔布斯重返苹果担任临时 CEO，他通过精简产品线、加强研发和市场推广，成功带领苹果走出低谷，为后续的复兴奠定了基础。

（3）数字化战略与移动革命时期（1997—2010 年）

进入 21 世纪后，苹果公司迎来了数字化战略与移动革命的关键时期。乔布斯提出了"非同凡想（Think Different）"的广告语，鼓励创新思维和差异化竞争。在这一时期，苹果推出了 iPod 便携式音乐播放器，彻底改变了人们获取和聆听音乐的方式，引领了数字音乐革命。随后，苹果在 2007 年推出了 iPhone 智能手机，这款手机不仅拥有创新的触摸屏技术和强大的功能，还通过应用商店（App Store）为开发者提供了广阔的舞台，推动了移动应用生态的繁荣。iPhone 的成功使苹果在智能手机市场占据了主导地位，并推动了整个行业的变革。

(4) 全球扩张与多元化发展时期（2010年至今）

随着iPhone的成功，苹果公司开始加速全球扩张和多元化发展。除了继续巩固和拓展智能手机市场外，苹果还推出了iPad平板电脑、Apple Watch智能手表、Apple TV等新产品线，进一步丰富了其产品组合。同时，苹果还加强了在线服务和软件开发的投入，如Apple Music、Apple TV＋等流媒体服务，为用户提供了更加全面的数字生活体验。在全球市场上，苹果凭借其卓越的产品设计、强大的品牌影响力和完善的销售渠道，赢得了全球消费者的喜爱和追捧。

3. 品牌特色

（1）持续创新的技术先锋

苹果一直以其强大的研发能力和前瞻性的技术创新而著称。从iPod颠覆音乐产业，到iPhone重新定义智能手机，再到Apple Watch引领智能可穿戴设备潮流，苹果不断推出具有划时代意义的产品，引领着科技行业的发展方向。苹果的技术创新不仅体现在硬件上，还包括其独特的iOS操作系统和丰富的应用软件生态，为用户带来前所未有的便捷体验。

（2）卓越的产品品质与设计美学

苹果对产品的品质和设计有着极高的追求。从选材到制造工艺，苹果都力求做到尽善尽美，确保每一款产品都能达到顶级水准。同时，苹果的设计团队以其独特的审美眼光和精湛的设计技巧，打造出一系列具有极高辨识度和美感的产品。苹果的产品不仅功能强大，而且外观时尚、简约，符合现代人的审美需求，赢得了广泛的赞誉和喜爱。

（3）构建紧密集成的生态系统

苹果通过构建以iCloud为核心，涵盖硬件、软件和服务的紧密集成生态系统，为用户提供了无缝、便捷的使用体验。在这个生态系统中，苹果的各种产品可以相互协作、共享数据，实现跨设备、跨平台的无缝连接。同时，苹果还通过严格的审核和管理机制来确保生态系统内的应用和服务质量，保障用户的权益和安全。这种紧密集成的生态系统不仅提升了用户体验，还增强了用户对苹果品牌的忠诚度和依赖度。

4. 经典系列

（1）iPhone系列

iPhone系列是苹果公司最为人熟知的产品线之一。自2007年发布第一款iPhone以来，该系列一直引领着智能手机行业的潮流。iPhone不仅拥有卓越的性能和出色的用户体验，还以其独特的设计和创新的功能赢得了全球消费者的喜爱（如图6-63）。

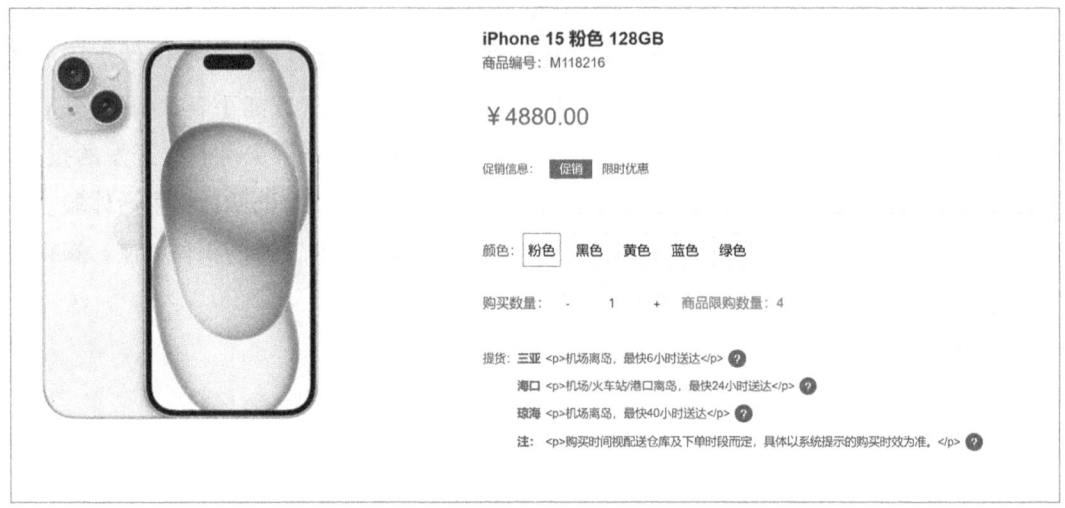

图 6-63 iPhone 系列

（2）iPad 系列

iPad 系列是苹果公司的另一款重要产品线，它填补了智能手机和笔记本电脑之间的市场空白，为用户提供了更加便捷和灵活的移动计算体验。iPad 不仅拥有出色的性能和丰富的应用生态，还具备出色的触控体验和便携性（如图 6-64）。

图 6-64 iPad 系列

（3）MacBook 系列

MacBook 系列是苹果公司的笔记本电脑产品线，以其独特的设计、卓越的性能和出色的用户体验而闻名。MacBook 不仅拥有轻薄的机身和精美的外观，还具备出色的性能和续航能力（如图 6-65）。

图 6-65 MacBook 系列

（二）华为

1. 品牌档案

中文名：华为

外文名：HUAWEI

创始人：任正非

国家：中国

创立时间：1987 年

2. 品牌历史

（1）初创与通信技术积累时期（1987—1999 年）

华为技术有限公司于 1987 年由任正非在中国深圳创立，初期主要聚焦于通信设备的研发与销售。华为凭借其敏锐的市场洞察力和不懈的技术创新，逐步在国内通信设备市场站稳脚跟。通过自主研发以及与国际领先企业的合作，华为在这一阶段积累了深厚的通信技术基础，为后续的电子产品发展奠定了坚实的技术基础。

（2）全球化拓展与多元化发展时期（2000—2010 年）

进入 21 世纪后，华为开始加速全球化布局，积极拓展海外市场。通过在全球各地设立研发中心和分支机构，华为不仅提升了其国际影响力，还实现了技术、产品和市场的多元化发展。在这一阶段，华为不仅继续深耕通信设备领域，还开始涉足消费电子产品市场，推出了多款智能手机、平板电脑等电子产品。这些产品的推出，使华为逐步在全球市场上建立了自己的品牌形象。

（3）技术创新与高端市场突破时期（2011—2020 年）

随着技术的不断进步和市场的不断变化，华为在这一阶段加大了对技术创新的投入力度，致力于在高端市场实现突破。通过自主研发和与全球顶尖科研机构合作，华为在 5G、人工智能、物联网等前沿技术领域取得了重大突破,并成功将这些技术应用于其电子产品中。特别是在智能手机领域,华为凭借其出色的硬件性能、创新的软件生态以及独特的品牌魅力,成功打破了国际巨头的垄断地位,在全球高端市场占据了一席之地。此外,华为还推出了多款平板电脑、笔记本电脑等电子产品,进一步丰富了其产品组合并扩大了市场份额。

(4) 应对挑战与持续创新时期(2020年至今)

近年来,华为面临着来自国际政治、经济和技术等多方面的挑战。然而,面对这些挑战,华为并未退缩,而是选择迎难而上。通过持续加大研发投入、优化供应链管理以及加强与全球合作伙伴的合作等方式,华为不断提升自身的竞争力和抗风险能力。同时,华为还积极探索新的增长点和发展方向,如云计算、智能家居等领域,以应对市场变化和技术发展趋势。在这一阶段,华为继续坚持技术创新和品质至上的原则,为全球消费者提供更多优质、智能和便捷的电子产品体验。

3. 品牌特色

(1) 技术创新与领先地位

华为在技术创新方面一直走在行业前列,持续投入大量资源进行研发,不断推出具有颠覆性和前瞻性的技术产品。这种技术创新不仅体现在硬件设备的性能提升上,也涵盖了软件生态、人工智能(AI)算法等多个领域。

(2) 高品质与耐用性

华为对产品的质量有着极高的要求,从原材料采购到生产制造,再到质量检测,每一个环节都严格把控,确保每一款电子产品都能达到高品质标准。

(3) 多样化的产品线与用户需求导向

华为拥有多样化的产品线,覆盖了智能手机、平板电脑、个人电脑、可穿戴设备等多个领域,满足不同用户群体的多样化需求。同时,华为始终坚持用户需求导向的产品设计理念,不断优化产品功能和用户体验。

4. 经典系列

(1) Mate 系列

Mate 系列是华为的高端旗舰系列,以卓越的性能、出色的拍照能力和商务风格的设计而著称。该系列通常搭载华为最新的处理器和高端硬件配置,为用户提供极致的使用体验(如图 6-66)。

(2) P 系列

P 系列是华为主打时尚和拍照功能的系列,因精美的外观设计和卓越的拍照能力而受到用户的喜爱。该系列通常也搭载华为的高端处理器和硬件配置,但相比 Mate 系列更注重拍照和外观设计(如图 6-67)。

图 6-66　华为 Mate 系列

图 6-67　华为 P 系列

（3）nova 系列

nova 系列是华为面向年轻用户的中端系列，以时尚的外观设计和出色的拍照能力为特点。该系列手机价格相对亲民，但性能配置和拍照能力都相当不错，深受年轻用户的喜爱。

图 6-68　华为 nova 系列

项目六　海南离岛免税商品分类与特点 / 159

（三）博士

1. 品牌档案

中文名：博士

外文名：Bose

创始人：阿玛尔·博士（Amar G. Bose）

国家：美国

创立时间：1964 年

2. 品牌历史

（1）初创与声学技术奠基时期（1964 年—20 世纪 80 年代初）

Bose 公司由 Amar G. Bose 于 1964 年在美国麻省理工学院的一间地下室中创立，标志着 Bose 品牌的诞生。在这一初创阶段，Amar G. Bose 凭借其深厚的物理学与电子工程学背景，致力于将理论研究转化为实际应用，特别是他在声学领域取得了突破性进展。他发明的直接/反射式扬声器系统，不仅颠覆了传统音响的设计理念，还极大地提升了音质体验，为 Bose 品牌奠定了坚实的技术基础。这一时期，Bose 逐渐在音响市场崭露头角，赢得了专业音频领域的初步认可。

（2）市场拓展与技术创新并进时期（20 世纪 80 年代中期—90 年代末）

随着技术的不断积累和市场的逐步拓展，Bose 在这一阶段进入了快速发展期。公司不仅继续深化在音响领域的研发，还积极拓展产品线，覆盖了家庭音响、汽车音响、专业音响等多个领域。Bose 的噪音消除技术在这一时期取得了重大突破，并成功应用于航空耳机中，极大地改善了乘客的飞行体验。此外，Bose 还注重市场营销和品牌建设，通过赞助国际体育赛事、音乐会等活动，提升了品牌知名度和美誉度。这一时期，Bose 在全球范围内建立了广泛的销售网络和服务体系，为品牌的持续发展奠定了坚实的基础。

（3）多元化发展与智能化转型时期（2000 年至今）

进入 21 世纪后，Bose 紧跟时代步伐，加速了多元化发展和智能化转型的步伐。公司不仅继续巩固在音响领域的领先地位，还积极涉足无线音频、智能家居等新兴领域。Bose 的蓝牙音箱、智能耳机等产品凭借其出色的音质、便捷的操作和时尚的外观设计，赢得了消费者的广泛好评。同时，Bose 还加大了对智能音频技术的研发投入，通过集成 AI 算法和物联网技术，为用户提供更加个性化、智能化的音频体验。

3. 品牌特色

（1）卓越的音质与技术创新

Bose 电子产品以其卓越的音质和持续的技术创新而闻名于世。公司自成立以来，始终致力于音频技术的研发与创新，不断推出引领行业潮流的音频产品。

（2）广泛的应用领域与专业性

Bose 电子产品不仅广泛应用于家庭娱乐、个人音频等领域，还成功进入了专业音响、汽车音响等高端市场，展现了其产品的专业性和广泛应用性。

(3) 用户体验与品牌服务

Bose 注重用户体验和品牌服务，通过提供优质的产品、便捷的购买渠道和完善的售后服务，赢得了用户的信任和忠诚。

4. 经典系列

(1) QuietComfort 降噪耳机系列

QuietComfort（简称 QC）系列是 Bose 最具代表性的降噪耳机系列，其以出色的降噪效果和舒适的佩戴体验而闻名。该系列涵盖了头戴式耳机和真无线入耳式耳机，满足不同用户的需求（如图 6-69）。

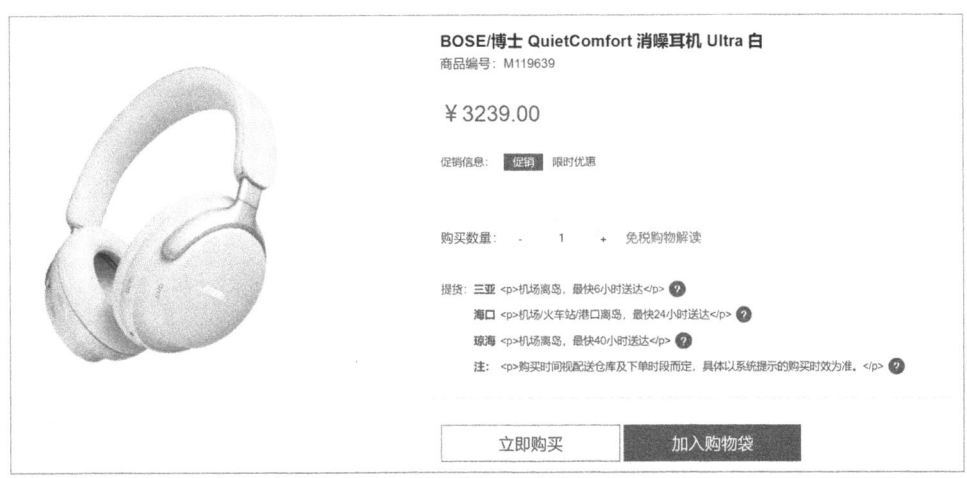

图 6-69　QuietComfort 降噪耳机系列

(2) SoundLink 蓝牙音箱系列

SoundLink 系列是 Bose 的蓝牙音箱系列，以其出色的音质、便携的设计和长久的续航能力而得到用户的青睐。该系列音箱适用于家庭、户外等多种场合，为用户带来便捷的音乐享受（如图 6-70）。

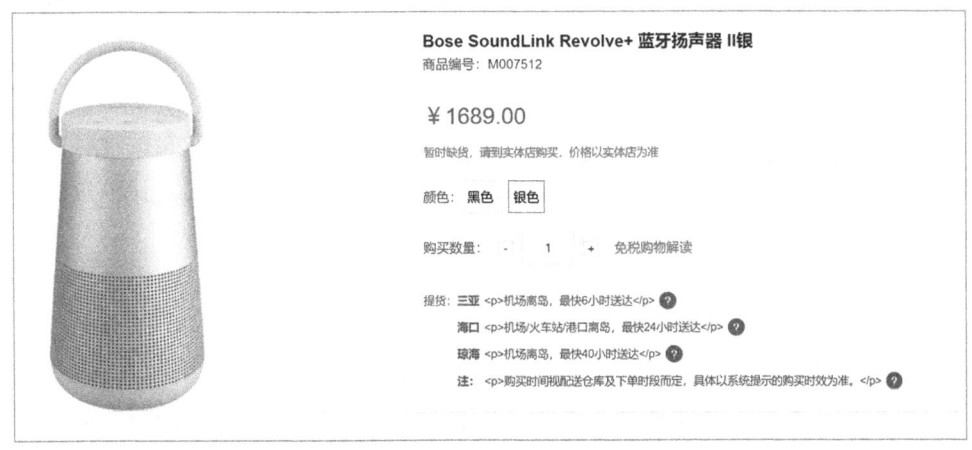

图 6-70　SoundLink 蓝牙音箱系列

（3）Soundbar 回音壁系列

Soundbar 回音壁系列是 Bose 为家庭影院打造的音频解决方案。该系列产品以其简洁的设计、卓越的音质和便捷的连接方式而受到用户的欢迎。它们能够为用户提供沉浸式的音效体验，让家庭影院效果更加出色（如图 6-71）。

图 6-71　Soundbar 回音壁系列

三、美容仪器类免税品概述

海南免税市场中的美容仪器类免税品以其高科技含量、卓越性能及免税优惠为显著特点，吸引了国内外众多消费者。这些产品涵盖了从基础皮肤清洁、深层护理到高端抗衰老、紧致提升等多个领域，满足了不同年龄段、不同肤质消费者的多样化需求。

在技术上，海南免税市场中的美容仪器多采用最新的科技成果，如射频、微电流、光疗等，这些技术能够深入肌肤底层，有效解决肌肤问题，促进肌肤新陈代谢，实现由内而外的美丽蜕变。同时，这些仪器还注重操作的便捷性和安全性，让消费者能够轻松上手，享受安全高效的护肤过程。

在品质上，海南免税市场中的美容仪器类免税品坚持高标准、严要求，确保每一件产品都符合国际质量标准。品牌方通过严格的质量控制和检测流程，确保产品的稳定性和耐用性，让消费者买得放心、用得舒心。

此外，海南免税市场中的美容仪器类免税品还充分利用离岛免税政策的优势，为消费者提供更为实惠的价格。相比国内其他渠道，免税品的价格更具竞争力，让消费者在享受高品质产品的同时，也能感受到实实在在的优惠。

随着海南自由贸易港建设的不断深入和离岛免税政策的持续优化，海南美容仪器类免税品市场将迎来更加广阔的发展空间。未来，该市场将继续引进更多国际知名品牌和先进科技产品，丰富产品种类和选择范围；同时，也将加强与本土产业的融合与互动，推动美容仪器产业的创新发展。这些努力将进一步提升海南美容仪器类免税品的市场竞争力和品牌影响力，为消费者带来更加优质、便捷、高效的购物体验。

四、美容仪器类免税品主要品牌及特点

（一）宙斯

1. 品牌档案

中文名：宙斯

外文名：Dr. Arrivo

创始人：近藤英树

国家：日本

创立时间：2010 年

2. 品牌历史

（1）初期萌芽阶段（2010 年左右）

在 2010 年左右，随着全球科技的加速发展，美容行业也迎来了科技变革的浪潮。在这一时期，宙斯品牌应运而生，它诞生于一个对科技与美容结合充满期待的时代。初期，宙斯品牌便专注于美容仪器的研发与创新，致力于将最新的科技成果应用于美容护肤领域，旨在为追求高品质生活的消费者带来前所未有的美容体验。

（2）快速发展阶段（2015—2019 年）

进入 2015 年后，宙斯品牌凭借其独特的技术优势和卓越的产品品质，在美容仪器市场中迅速崛起。在这一阶段，宙斯品牌不仅持续推出多款具有创新性的美容仪器，如融合了微电流、射频等多种高科技技术的产品，还积极拓展市场渠道，与全球多个国家和地区的合作伙伴建立了稳定的合作关系。随着品牌知名度的不断提升，宙斯逐渐在美容仪器领域占据了重要地位。

（3）技术创新与突破阶段（2020 年至今）

自 2020 年以来，宙斯品牌继续加大在技术研发和创新方面的投入，不断追求自我超越，引领行业发展趋势。品牌团队紧跟科技前沿，将人工智能、大数据等先进技术融入美容仪器的研发中，推出了更加智能化、个性化的美容解决方案。同时，宙斯还注重提升用户体验，通过优化产品设计、完善售后服务体系等方式，赢得了广大消费者的青睐。在这一阶段，宙斯品牌不仅巩固了其在美容仪器市场的领先地位，还进一步丰富了产品线，满足了更多消费者的多元化需求。

3. 品牌特色

（1）科技创新引领美容潮流

宙斯品牌自成立以来，始终将科技创新作为发展的核心驱动力。品牌不断引入并优化最新的美容科技，如微电流技术、射频能量、LED 彩光技术等，为消费者提供高效、安全、便捷的美容解决方案。这些技术的应用，不仅提升了美容效果，还使美容过程更加舒适并令人享受。

(2) 产品多样性与全面护理

宙斯品牌产品线丰富，涵盖了多种美容仪器和配套产品，能够满足不同消费者的多样化需求。其产品不仅适用于面部护理，还拓展到眼部、颈部乃至身体护理，实现了全面而细致的美容护理方案。产品的多样性不仅提升了品牌的竞争力，也为消费者提供了更多选择和便利。

(3) 高品质与卓越用户体验

宙斯品牌注重产品品质和用户体验的提升。品牌采用优质的材料和先进的制造工艺，确保产品的耐用性和安全性。同时，品牌还不断优化产品设计和使用体验，使产品更加易于操作和使用。这种对品质和用户体验的极致追求，赢得了消费者的广泛好评和信赖。

4. 经典系列

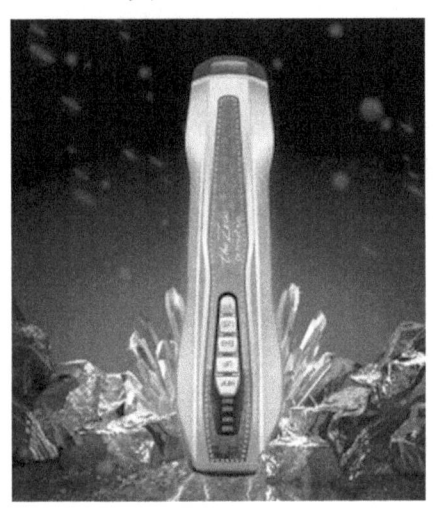

图 6-72 宙斯五代美容仪

宙斯五代美容仪系列产品（如图 6-72），特点如下：

(1) 高端定位

宙斯五代美容仪被视为市面上顶级的美容仪器之一，以其卓越的功效和先进的技术赢得了消费者的广泛好评。

(2) 多功能模式

该系列美容仪集成了多种功能模式，如射频能量、微电流、LED 彩光等，能够针对肌肤的不同需求进行全面护理。

(3) 高效护肤

宙斯五代美容仪能够深入肌肤深层，促进细胞循环，唤醒肌肤活力，实现提拉紧致、淡化皱纹、美白提亮等多重功效。

（二）黎珐

1. 品牌档案

中文名：黎珐

外文名：ReFa

创始人：爱姆缇姬

国家：日本

创立时间：2009 年

2. 品牌历史

(1) 品牌初创与奠基（2009 年）

黎珐品牌于 2009 年正式诞生，隶属于日本知名健康美容产品公司 MTG。在品牌初创阶段，ReFa 便确立了以科技创新为驱动，专注于研发高效、便捷的美容按摩仪器的战略方向。这一时期，ReFa 通过深入的市场调研和技术积累，为后续的快速发展奠定了坚实的基础。

(2) 产品突破与市场拓展 (2010—2015 年)

进入第二个发展阶段，ReFa 品牌迎来了产品创新的爆发期。在此期间，ReFa 成功推出了多款具有里程碑意义的美容按摩仪，如经典的 ReFa CARAT 滚轮美容仪，凭借其独特的微电流技术和人性化的设计，迅速赢得了市场的青睐。随着产品线的不断丰富，ReFa 开始积极拓展国际市场，品牌影响力逐渐增强。

(3) 技术创新与全球影响力提升 (2016—2020 年)

随着科技的不断进步，ReFa 品牌也加大了在技术研发上的投入。这一阶段，ReFa 不仅持续优化现有产品，还积极探索新技术、新材料的应用，推出了更多创新性的美容产品。同时，ReFa 通过全球化营销策略，进一步提升了品牌在全球范围内的知名度和影响力，成为国际美容市场上的知名品牌。

(4) 持续创新与未来发展 (2021 年至今)

面对快速变化的市场环境和不断升级的消费者需求，ReFa 品牌始终保持敏锐的洞察力，持续进行产品创新和品牌升级。品牌不仅关注美容科技的最新动态，还致力于将环保、可持续发展等理念融入产品设计和生产中。未来，ReFa 将继续秉承"科技引领美丽"的品牌理念，不断探索和突破，为全球消费者带来更加优质、高效、安全的美容解决方案。

3. 品牌特色

(1) 独特的微电流技术与创新设计

ReFa 品牌以其独特的微电流技术为核心竞争力，这一技术通过模拟人体自然电流，有效促进肌肤的血液循环和胶原蛋白生成，从而提升肌肤的紧致度和光泽度。同时，ReFa 产品在设计上注重创新与人性化，如流线型外观、符合人体工学的握柄设计以及防水功能等，使得用户在使用过程中能够享受到舒适、自然的护理体验。

(2) 广泛的产品线与多样化的护理选择

ReFa 品牌不仅专注于美容按摩仪的研发，还不断拓展产品线，覆盖了从面部到身体的多个护理领域。这种广泛的产品线设计，使得消费者可以根据自己的需求选择适合的产品，享受多样化的护理体验。例如，ReFa 不仅推出了多款美容滚轮仪，还有针对头皮护理、发丝柔顺等产品，如 ReFa 心形梳和智美迹吹风机。

(3) 高品质与良好的用户口碑

ReFa 品牌始终坚持高品质的产品标准，选用优质材料，采用精良的制造工艺，确保产品的耐用性和安全性。同时，ReFa 品牌注重用户体验和服务支持，通过完善的售后服务体系，赢得了广大消费者的信赖和好评。这种高品质和良好的用户口碑，使得 ReFa 品牌在竞争激烈的市场中脱颖而出。

4. 经典系列

(1) ReFa CARAT 系列

经典滚轮设计：ReFa CARAT 系列以其经典的滚轮设计著称，通过两颗滚轮的揉捏按摩法，为肌肤带来舒适的保养感受（如图 6-73）。这种设计不仅适用于脸部，还适合身体及脸部重点部位使用，满足不同消费者的需求。

微电流技术：该系列美容仪利用微电流技术，模拟人体自然电流，促进肌肤的血液循环和胶原蛋白生成，从而改善肌肤的紧致度和光泽度。

防水功能：ReFa CARAT 系列美容仪具备防水功能，可以在沐浴时使用，增加了使用的便捷性。

图 6-73　黎珐滚轮美容仪

（2）ReFa AURA 系列

专业手技体验：ReFa AURA 系列美容仪致力于让消费者在家就能体验到专业美容师的手技。该系列中包含了多种款式，如让滚轮化为专业美容师双手的 ReFa PRO 等。

多样化选择：消费者可以根据自己的需求和喜好，选择适合自己的款式进行使用。

高效护肤：通过专业的手技模拟和微电流技术，ReFa AURA 系列美容仪能够有效促进肌肤的血液循环和新陈代谢，改善肌肤状态。

任务五　母婴食品与保健品

一、母婴食品与保健品类免税品概述

海南免税政策下的母婴食品类免税品种类繁多，包括但不限于以下几大类：

1. 婴幼儿配方奶粉：作为母婴食品中的核心产品，婴幼儿配方奶粉在海南免税政策中占据重要地位。游客可以在指定的免税店购买到来自全球各地的优质婴幼儿配方奶粉，享受免税优惠。

2. 婴幼儿辅食：随着婴幼儿成长的需求，辅食成为重要的补充食品。在海南免税店，游客可以找到各种品牌、各种口味的婴幼儿辅食，满足宝宝不同阶段的营养需求。

海南母婴食品类免税品以其丰富的种类、优惠的价格和便捷的购物流程吸引了大量游客前来购买。无论是为宝宝选购配方奶粉、辅食还是保健食品和日用品，海南免税店都能满足游客的需求。在享受免税优惠的同时，游客也需要注意购物限制和商品质量安全问题。

海南免税店的保健品类免税品涵盖了多个领域，包括但不限于维生素及矿物质补充剂、膳食纤维、鱼油及 Omega-3 产品、抗氧化剂、草本及传统保健品、美容养颜产品以及针对特定健康需求的保健品（如增强免疫力、改善睡眠、促进消化等）。这些产品来自全球知名品牌，品质有保障，且价格相较于国内市场更具竞争力。

海南免税店对保健品类免税品的质量监管非常严格。所有上架的保健品均需通过国家相关部门的检验检疫，确保产品符合安全、卫生、质量等标准。同时，免税店还会要求供应商提供产品的中文标签、产品认证、卫生许可等必要文件，以保障消费者的合法权益。

二、母婴食品与保健品类免税品主要品牌及特点

（一）高培

1. 品牌档案

中文名：高培

外文名：GoldMax

创始人：伍苏国

国家：新西兰

创立时间：2007 年

2. 品牌历史

（1）创立与初步发展（2007—2011 年）

高培奶粉品牌于 2007 年在新西兰创立，以"超越品质，孕育非凡"为品牌理念，致力于提供高品质的婴幼儿配方奶粉。这一时期，高培专注于产品研发和品质控制，与新西兰恒天然集团等知名企业合作，甄选经新西兰 AsureQuality 溯源认证的优质奶源，确保产品的天然与健康。通过不懈努力，高培逐渐在新西兰市场崭露头角，为后续的国际市场拓展奠定了坚实基础。

（2）收购与中国市场拓展（2012—2015 年）

2012 年，高培被中国海南国健集团收购，成为海南总部经济企业的一员。这一战略举措标志着高培正式进入中国市场，开启了品牌发展的新篇章。在中国市场，高培依托国健集团的资源优势和品牌影响力，迅速铺开销售网络，覆盖全国各大母婴门店。同时，高培继续加大在产品研发和品质控制上的投入，确保产品符合中国市场的需求和标准。

（3）国际化战略与自贸港机遇（2015—2020 年）

自 2015 年起，高培品牌不仅在国内市场取得了显著成绩，还积极拓展国际市场。高培奶粉进入新西兰和中国免税店同步销售，进一步提升了品牌的国际知名度和影响力。同

时，高培紧跟海南自贸港建设步伐，充分利用自贸港的政策优势和资源优势，打造国际消费精品新名片。高培在海南自贸港完成了"一展二店"的高端布局，并通过"工厂直供"和"天网、地网、人网"立体发展模式，高效稳健地推动品牌发展。

（4）草饲奶粉品类的创新与引领（2020年至今）

自2017年起，高培敏锐洞察到消费者对奶源品质的关注和对健康营养产品需求的升级，开始关注并布局草饲奶粉品类。经过深入研究和精心准备，高培于2020年在国内率先推出草饲奶粉品类，并持续在该领域发力。高培草饲奶粉由新西兰恒天然集团全产业链管控生产，甄选新西兰南纬34～47度黄金奶源带的新鲜草饲奶源，确保了产品的天然、健康与营养。

在这一阶段，高培不仅推出了针对婴幼儿的草饲奶粉产品，还逐步扩展到针对学生、中老年等多个年龄段的奶粉产品，形成了0～100岁的草饲奶粉产品矩阵。高培草饲奶粉凭借其高品质和独特卖点，在市场上获得了广泛认可和好评，蝉联免税奶粉品类销量第一。

3. 品牌特色

（1）优质奶源与科学配比

高培坚持选用全球顶级奶源，如新西兰南纬34～47度黄金奶源带的新鲜草饲奶源，并通过与新西兰恒天然集团等知名企业合作，确保奶源的纯净与优质。在配方上，高培奶粉注重科学配比，如高培臻爱奶粉采用双专利水解工艺配方，DHA与ARA配比为1∶2，亚油酸与α-亚麻酸配比约为10∶1，有助于促进宝宝的大脑神经及视网膜健康发育。

（2）创新研发与专利技术

高培致力于婴幼儿食品的研发与生产，不断推出创新产品。例如，高培迪唯恩奶粉采用专利CPP活性因子，结合全植物油配方，利用国际先进的蛋白分离技术，使蛋白、脂肪更接近母乳结构，有助于宝宝消化吸收。同时，高培还与新西兰奥克兰大学等百年学府合作，共同研发高培系列高端孕婴童食品，并将研究成果应用于产品中。

（3）严格品质控制与国际化战略

高培始终将品质控制放在首位，从奶源选择、生产加工到成品检验，均执行严格的质量控制标准。高培不仅通过了国家相关部门的检验检疫，还获得了多项国际认证和奖项。此外，高培还积极实施国际化战略，产品远销国内外多个市场，并在新西兰和中国免税店同步销售，赢得了广泛的市场认可和好评。

4. 经典系列

（1）高培臻爱系列（如图6-74）

奶源优质：臻爱系列奶粉选用新西兰南纬34～47度黄金奶源带的新鲜草饲奶源，确保奶源的纯净与高品质。

科学配比：采用双专利水解工艺配方，DHA与ARA配比为1∶2，亚油酸与α-亚麻酸配比约为10∶1，有助于促进宝宝的大脑神经及视网膜健康发育。

易于吸收：特别添加益生元（GOS＋FOS），促进肠道营养吸收，减少上火、便秘症状的出现。

无添加：不添加蔗糖、香精、麦芽糊精等可能对宝宝成长有害的添加剂，保障宝宝健康成长。

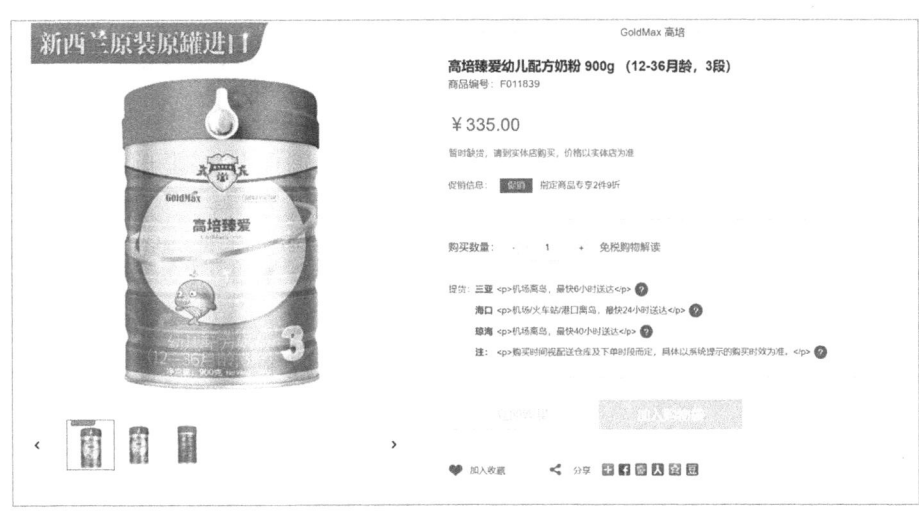

图 6-74 高培臻爱系列

（2）高培迪唯恩系列

专利水解乳清蛋白：采用高培专利乳清蛋白水解工艺（发明专利号：ZL200910309543.0），将大分子蛋白水解成小分子，降低宝宝对蛋白的致敏性，更易被宝宝肠胃吸收。

核心营养组合：汇聚专利水解乳清蛋白（HWP）＋乳铁蛋白（LF）＋结构脂（OPO）三大核心营养，全面满足宝宝成长所需。

科学配比：乳铁蛋白含量达到 100 毫克/100 克，帮助宝宝建立自身保护屏障；二位棕榈酸比例达到 40%，贴近宝宝营养需求，有助于脂肪和钙质的吸收。

营养全面：由"6＋1"黄金组合构成 7 种营养素，添加 DHA、ARA、胆碱、牛磺酸等多种营养素，促进宝宝全面发育。

（3）高培一百系列

草饲奶源：选用新西兰草饲奶源，确保奶源的天然与纯净。

营养全面：针对不同年龄段的需求，提供儿童和学生奶粉，富含乳脂球膜、DHA、乳铁蛋白等多种营养成分，助力孩子健康成长。

独立包装：部分产品采用独立条装设计，方便携带和保存，适合快节奏生活的家庭。

（二）康麦斯

1. 品牌档案

中文名：康麦斯

外文名：K-Max

创始人：叶康松

国家：美国

创立时间：1991 年

2. 品牌历史

（1）品牌起源与初步发展（1991—1996 年）

1991 年，康麦斯在美国洛杉矶诞生，迅速在营养保健食品领域站稳脚跟。通过严格的品质控制和积极的国际市场拓展，康麦斯不仅在美国本土建立了良好的市场基础，还成功将产品出口到多个国家和地区，为后续的全球化发展奠定了坚实的基础。

（2）进入中国市场与快速发展（1997—2009 年）

自 1997 年进入中国市场以来，康麦斯迅速扩大销售网络，成为中国消费者信赖的进口营养保健品牌。通过丰富的产品系列、广泛的销售终端以及不断积累的品牌荣誉，康麦斯在中国市场实现了快速发展，品牌影响力显著提升。

（3）创新引领与持续发展（2010 年至今）

进入新世纪以来，康麦斯继续坚持创新引领的发展策略，不断推出新产品以满足市场需求。同时，加强与国际学术界的合作，提升产品研发的科学性和有效性。通过拓展国际市场、提升品牌国际影响力以及加强内部管理，康麦斯实现了持续稳健的发展，成为全球营养保健食品领域的佼佼者。

3. 品牌特色

（1）高品质与全天然

康麦斯致力于生产高品质、全天然的健康产品。其产品通过美国 FDA 和 GMP 认证，确保从原料选择到生产过程的每一个环节都符合国际最高标准。康麦斯采用全球精选的优质、天然原料，并通过高科技生产工艺和科学配方，打造出强效、安全、可靠的全线健康产品。

（2）强大的研发实力与创新能力

康麦斯拥有强大的研发实力和创新能力，是美国一家集研发、生产、销售于一体的高品质、全天然的营养保健食品企业。公司云集了多名美国著名大学的医学、生物学、营养学的专家，致力于研发国际最前沿的健康食品。同时，康麦斯不断推出新产品，以满足不同消费者的健康需求，如针对母婴群体的 K-Max Baby 母婴营养品系列等。

（3）全球化布局与广泛的市场覆盖

康麦斯自 1991 年成立以来，便开始了全球化布局。其销售服务范围已遍及亚洲、欧洲、美洲等 30 多个国家和地区，面向全球形成跨国经营格局。在中国市场，康麦斯自 1997 年进入以来，已成为中国消费者信赖的进口营养保健品牌之一。其销售网络遍布全国多个省、自治区以及直辖市，产品在线下 30 000 多家药房及机场免税店、大型商超均有销售，全国覆盖率高达 80% 以上。

4. 经典系列

（1）深海鱼油系列

天然原料：康麦斯深海鱼油系列严选美国阿拉斯加北极圈附近寒冰海域的鳕鱼等优质深海小鱼为原料，确保原料的纯净与无污染。

高科技提取：采用0℃物理冷萃技术加工提取，保留深海鱼油天然的甘油三酯（TG）型结构，不添加任何色素、调味剂和防腐剂。

丰富营养：富含二十碳五烯酸（EPA）和二十二碳六烯酸（DHA）等Omega-3系多不饱和脂肪酸，对心脑血管健康、视力保护等方面有良好作用。

多重认证：通过美国FDA和中国CFDA等多重权威认证，质量可靠，是国内少有的获得国家保健食品认证的进口营养保健品。

（2）DHA系列

专注脑部健康：DHA是大脑和视网膜的重要组成成分，康麦斯DHA系列专为改善记忆力和促进脑部健康而设计。

全面配方：不仅含有DHA，还搭配了核桃油、鱼肝油、神经酸藻油等成分，形成全面、科学的配方。

适用人群广泛：适合学生、青少年、成人及老年人等不同群体，帮助提升记忆力、改善视力、缓解大脑疲劳等。

（3）羊胎素系列

高端美容养颜：羊胎素被誉为"美容圣品"，康麦斯羊胎素系列以高奢羊胎素为主要成分，搭配胶原蛋白、海洋鱼蛋白肽等优质原料。

多重功效：具有祛斑、美白、抗衰老等多重功效，帮助肌肤焕发新生。

进口品质：美国原装进口，品质有保证，适合追求高品质美容养颜的消费者。

任务六　其他品类

一、酒水类免税品概述

在海南离岛免税政策框架下，酒类商品以其独特的税收优势成为消费热点。这类商品经特许销售渠道流通时，可享受进口环节"三税全免"政策（关税、增值税、消费税），形成显著的价格竞争力，为消费者创造高性价比的购物选择。

酒水类免税品主要包括烈酒、葡萄酒、啤酒、其他酒类等品类。烈酒类的有威士忌、伏特加、白兰地、朗姆酒、龙舌兰等，葡萄酒包括红葡萄酒、白葡萄酒、桃红葡萄酒和起泡酒（如香槟），啤酒包括拉格、艾尔、黑啤等，其他酒类，如清酒、果酒、利口酒等特色酒品。

在免税市场中,每类酒有自己的明星品牌,如烈酒品类的代表品牌有麦卡伦(THE MACALLAN)、轩尼诗(Hennessy)、尊尼获加(Johnnie Walker)、绝对伏特加(Absolut Vodka)等品牌,葡萄酒品类有拉菲(Lafite)、奔富(Penfolds)、干露(Concha y Toro)、桃乐丝(Torres)等品牌,啤酒品类有百威(Budweiser)、喜力(Heineken)、健力士(GUINNESS)、科罗娜(Corona)等品牌。

作为离岛免税体系的核心品类,酒类商品通过三重价值维度推动市场发展。一是消费升级,满足游客对名庄佳酿的品鉴需求,如波尔多系列葡萄酒、单一麦芽威士忌等高端产品持续热销;二是价格引力,拉动消费。相比完税渠道普遍存在30%~50%价差,形成强购买驱动力;三是酒类商品具有社交属性,兼具自用与礼品功能,尤其是限量版商品、节日礼盒装备受青睐。

酒水类免税品在海南免税销售额中持续增长,其中,苏格兰威士忌、法国干邑等品类年增长率突破25%。这种增长态势既凸显了离岛免税消费市场的活力,也为海南打造国际旅游消费中心提供了重要支撑。

二、酒水类免税品主要品牌及特点

(一)轩尼诗

1. 品牌档案

中文名:轩尼诗

外文名:Hennessy

创始人:理查德·轩尼诗(Richard Hennessy)

国家:法国

创立时间:1765 年

2. 品牌历史

轩尼诗由爱尔兰人理查德·轩尼诗于1765年在法国干邑地区创立。理查德原本是法国国王路易十五的侍卫官,退役后在干邑地区创办了这家酒厂。轩尼诗的品牌故事充满了探索与创新精神,它的品牌名与创始人的名字息息相关,成为优质干邑的代名词。轩尼诗通过不断改进酿造工艺,赢得了全球消费者的喜爱。

3. 品牌特色

轩尼诗以其复杂的调配工艺和高品质的干邑而闻名。品牌注重传统与创新结合,致力于呈现最纯正的干邑风味。

4. 经典系列

(1)轩尼诗 V.S(Very Special),是轩尼诗的入门级干邑,以其圆润的口感和丰富的香气著称。

(2)轩尼诗 V.S.O.P(Very Superior Old Pale),比 V.S 更复杂,拥有更长时间的陈酿过程,口感更加柔和(如图6-75)。

图 6-75　轩尼诗 V.S.O.P

（3）轩尼诗 X.O（Extra Old），由 100 多种不同的生命之水调配而成，拥有丰富的香气和复杂的口感（如图 6-76）。

图 6-76　轩尼诗 X.O

（4）轩尼诗百乐廷，是轩尼诗的顶级系列，限量发售，展示了轩尼诗调配艺术的巅峰（如图 6-77）。

图 6-77　轩尼诗百乐廷

(二)格兰菲迪

1. 品牌档案

中文名:格兰菲迪

外文名:Glenfiddich

创始人:威廉·格兰特(William Grant)

国家:苏格兰

创立时间:1886年

2. 品牌历史

格兰菲迪由威廉·格兰特于1886年创立,是苏格兰最著名的单一麦芽威士忌品牌之一。威廉·格兰特在斯佩赛德地区创建了自己的酒厂,并以"鹿之谷"命名(Glenfiddich在盖尔语中意为"鹿之谷")。格兰菲迪的成功不仅在于其威士忌的高品质,还在于其家族式经营模式,至今仍由格兰特家族独立运营。

3. 品牌特色

格兰菲迪以其纯正的单一麦芽威士忌而闻名,酒液清澈,香气浓郁,口感复杂。品牌注重传统酿造工艺,同时也在不断创新。

4. 经典系列

(1)格兰菲迪12年,清新果香与橡木香气完美结合,口感柔和。

(2)格兰菲迪15年,采用独特的Solera系统陈酿,口感更加复杂,带有蜂蜜和香料的味道(如图6-78)。

(3)格兰菲迪18年,精致的橡木香气和丰富的水果味道,口感圆润持久(如图6-79)。

(4)格兰菲迪30年,顶级系列,限量发售,香气浓郁,层次丰富(如图6-80)。

图6-78 格兰菲迪15年

图 6-79　格兰菲迪 18 年

图 6-80　格兰菲迪 30 年

（三）绝对伏特加

1. 品牌档案

中文名：绝对伏特加

外文名：Absolut Vodka

创始人：拉尔斯·奥尔森·史密斯（Lars Olsson Smith）

国家：瑞典

创立时间：1879 年

2. 品牌历史

绝对伏特加由拉尔斯·奥尔森·史密斯于 1879 年创立。史密斯以其创新的蒸馏技术和对品质的追求，使绝对伏特加迅速成为世界顶级伏特加品牌。绝对伏特加以其纯净、顺滑的口感和极简主义的瓶身设计，赢得了全球消费者的喜爱。

3. 品牌特色

绝对伏特加以其高纯度和无杂质而著称，采用连续蒸馏法酿造而成，确保每一滴酒液的纯净。品牌还以其丰富的口味系列和创新的广告营销而闻名。

4. 经典系列

（1）绝对纯净（Absolut Original），纯正的伏特加，口感顺滑，适合纯饮或调制鸡尾酒（如图6-81）。

图6-81 绝对纯净（Absolut Original）

（2）绝对伏特加（柠檬味）（Absolut Citron），添加了天然柠檬味，清新爽口（如图6-82）。

图6-82 绝对伏特加（柠檬味）

（3）绝对伏特加（覆盆子味）（Absolut Raspberri），带有浓郁的覆盆子香气，口感甜美（如图6-83）。

（4）绝对黑牌（Absolut Elyx），高端系列，采用铜制蒸馏器酿造，口感更加细腻。

图 6-83　绝对伏特加（覆盆子味）

三、鞋履类免税品概述

鞋履类免税品是指在海南离岛免税政策框架下，通过指定免税渠道销售的各类鞋履商品。这些商品在免税状态下出售，免征进口关税、增值税和消费税，从而以较低的价格吸引消费者。

鞋履类免税品种类繁多，主要包括：休闲鞋，如运动鞋、跑步鞋、板鞋等；正装鞋，如皮鞋、商务鞋、高跟鞋等；户外鞋，如登山鞋、徒步鞋、沙滩鞋等；特殊功能鞋，如防滑鞋、医疗鞋、工作鞋等。

在免税市场中，有许多知名品牌享有盛誉。例如，休闲鞋品牌，如耐克（Nike）、阿迪达斯（Adidas）、彪马（Puma）、新百伦（New Balance）；正装鞋品牌，如古驰、普拉达、菲拉格慕（FERRAGAMO）、杰尼亚（ZEGNA）；户外鞋品牌，如始祖鸟（ARC'TERYX）、哥伦比亚（Columbia）、添柏岚（Timberland）、迈乐（Merrell）。

鞋履类免税品在免税市场中扮演着重要角色。它们不仅满足了游客对高品质鞋类产品的需求，提升了消费者的购物体验，还通过价格优势吸引更多消费者，增加免税店的销售额。此外，优质的鞋履产品也成了游客用于馈赠亲友的热门选择。

在海南离岛免税市场中，鞋履类免税品占据了显著地位。其多样性和高品质使其成为最受欢迎的免税商品之一，推动了免税市场的繁荣发展。这类商品不仅增强了免税店的吸引力，还为海南旅游经济的持续增长贡献了重要力量。

四、鞋履类免税品主要品牌及特点

（一）耐克

1. 品牌档案

中文名：耐克

外文名：Nike

创始人：菲尔·奈特（Phil Knight）和比尔·鲍尔曼（Bill Bowerman）

国家：美国

创立时间：1964 年

2. 品牌历史

耐克成立于 1964 年，由菲尔·奈特和比尔·鲍尔曼在美国俄勒冈州创办。最初命名为"蓝带体育"（Blue Ribbon Sports），1971 年改名为"耐克"，灵感来源于希腊胜利女神尼姬（Nike）。耐克通过不断的创新和技术突破，迅速崛起为全球领先的运动品牌。

3. 品牌特色

耐克以其技术创新、舒适性和时尚设计著称。其标志性的"钩子"（swoosh）象征着运动的速度与活力。

4. 经典系列

Air Max 系列、Air Jordan 系列、Flyknit 系列、React 系列等。

（二）阿迪达斯

1. 品牌档案

中文名：阿迪达斯

外文名：Adidas

创始人：阿道夫·阿迪·达斯勒（Adolf Adi Dassler）

国家：德国

创立时间：1949 年

2. 品牌历史

阿迪达斯成立于 1949 年，由阿道夫·阿迪·达斯勒在德国创办。阿迪达斯起初是达斯勒兄弟鞋厂的一部分，后来分离出来成为独立品牌。阿迪达斯凭借其创新的运动装备和高质量的产品迅速赢得了国际声誉。

3. 品牌特色

阿迪达斯注重功能性和时尚感结合，其"三条纹"标志成为全球运动时尚的象征。

4. 经典系列

Stan Smith 系列、超级巨星（Superstar）系列、ULTRABOOST 系列、NMD 系列等。

（三）古驰

1. 品牌档案

中文名：古驰

外文名：GUCCI

创始人：古驰奥·古驰（Guccio Gucci）

国家：意大利

创立时间：1921 年

2. 品牌历史

古驰由古驰奥·古驰于 1921 年在意大利佛罗伦萨创立。古驰最初是一家专注于奢华皮具的品牌，以其高质量的工艺和精美的设计迅速赢得了全球的认可，成为意大利奢侈品牌的代表之一。

3. 品牌特色

古驰以其高端、奢华的设计风格和精湛的工艺著称，经典的"双 G"标志和红绿条纹设计深入人心。

4. 经典系列

乐福鞋（Horsebit Loafer）、Ace 系列、Princetown 系列、Rhyton Sneakers 等。

（四）普拉达

1. 品牌档案

中文名：普拉达

外文名：PRADA

创始人：马里奥·普拉达（Mario Prada）

国家：意大利

创立时间：1913 年

2. 品牌历史

普拉达由马里奥·普拉达于 1913 年在意大利米兰创立。最初，普拉达以高端皮具和旅行用品起家，后来逐渐扩展到时装领域。普拉达以其独特的设计风格和精致的工艺迅速赢得了国际声誉。

3. 品牌特色

普拉达的设计简约而时尚，注重细节和高品质材料的运用，其品牌风格常常引领时尚潮流。

4. 经典系列

America's Cup 系列、Monolith 系列、Cloudbust 系列、Linea Rossa 系列等。

（五）添柏岚

1. 品牌档案

中文名：添柏岚

外文名：Timberland

创始人：内森·斯沃茨（Nathan Swartz）

国家：美国

创立时间：1952 年

2. 品牌历史

添柏岚成立于 1952 年，由内森·斯沃茨在美国马萨诸塞州创建。品牌最初以生产坚固耐用的工装靴而闻名，尤其是 1973 年推出的黄色工装靴（Yellow Boot），成为其经典产品,深受户外爱好者的喜爱。

3. 品牌特色

添柏岚注重功能性和耐用性,其经典的黄色工装靴成为户外鞋履的象征。

4. 经典系列

6-Inch Premium 工装靴、Earthkeepers 系列、PRO Work 工装靴、Field 工装靴等。

▶ [项目小结]

本项目概述了海南离岛免税商品的主要分类及其各自的特点,详细介绍了珠宝首饰与腕表、电子产品与美容仪器、母婴食品与保健品、美妆与个人护肤、箱包与服装、酒水和鞋履等各类免税商品,从而让读者能够全面了解每种商品在免税市场中的定位和特性。项目内容不仅涵盖了各类商品的概述、主要品牌及其历史、品牌特色和经典系列,还讨论了这些商品在免税市场中的作用和地位。通过本项目的学习,希望读者能够具备选购和鉴赏免税商品的知识,并能提升购物和消费体验。

▶ [头脑风暴]

1. 请列举海南离岛免税商品的主要分类,并简要描述每一类商品的特点和经典系列。
2. 分析免税商品的价格优势对消费者购物行为的影响。

▶ [实践运用]

1. 在免税店实际操作中,如何向顾客推荐珠宝首饰类免税商品?请结合产品特点和顾客需求进行描述。
2. 免税店内的美妆产品琳琅满目,作为店员,你如何帮助顾客挑选适合的护肤品?
3. 在免税店工作时,如何处理顾客对电子产品的疑问和售后服务需求?

▶ [在线资源]

拓展学习

互动练习

项目七

海南离岛免税商品鉴赏技巧

▶▶ [学习目标]
- 了解品牌的本质
- 理解免税品牌功能、形象与背景内容
- 辨认免税商品的品质与真伪
- 学习比对免税品价格的方式
- 掌握选购免税商品的技巧

▶▶ [任务导学]
- 任务一　了解免税品品牌背景
- 任务二　分辨离岛免税商品的质量与真伪
- 任务三　比对免税商品价格
- 任务四　掌握选择适合自己的商品技巧

▶▶ [引例]

2024第三届海南离岛免税购物节启动，开展全岛促销活动

2024年7月1日，由海南省人民政府指导，海南省商务厅和中国旅游集团中免股份有限公司共同主办的2024第三届海南离岛免税购物节暨第六届中免海南免税购物节启动仪式在cdf三亚国际免税城举办。2024年是cdf三亚国际免税城成立十周年，当天通过音乐会创新形式，不仅充分唤醒了传统商圈的新潮活力，更以沉浸体验、现场互动和贴心服务拉近与消费者的距离，持续赢得多元消费群体对于品牌的情感联结，不断筑强免税消费引力场，强化一站式潮玩乐购旅游目的地独特属性。

作为离岛免税最后的必经站，cdf三亚凤凰机场店和cdf海口美兰机场店也为助力本届购物节推出多重惠民活动。在美兰机场店，每位旅客凭机票可直接兑换150元免税代金券，不仅操作方便，还可以与现场折扣活动叠加，同时联合知名酒水品牌开展试饮及打卡礼赠活动，为广大旅客在炎炎夏日送上冰爽沁心体验。凤凰机场店将推出消费礼赠活动，购买指定品类商品还可参加转盘抽奖活动。

除全岛促销活动外，中免海南联合万豪国际集团、洲际酒店集团、雅高酒店集团等众多奢华星级酒店，并与携程、吉祥航空、中国银联等展开良好合作，联动多方优质资源将

免税购物延伸至岛外市场，加大"走出去"营销推广和"请进来"联合宣传力度。推出"四城巡回"城市主题推广活动，推动"免税＋旅游"深度融合，进一步激发免税政策活力。

图 7-1　2024 第三届海南离岛免税购物节暨第六届中免海南免税购物节正式启动

中免海南区域六家门店和国药中服免税店持续推出超值闪购、折扣促销、满额礼赠等诸多让利活动，更有"亿元现金券大派送"活动同步上线，将面向消费者发放代金券，顾客可通过扫描官方自媒体平台、战略合作伙伴渠道、户外广告二维码领取使用，多重优惠力度叠加，持续释放消费动能。

与此同时，线下消费还可享中国银联、北京银行、招商银行、上海银行等支付权益，购物可享多倍积分、红包返现、满减优惠等。此外，2024 年三亚市政府第三期免税消费券仍在每三天一轮滚动投放中，共六档满减通用消费券，全方位、多层次满足消费者免税购物需求。

（来源：《海南日报》2024 年 7 月 3 日）

海南离岛免税政策力度巨大，消费者面对着琳琅满目的商品，这时可能出现"选择困难症"。因此，消费者有必要提升免税商品的鉴赏力。事实上，每个品牌都有独特的价值观、使命与愿景，而这些构成了品牌的灵魂，价值观还体现在品牌的产品、服务和传播中。打造品牌的产品和服务，可以与消费者构建情感上的关联，且品牌的标识设计、色彩搭配与字体选择也同样可以传递出品牌的个性和形象。通过了解商品的品牌历史、创建背景、创始人的故事、品牌定位及品牌如何随着时间的推移而演变和发展，关注品牌历史上的重要转折点，如重大创新、成功营销案例或危机公关处理等，从而对品牌有更加全面的认识。由此，使自己分辨免税商品质量与真伪的能力提高，通过对品牌的了解和认同，可以帮助消费者更加明智和理性地作出购买决策，选择到适合自己的免税商品。此外，海南离岛免税政策是动态调整的，消费者可在充分了解政策后再选择购物。

思考：免税店内品牌众多、产品丰富，面对琳琅满目的免税商品，消费者选择购买的免税品与哪些因素相关？学完这一项目，你将会有所收获。

任务一　了解免税品品牌背景

一、品牌的本质

（一）品牌是什么

大卫·奥格威认为，品牌是一种错综复杂的象征，是商品属性、名称、包装、价格、历史、声誉、广告形式的整合。史蒂芬·金认为，产品是工厂生产的东西，而品牌是消费者所购买的东西。产品可以被竞争者模仿，但品牌则是独一无二的。菲利普·科特勒把品牌定义为销售者向购买者长期提供的一组特点、利益和服务的承诺。最好的品牌传达了质量的保证。美国市场营销学会从品牌的识别功能角度来对品牌进行定义：品牌是一个名称、词语、标志、符号、设计，或者是所有这些的组合，它们代表一个或一组生产者或销售者的产品或服务，并与其他竞争者的产品或服务区别开来。在现实营销活动中，企业家纷纷意识到拥有品牌比拥有市场更加重要。从品牌的价值角度来看，品牌可以看作是一种知识产权，像资本一样运营，实现增值。在市场上，品牌具有识别功能、信息浓缩功能、安全功能和附加价值功能，对生产者和消费者都同样具有重要的意义（见图7-2）。

图7-2　品牌

品牌的理性层面和感性层面是构建品牌认知的两个重要方面，它们共同影响着消费者对品牌的看法和态度。

品牌核心价值的理性层面是以产品为基础，带给消费者的实际利益，也就是消费者愿意付出金钱、时间、风险等购买成本换取自己期待的利益。当消费者交易后从商品中获得了预期的物质利益，就会产生对该品牌理性层面的认同，这就是一个品牌构成的物质基础。但这还不足以使消费者忠诚，因为这一点大多数品牌都做得到，想要消费者对品牌高度认同并忠诚，那就要向品牌的核心探索，即走入品牌奇妙的感性层面。

品牌感性层面是一个品牌最核心的部分，这里发出的信号微妙地影响着消费者的思想，使消费者产生高度的忠诚。这里有消费者的归属感、价值认同、依赖等诸多感性因素，就像恋爱一样，无法说清楚具体喜欢对方什么、为什么喜欢。也正因为这样，品牌的核心价值才像空气一样，虚无缥缈，让竞争对手无法攻击、无法效仿，而这样一种无影无形的状态却可以牢牢抓住消费者的心智。如果说一个品牌的理性层面是"基"，那么感性层面就是"本"，两者相辅相成、互为协同。

在当代社会中，品牌及其意义可能更加具有象征性、感性和体验性，是无形的，即与品牌所代表的观念、精神有关，它表达的是企业的产品或服务与消费者之间的关系。品牌的实质是一种消费者认知，是目标顾客及公众对于某种标志所代表的产品、服务或企业的认识和印象，这种认识和印象会从总体上直接地、长期地影响买方对于相应产品或服务的评价和购买。每个品牌都一定有个产品或服务与之对应，但不是所有产品或服务都可成为品牌。

品牌的本质是消费者。品牌的产品及服务面向消费者，"以消费者为中心"的服务理念是现代品牌管理的重要原则。这一理念要求品牌不仅代表优质的产品或服务，更要以满足消费者需求为根本出发点，通过持续优化用户体验来建立长期品牌忠诚度。如今，互联网时代为构建品牌形象带来发展机遇，使所有的产品和服务都主动或被动地面向消费者。在"品牌1.0"时代，商家只能通过接触、研究、分析少量消费者来了解市场，忐忑不安地等待消费者对产品及服务的反馈。而在"品牌2.0"时代，可以随时与消费者互动，实时、动态地了解消费者的需求，根据其制定的功能，设计出产品，商家还可以根据消费者的选择进行广告投放，扩大品牌的影响力。

（二）品牌文化

品牌文化包括产品、广告等要素，还包括消费者、企业、竞争者和社会公众等方面，是诸多文化的集合体，是社会文化经济体系的重要组成部分。只有对品牌所蕴含的文化价值进行深入理解，从根本上领会品牌存在的价值，才能将品牌融入消费者的心智模式，才能建立真正具有营销力的品牌。

品牌的核心是文化，蕴含着深刻的价值内涵和情感内涵，也是品牌所凝聚成的价值观念、生活态度、审美情趣、个性修养、时尚品位和情感诉求等精神象征。在消费者心中，他们所钟情的品牌作为一种商品的标志，除了代表商品的质量、性能及独特的市场定位以外，更代表他们自己的价值观、个性、品位、格调、生活方式和消费模式。消费者对品牌的选择和忠诚不是建立在产品利益上，而是建立在品牌深刻的文化内涵上，维系他们与品牌长期联系的是独特的品牌形象和情感因素。

品牌文化是品牌的价值核心，它决定品牌存在的方式、演变的路径，是品牌的精神理念，是企业和消费者共同构建的价值观。品牌战略要以品牌精神为核心，以品牌资产价值为目标，建立个性鲜明、形象亲和的品牌形象。

（三）品牌的功能

对企业和消费者而言，品牌的功能是不同的。对企业而言，其具有存储功能、维权功能、增值功能、形象塑造功能、降低成本功能；对消费者而言，其具有识别功能、导购功能、降低购买风险功能与契约功能。

1. 品牌对于企业的作用

存储功能：品牌不仅是企业商誉和形象的载体，更是企业历史、文化和价值观的积累。随着时间的推移，品牌会积累起丰富的故事和情感体验，这些无形资产成为企业宝贵的财富。它们不仅存在于消费者的记忆中，也深深烙印在企业的 DNA 里，为企业未来的发展和创新提供源源不断的灵感和动力。

维权功能：通过注册商标和专利，品牌在法律上获得了明确的保护。这不仅防止了竞争对手的恶意模仿和侵权，还为企业维护市场秩序、打击假冒伪劣产品提供了有力的法律武器。品牌维权不仅保护了企业的经济利益，更维护了品牌的形象和声誉，增强了消费者对品牌的信任感。

增值功能：品牌作为企业的无形资产，其价值往往远超过有形资产。一个强大的品牌能够赋予产品独特的附加值，使产品在市场上获得更高的定价权。品牌的价值体现在其知名度、美誉度、忠诚度等多个方面，这些因素共同作用，使得品牌成为企业最宝贵的资产之一。

形象塑造功能：在产品同质化日益严重的今天，品牌成为企业差异化竞争的关键。通过精心打造的品牌形象，企业可以向消费者传达独特的品牌理念、价值观和文化内涵，从而塑造出具有鲜明个性的品牌形象。这种个性化的品牌形象有助于提升企业的知名度和美誉度，增强消费者对品牌的认同感和忠诚度。

降低成本功能：品牌通过建立与消费者的长期关系，降低了企业获取新客户和推广新产品的成本。一方面，品牌忠诚度高的消费者更容易接受企业的新产品和服务，减少了市场推广的难度和成本；另一方面，品牌偏好使得消费者在选择产品时更倾向于选择自己熟悉的品牌，从而降低了企业的宣传成本。

2. 品牌对于消费者的作用

识别功能：品牌作为产品的身份标识，为消费者提供了快速识别产品来源、制造商和产地等信息的途径。这种识别功能有助于消费者在众多同类产品中迅速找到符合自己需求的产品，提高了购物的效率和满意度。

导购功能：在信息爆炸的时代，消费者面临着海量的产品信息。品牌通过其独特的品牌形象和定位，为消费者提供了明确的购物导向。消费者可以根据自己的需求和喜好，选择适合自己的品牌和产品，从而节省了大量的时间和精力。

降低购买风险功能：消费者在购买产品时往往面临着各种风险，如质量风险、价格风险等。选择信誉好的品牌可以大大降低这些风险。形象较好的品牌背后的企业通常拥有完善的质量管理体系和售后服务体系，能够为消费者提供高质量的产品和优质的服务。此外，品牌的社会形象和口碑也是消费者选择品牌时的重要参考因素之一。

契约功能：品牌与消费者之间形成了一种隐性的契约关系。消费者选择某个品牌的产品和服务，就是对该品牌的一种信任。而品牌则通过提供优质的产品和服务来回报消费者的信任和忠诚。这种契约关系不仅促进了企业与消费者之间的长期合作和共赢发展，还推动了整个社会的诚信建设和经济发展。

二、免税品的品牌背景

品牌背景既是品牌横空出世的背景，又是品牌施展才能的舞台。同一社会背景下，由于文化选择的差异，每个品牌的文化背景并不一样，每个品牌的文化内涵也不一样。进而，可从品牌背景中知悉品牌定位，了解该公司（或商品）如何区别于竞争对手，如何以消费者的利益为导向，如何更好地为目标消费群服务。商品或公司概念是品牌文化的基本要素之一，原因很简单：品牌的名字、商品概念、公司概念都是文化的折射，是文化的流露与显现。

大多数免税品是奢侈品牌，这些品牌蕴含着丰富的文化，具体包括品牌创始人、品牌定位、品牌形象、品牌故事、发展历程、核心价值观等内容。品牌可以向市场和消费者传递其独特的品牌价值和理念，使消费者更加深入地了解品牌，建立对品牌的信任和忠诚度，从而赢得更多的市场份额和商业机会。

（一）品牌的创始人或创始团队

品牌的创始人或创始团队的背景、经历、理念与品牌发展有紧密的关系。创始人或团队的背景，包括他们的教育背景、职业经历、生活环境等，尤其是他们面对挑战、克服困难的经历，往往会成为品牌理念的重要来源。这些经历可能让他们对某个问题有独到的见解，或者激发他们创造某种解决方案的决心。这种由经历塑造的理念，赋予了品牌深刻的意义和价值，深刻地影响他们对市场的理解，影响产品的定位、风格和功能。例如，海蓝之谜创始人是一位物理学家，因自己遭受灼伤，而当时市面上的产品难以修复其瘢痕，便亲身投入研究开发，使"修复"功能成为海蓝之谜品牌的功效之一。

（二）品牌故事

品牌故事是要讲述品牌相关的故事，包括品牌的发展历程、重要的里程碑事件等。品牌的诞生往往始于企业的创立，创始人通过独特的产品或服务理念，打造出差异化竞争力的品牌。品牌的起源往往与企业的创立紧密相连。创始人凭借对市场的敏锐洞察，或是出于对某个特定需求的深刻理解，萌生了创立品牌的念头。在这个阶段，创始人可能会面临诸多挑战，如资金短缺、市场认知度低等，但他们凭借对梦想的执着追求和不断创新的精神，逐步将品牌从无做到有，从小做到大。

（三）品牌定位

品牌定位是企业根据市场需求和自身实力，确立品牌在消费者心目中的定位，包括产品定位、价值定位、形象定位等。品牌消费者人群定位主要是确定品牌在市场中的定位，以及针对的目标人群，需要对消费群体进行定位，如针对某类年龄群体、性别群体、收入水平群体、地理位置群体等进行定位（见表7-1），以满足他们的需求并与竞争对手区别开来。例如香奈儿品牌主要定位是女性，在2004年秋冬季才开始有男装问世，一般来说只有很大的香奈儿专卖店才能买到男装；又如普拉达和缪缪（Miu Miu）之间是品牌与子品牌的关系，普拉达的定位独特且高端，主要面向30～50岁高收入、高品位人群；而Miu Miu的服装类型多倾向于活泼、多彩且前卫的风格，其品牌定位是年轻女性。

表 7-1 消费群体分类

群体类别	概念
年龄群体	可以根据不同年龄段的消费者来进行定位，例如针对儿童、青少年、中年人或老年人等不同群体，根据他们的消费习惯和需求来定位品牌
性别群体	品牌可以针对男性、女性或特定性别的消费者进行定位，根据他们的购买决策、偏好和消费习惯来塑造品牌形象
收入水平群体	可以根据不同收入水平的消费者，例如高收入群体、中等收入群体或低收入群体等来定位品牌，制定价格策略以满足他们的需求
地理位置群体	品牌可以根据不同地区、城市或国家的消费者来进行定位，考虑当地的文化、习俗和消费习惯来塑造品牌形象

微课学习：免税品消费群体

（四）品牌形象

品牌形象是指企业或某个品牌在市场上，在社会公众心中所表现出的个性特征，它体现公众（特别是消费者）对品牌的评价与认知。通俗来说，消费者对品牌的评价和认知构成了品牌的形象。

品牌形象中，我们根据其影响因素，可分为视觉形象、产品形象、环境形象、业绩形象、社会形象和员工形象六个方面。

1. 视觉形象

视觉形象是指一个品牌在视觉上展现出来的形象和特征，包括品牌标识的颜色、字体、排版、形象摄影等视觉元素。这些元素共同构成了品牌的视觉识别系统，通过这些元素的有机组合，使消费者能够在众多品牌中迅速识别出某个品牌，形成品牌的视觉记忆，并传达出企业的核心价值观和个性特征。

它不仅是企业的标识符，更是企业文化和品牌理念的表现，如蔻驰（COACH）的五个字母分别代表：C——Conviction-Driven（坚定的信念）、O——

图 7-3 蔻驰品牌的标志

Over learning（精益求精）、A——Audible-Ready（随机应变）、C——Communication（随机应变）、H——Honesty-Based（坦诚），通过商标传递出品牌的价值理念（如图 7-3）。

2. 产品形象

产品形象是品牌形象的物质基础，包括质量、性能、造型、价格、品种、规格、款式、花色、档次、包装设计以及服务设计、产品创新能力等，直接决定着品牌形象的好坏。好的产品形象可以增强消费者的购买欲望以及对品牌的认可度，是树立有效品牌形象的基础。

例如，随着泰坦尼克号凄美的故事传遍世界，被浸泡在深海底的LV也闻名于世，这个事件令LV名声大振。LV皮具防水性较强的特点，体现的是品牌对原材料的深入了解，也是对优越品质的不断探索（如图7-4）。

图7-4　LV官网Flight Mode系列宣传图

3. 环境形象

环境形象包括品牌的生产、销售、办公环境以及品牌的各种附属设施。根据这些环境因素，消费者可以了解到品牌的经济实力、管理水平和精神风貌。环境形象是品牌向公众展示自己的重要窗口（如图7-5）。

图7-5　免税店的装潢

（图片来源：摄图网）

举例来看，相同的服装品牌若在地摊上售卖就会给人廉价、低质的感觉，但在商场的专卖店就有更高档次的定位。这就是环境形象对品牌形象的影响。在代购市场的影响下，一些品牌商认为代购太多会使品牌"变 Low"。2022 年 1 月就有报道称，由于新冠疫情防控后顾客来店消费减少，免税店过度依赖代购，LV 认为这将对品牌形象产生负面影响，且与集团制定的高端市场经营策略相悖，因此计划退出韩国市内免税店市场，该品牌在乐天免税店济州分店的卖场已于 2022 年 1 月 1 日关闭。

4. 业绩形象

业绩形象是指品牌的经营规模与盈利水平。消费者通过品牌的经营情况与盈利水平，来分析品牌产品是否符合大众的喜爱，并且分析自己在购买商品后是否可以享受到及时的售后服务。这是品牌展现自身品牌实力的一部分。

5. 社会形象

社会形象是指通过非营利的以及带有公共关系形式的社会行为塑造的品牌形象。树立良好的社会形象，是良好的口碑和品牌公信力的建设，也成为一种营销手段，如使用环保原材料、参加公益活动、捐款等举措都有助于企业树立良好社会形象（如图 7-6）。

图 7-6　路易威登品牌官网公布的环保与可持续性发展举措

6. 员工形象

员工是品牌生产经营管理活动的主体，是品牌形象的直接塑造者。企业员工给社会大众留下的印象，代表着品牌本身的精神与理念。员工与消费者直接接触，员工的态度代表的是品牌对于社会大众的态度，也能在一定程度上反映出品牌的管理水平、培训质量等（如图 7-7）。

图7-7 免税店工作人员为顾客介绍产品

(图片来源:《三亚日报》2024年2月17日)

微课学习:品牌的定义　　　　微课学习:品牌的作用

任务二　分辨离岛免税商品的质量与真伪

▶ [引例]

警惕!打着"离岛免税商品"的幌子卖假货

离岛免税政策是海南自由贸易港建设的重要内容。然而,离岛免税市场火爆的同时,部分不法分子打着代购海南免税商品的名号销售假冒注册商标的商品牟利,既破坏了国家商标管理制度,侵犯了商标所有人的注册商标专用权,也损害了消费者的合法权益。

2022年,被害人张某想购买一批某品牌护肤品用于发放公司员工福利,经朋友推荐添加了微信名为"海南免税店代购"的陈某,并相约见面交易。交易过程中,张某基于对朋友的信任,清点货物后便向陈某转账20余万元。次日,张某开盒验货时,发现是假货,但已无法与陈某取得联系。同样的经历也发生在被害人赵某身上,赵某在海南旅游时认识了自称从事代购的方某,方某为了偿还欠债,声称自己准备出售一批从海南代购的某品牌免税护肤品。赵某信以为真,先后花费13万余元购买该批护肤品。等赵某发现护肤品是假货时，其已被方某从微信"拉黑"。以上案例中陈某、方某的行为已构成销售假冒注册商标的商品罪，二人将分别面临三年以下有期徒刑并处罚金的刑罚。

免税店是现代旅行者的福音，也是购物狂欢的天堂。在机场、港口、边境等地，免税店琳琅满目的商品总是诱人至极。但是，究竟免税店的商品和专柜的产品有何不同？它们的正品保障是否可信？免税店往往以比专柜更低的价格吸引顾客。这一点无疑是真实的，因为免税店能够免关税等税费，从而使产品价格更有吸引力。然而，价格低并不意味着产品是假的。在免税店购买的商品大多数情况下是真品，但你需要警惕。

图7-8 警惕卖假货

（来源：https：//mp.weixin.qq.com/s?__biz=MzU0NjcwNjA0Mg==&mid=2247493276&idx=2&sn=1c8386df20d57e3c894e62cc28892494&chksm=fb5b2189cc2ca89f692c37a2e16611154d3c2f23505322b862ca5ab73886d96831298149cbf7&scene=27)

一、分辨离岛免税商品的质量

（一）确保商品来自正规渠道

海南免税商品通常通过市内免税店、机场免税店或电商平台等渠道销售，这些渠道都受到相关监管部门的严格监管，因此购买时应优先选择这些官方认可的渠道，避免通过私人代购、不明来源的网店等非正规渠道购买免税商品，因为这些渠道的商品可能存在假冒伪劣、偷税漏税等风险。虽然代购服务在日常生活中很常见，但将其用于购买免税商品则存在诸多风险。代购人员可能不具备购买免税商品的资格，也可能利用消费者的信任进行欺诈行为。为了保障自身权益，建议消费者亲自前往免税店或通过正规渠道自行购买免税商品。如果确实需要他人帮助，应选择可信赖的朋友或家人，并确保他们能够按照正规流程进行操作。同时，应关注免税政策，了解政策变动，免税政策可能因国家、地区及时间的不同而有所差异。在购买前，务必了解当地的免税政策及相关规定，以免因政策变动而造成不必要的损失。

（二）检查免税商品包装

正规厂家有严格的包装规范和标准，如商标、配方标注等。假冒伪劣产品往往在包装上偷工减料，如商标模糊、字体歪斜、配方标注不规范等。有时，免税店的产品包装可能与专柜略有不同。这并不一定意味着产品是假的，因为有些品牌会特地设计免税店专用的包装。然而，仍然需要注意，一些不正规的免税店可能会更改包装以掩盖假货的真相。所以，购物时要仔细检查包装，确保没有明显的瑕疵或不一致之处。对比正规商品的包装和相关信息，如文字描述、图片、标签等，可以帮助判断免税店商品的真假。

(三)注意免税商品品质

免税商品的外观、气味、成分等方面是判断其品质的依据。外观检查首先要通过视觉检查商品的外观是否完整,有无划痕、磨损或污渍,这些都是初步判断商品是否全新及是否被妥善保管的依据。对于某些商品,如化妆品、香水等,可以通过闻其气味来判断其新鲜度和是否变质。正品通常具有独特的、清新的气味,而假货或过期产品可能气味不正或过于刺鼻。查看商品标签或说明书上的成分列表,与官方渠道或品牌官网上的信息对比,确保成分一致。对于食品、保健品等,尤其要关注是否含有禁止成分。正规的免税店提供的商品品质一般都是有保证的。当然,购物时要选择信誉良好的免税店,这些店铺通常会对商品质量进行严格把控,能减少购买到假冒伪劣产品的风险。

(四)检验免税商品标识

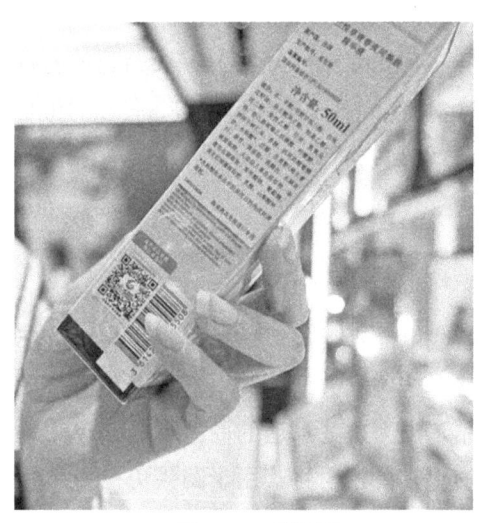

图7-9 溯源码

免税商品通常会有特定的免税标识,如免税店的标签、免税印章等,购买时应仔细检查商品及其包装上的标识,确认这些标识的完整性和真实性,确保商品为免税品。仔细检查商品包装是否完整无损,有无被拆封或重新包装的迹象。同时,注意包装上的防伪标识、条形码等信息,以便后续验证。

以海南为例,为保障海南免税商品质量,离岛免税商品实行溯源管理。从2021年8月1日开始,海南离岛免税的香水化妆品、酒水和手机3大类商品全部加贴溯源码,实行溯源管理办法,即"一物一码"。溯源码为全球唯一编号,是一种二维码标签,是海南自由贸易港免税商品的唯一身份标识,其标签包含溯源码图文信息、海南免税专属标志和免税商品溯源功能,就算是用手撕、用刀刮也很难破坏这个溯源码,而且就算残留很少的一部分,也可以做到跟踪溯源(如图7-9)。通过扫描溯源码,海关、市场监管等执法部门可以清楚掌握免税商品哪里卖的、谁买的、是否提货等关键信息,同时也可获取销售商、购买者、销售地点等相关信息。需要注意的是,溯源码主要是用于海关扫码检查,个人是不能扫出来信息的,页面会显示你没有权限,如果你收到的物品可以扫码出来,那就可能有问题了。

(五)了解免税商品版本差异

免税店的商品品质一般都是符合行业标准的,但购买时仍需留意是否有"免税店专属款",这些商品与普通商品相比可能只是外观有所不同。免税商品可能存在不同版本,如美版、日韩版、国内版等。这些版本在包装、质地、价格等方面可能存在差异,但并非一定是假货。消费者在购买时,应关注商品本身的质量和性能是否符合预期,而非仅仅依据版本不同就认定为假货。购买前,可通过品牌官网或官方渠道了解各版本的具体信息,以便做出选择。

二、分辨离岛免税商品真伪的技巧

免税店买什么划算？这是许多游客来到免税店时经常思考的问题。免税店作为一种特殊的零售商店，为顾客提供了无需缴纳关税、增值税等税费的商品，因此吸引了许多消费者的目光。箱包、护肤化妆品、香水是热销的免税产品，其市场上存在着各种品牌和型号，消费者在购买时提高分辨能力显得尤为重要。除了查看离岛免税商品的溯源码，我们还应从产品本身着手，学习如何分辨产品的真伪。

课程动画：免税品也会有假货吗？

（一）护肤品/化妆品类

辨别免税化妆品的真伪，首先是最直观的方式，就是看外观，外观有中文标签标识，其上标注了产品名称、备案人、备案人地址、境内责任人、生产企业、备案号、执行标准、生产批号、限制使用日期、贮藏条件、使用方法等信息，查看其中文标签是否符合要求；其次，查询其备案信息，使用国家药监局化妆品监管 App 进行备案信息查询，在搜索栏输入产品名称，可以查询到一条与产品名称一致的信息，点击进入后，核对 App 上的信息是否与产品包装上的信息一致，其下方还有产品平面图和产品立体图，可进行逐一对比。必要时，还可以借助检验合格证明、通关报告、进货台账辅助核验其真实性。

1. 查看产品包装和标签

护肤品正品通常有清晰、精致的产品包装和标签，上面有详细的产品名称、成分表、生产日期、保质期等信息。而假货则常常包装粗糙，标签模糊，甚至没有标签。

2. 观察产品的质地和气味

护肤品正品质地细腻，颜色均匀，气味纯正。而假货则可能质地粗糙，颜色深浅不一，气味怪异。通过闻其气味加以判断，真货往往气味是比较舒适的，不会让人觉得有刺激感。但若是你选到了假货，那么不管是洗面奶还是水乳，或者是其他，都会有满满的化学成分的气味，而且可以明显感觉到酒精的味道——假货的成本很低，往往是化学剂勾兑出来的。

3. 检查产品的使用效果

护肤品正品在使用后应该具有明显的改善效果，如保湿、滋润、美白等。而假货则可能没有明显的效果，甚至可能会引起皮肤不适或过敏。为了防止使用不适，打开新产品时，应先在耳后、手背等区域测试皮肤是否会过敏，若无不良反应，再使用于面部。

4. 查看产品的防伪标识

一些品牌的护肤品会在包装上设置防伪标识或二维码，消费者可以通过查询防伪码或扫描二维码等方式来验证产品的真伪。

5. 了解产品的价格和销售渠道

护肤品正品价格通常合理，销售渠道正规。而假货则可能价格极低，销售渠道不正规，如从代购渠道购买则属于不正规渠道。

6. 瓶身

化妆品或护肤品一般采用玻璃瓶或塑料瓶，其瓶身上都会有印字，用手直接去抠其印字，假货通常会被抠掉，而真货往往不会。品质差的产品用了几次后，瓶身的字就开始掉色甚至脱落，但真货的瓶身设计比较精致。

（二）香水

香水鉴别需要从多个方面进行综合考虑和判断。在购买香水时，建议选择正规渠道和信誉良好的商家，并仔细核对产品的商家、管子、瓶盖里侧、批号、喷头、中文标签与CIQ（中国出入境检验检疫）标志、外包装盒、液体、瓶底、规格等信息，以确保购买到正品香水（见图7-10）。

图7-10 爱马仕"尼罗河花园"香水

1. 瓶身

观察香水瓶身的玻璃内是否有气泡，玻璃切割得是否平整、圆润。除了检查气泡和切割工艺外，还可以注意瓶身的透明度、重量感以及品牌标志的清晰度。正品香水瓶身往往透明度高，手感沉重，品牌标志印刷清晰且不易磨损。一线品牌的香水做工通常非常精细，几乎没有瑕疵。

2. 管子

管子是判断香水真假常用的关注点，假货管子通常发白、较粗，而且有的管子会因过长导致歪曲。而正品香水管子则通透、较细、长度恰当比较直。假货管子接口处有更多的弹簧裸露在外，而正品的弹簧部分则会尽量隐藏，不易变形或破损。

3. 瓶盖里侧

瓶盖里侧是假货香水做工上容易忽略的点，雕刻、印刷的隐藏的文字、标志或其他细节等往往是假货难以复制的。

4. 批号

通过香水批号可查询出香水的生产日期。香水批号通常印在外盒和瓶身的底部，如果这两个地方的批号不一致，那么是假货。如果一致，还需要进一步判断。

5. 喷头

假货喷嘴通常会内陷、歪斜，而正品喷嘴较为平整，与金属浑然一体，质感较好。一般来说，一线品牌的喷头平整的较多，而二三线品牌的正品也会有内陷的情况。

6. 中文标签与 CIQ（中国出入境检验检疫）标志

若两者都无，则表示香水在国外专柜、国外机场免税店销售，或属于走私入境的情况。但中文标签和 CIQ 标志是可以作假的。假的贴纸较普通，正品的中文标签贴纸材质更加特殊。若仅有一样，为假货，因为中文标签和 CIQ 标志一定同时出现。

因此，我们还需要掌握真假 CIQ 标志的辨别法，CIQ 标志是圆形的激光贴纸，正品 CIQ 标志后都有一组电脑数字喷码，从包装盒上撕下后，数字喷码会留在塑封上。假货 CIQ 标志只是一个山寨的激光标签，有些无法完整地从商品包装上撕下来，撕下后也不会有数字喷码留下。如果 CIQ 标志是假的，那么香水百分百是假的。

7. 外包装盒

一些香水外包装盒的字母部分会做凹凸处理，仔细观察凹凸部分与字母是否完全重合，如果发生错位，则为假货。正品包装盒通常选用高质量材料，印刷清晰且色彩鲜艳。

8. 液体

观察香水的液体，要注意液体的清澈度和流动性，不过液体时间长了会变色，因此会发生误判。如果香水液体内浑浊或有漂浮物，可能是假货，也可能是因为香水因保存不当而发生了变质。

9. 瓶底

对比香水瓶底文字的内容、位置、做工精细度是否一致，可以判断出香水真假。

10. 规格

了解并对比官方发布的香水规格信息，对于识别假货具有重要意义。如果购买的香水规格与官方发布的信息不符，很可能是假货。

（三）服装/箱包

一件品质上乘的奢侈品衣服搭配着包包，不仅可以让我们的穿着更加得体，还可以展示我们的品位。因此对于消费者来说，辨别奢侈品衣服、箱包的真伪是一件非常重要的事情（如图 7-11、图 7-12）。

图 7‑11　迷你 Lady Dior 手袋　　　　图 7‑12　CHANEL 22 手袋

下面是辨别奢侈品衣服及箱包真伪的方法。

1. 标签

查看衣服上的标签。真正的奢侈品标签应该是细节精致、整洁、质量高的，包括品牌标识、洗涤说明、产地、材质等等。而假冒的奢侈品标签质量往往很差，标识模糊、拼写错误，或者根本没有标签。

2. 针脚

扣子、口袋、接缝等针脚细节可以帮助我们判断奢侈品衣服的真伪。正品奢侈品的针脚应该是细致平整，线头没有杂乱，而假冒奢侈品衣服的针脚往往线头杂乱不齐。

3. 面料

奢侈品的面料质量非常好，很多奢侈品品牌衣服的面料都是定制的，造假团队很难买到相同材质的面料，因而假冒品往往使用的是便宜的合成纤维材料，所以在手感和质感上会有所差别。此外，正品奢侈品的面料图案和颜色也非常清晰、精致，而假冒产品做不到这个水平。

4. 细节

奢侈品品牌的服装在制作过程中，都有其独特的、不易被复刻的工艺，所以需要通过对印花、刺绣、走线等细节进行辨别，相较于仿品，正品的细节往往更走心。

5. 看标志

奢侈品品牌都有自己专属字体，仿品没有办法做到完全一致。所以需要特别注意标志字体的样式、字母的间距和倾斜度，还有字母的弧度。

6. 看领标、水洗标

领标的材质以及字体大小、字母之间的间距和颜色，都是我们鉴别时需要注意的地方。水洗标也是同理，需要注意其材质、颜色、字体、数量和印刷格式等。

7. 锁扣

正品箱包五金刻字符合电镀工艺标准，字体清晰硬朗。仿品五金刻字采用激光刻字，刻字泛白没有光泽，字体无水波痕迹。正品装饰挂件的表面镜面抛光光滑，每个边角都会倒脚，打磨圆润，正品螺丝凹槽会打磨多次，金属之间缝隙连接紧密，螺丝表面会经过二次抛光。

8. 皮纹

正品箱包皮质颗粒感分明，纹路细腻，手感柔软，毛孔清晰可见，光泽自然，皮质整体平滑，纹理分布均匀。而仿品光滑硬朗一些，皮质略粗糙，有明显的颗粒感，纹理分布不均匀。

（四）腕表类

1. 品牌标识与细节检查

（1）品牌标识清晰度

正品腕表的品牌标识不仅仅是文字的堆砌，它们往往融入了品牌的历史、文化和设计理念。这些标识在细节上非常讲究，比如字母的间距、大小比例、字体风格，甚至是微小的装饰元素都经过精心设计。在光线下观察，正品的标识会呈现出均匀的光泽，没有模糊或阴影部分。此外，高端品牌还会采用特殊的印刷或雕刻技术，使标识更加立体和独特。

（2）观察位置

品牌标识在腕表上的位置是固定的，通常位于表盘上方、表壳侧面或表扣内侧等显眼位置。消费者可以通过对比正品图片或到实体店观察正品来确认标识的正确位置。如果发现标识位置偏移或大小与正品不符，那么很可能是假冒产品。

（3）细节处理

除了品牌标识外，腕表的表盘、表壳和表带等细节也是判断真伪的重要依据。正品腕表的表盘通常干净整洁，刻度、指针和文字等元素排列整齐、对称。表壳和表带的边缘处理光滑无毛刺，金属部件的抛光和拉丝效果均匀一致（如图7-13）。使用高倍放大镜可以进一步观察这些细节，比如标志的边缘是否平滑过渡、字体笔画是否均匀等。

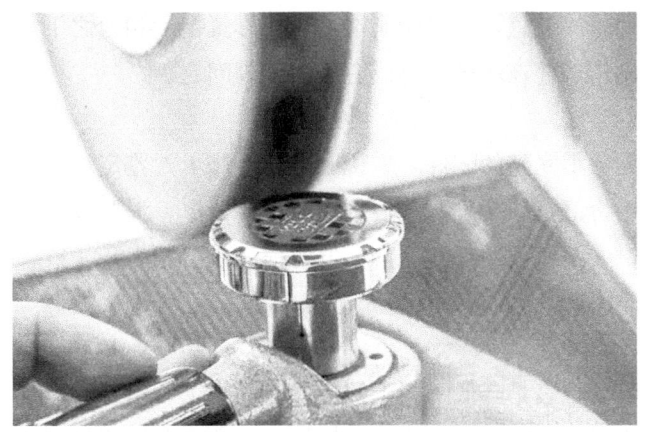

图7-13 萧邦手表的抛光打磨

2. 材质与工艺

（1）材质质量

正品腕表使用的材料往往具有较高的密度和重量感，如贵金属（黄金、白金）具有独特的金属光泽和手感，陶瓷材料则具有光滑细腻的触感和高硬度，不锈钢则具有优良的耐腐蚀性和抗磨损性。消费者可以通过触摸和观察材质的光泽、重量感和质感来初步判断其真伪。此外，还可以借助专业的检测设备来验证材料的成分和纯度。

（2）工艺精细度

正品腕表的工艺水平非常高，无论是表壳的打磨、表带的编织还是表盘的雕刻都经过精心处理。表壳的打磨通常呈现出均匀的光泽和细腻的纹理；表带的编织紧密且线头处理干净；表盘的雕刻细腻入微，图案和文字的线条流畅自然。相比之下，假冒产品的工艺水平往往较低，存在划痕、不平整、毛刺等问题。

3. 机芯检查

（1）机芯型号与品牌

机芯是腕表的核心部件，其型号和品牌对于判断腕表的真伪至关重要。消费者可以通过品牌官网或官方授权的渠道查询机芯型号和相关信息，并与腕表上的标识进行对比。如果机芯型号与品牌官方公布的信息不符或无法查询到相关信息，则很可能是假冒产品。

（2）机芯工艺与功能

正品腕表的机芯工艺精湛，零件打磨精细且排列整齐。在观察机芯时，可以注意其表面是否光滑无划痕、齿轮咬合是否紧密以及摆轮摆动是否稳定等。此外，正品腕表的机芯功能通常非常稳定可靠，走时准确且误差小。如果机芯存在零件粗糙、打磨不足或走时不准确等问题，则很可能是假冒产品。

4. 包装与配件

（1）包装盒

正品腕表的包装盒通常采用高品质的材料制作，如硬纸板或塑料等。包装盒上印有品牌标志、型号和序列号等信息，并且印刷清晰、色彩鲜艳。相比之下，假冒产品的包装盒可能采用劣质材料制作，存在印刷模糊或有错别字等问题。

（2）配件

正品腕表通常配备了完整的配件，如说明书、保修卡、鉴定证书以及原装表盒等。这些配件不仅具有实用价值，还是判断腕表真伪的重要依据。消费者应仔细检查配件是否齐全且符合品牌标准，并核对说明书和保修卡上的信息是否与表身一致。

5. 购买渠道与价格

（1）购买渠道

选择正规渠道购买腕表是降低购买到假货风险的关键。消费者应优先考虑免税店、品牌专卖店、大型百货商场、官方网站或官方授权的电商平台等正规渠道。这些渠道销售的腕表通常具有质量保证和售后服务保障，消费者可以更加放心地购买。相比之下，街边小店、非正规网站或社交媒体、代购等渠道销售的腕表可能存在较大的假货风险，消费者应谨慎选择。

(2) 价格

正品腕表的价格通常较高且相对稳定。由于品牌溢价、材料成本、工艺水平等因素的影响，正品腕表的价格往往远高于假冒产品。如果某款腕表的价格远低于市场均价或品牌官方定价，那么很可能是假冒产品。消费者在购买时应保持理性思考，不要被低价所迷惑。

6. 专业鉴定

如果消费者对购买的腕表存在疑虑或无法自行判断其真伪，可以寻求专业鉴定服务。一些钟表维修中心、专业鉴定机构或品牌官方授权的鉴定点提供名表鉴定服务。这些机构通常拥有专业的鉴定设备和经验丰富的鉴定师团队，能够对腕表进行全面而准确的检测。通过专业鉴定服务，消费者可以更加放心地购买和使用正品腕表。

(五) 首饰类

1. 品牌标识与细节检查

(1) 品牌标识

细节对比除了直接观察标识的清晰度外，建议消费者提前通过官方网站或官方渠道获取正品图片，进行细致对比。注意标识的每一个细节，如字母的间距、图案的精细度等。此外，部分高端品牌的触感体验比较特殊，会在标识上采用特殊工艺，如凸起或凹陷处理，以增加触感上的辨识度。轻触这些部分，感受其凹凸感与正品是否一致。

在比例与布局上，了解正品标识在首饰上的具体位置和布局比例，对比疑似假冒产品的标识位置是否精准匹配。注意标识与首饰整体设计的协调性。

(2) 细节检查

在细节处理上，需要充分利用光源，在自然光或专业珠宝灯光下观察，利用光线折射和反射，检查宝石切割面的火彩、金属表面的光泽度及反射效果，这些都能反映出工艺水平的高低。使用高倍放大镜时，除了检查商标边缘和字体深浅外，还可观察金属表面的微细划痕、氧化情况，以及宝石内部的包裹体、裂纹等天然特征。

2. 材质与工艺

(1) 材质质量

可以通过磁性来测试，虽然不完全准确，但某些非贵金属如铁、镍等具有磁性，可用磁铁轻触首饰表面进行初步筛选。注意，这不适用于所有金属，且部分合金也可能无磁性。轻轻敲击金属部分，正品贵金属首饰会发出低沉而悠长的声音，而劣质材料则可能声音尖锐或短暂。因此，还可以通过声音来判断。

(2) 工艺精细度

宝石的镶嵌工艺是判断其真伪的依据，正品通常镶嵌紧密、平整，无明显缝隙或胶水痕迹。同时，观察宝石周围金属是否均匀包裹，保护宝石免受损伤。对于带有雕刻或纹理的首饰，检查其线条是否流畅、对称，有无模糊或断裂现象。

3. 鉴定证书与防伪标识

（1）证书验证

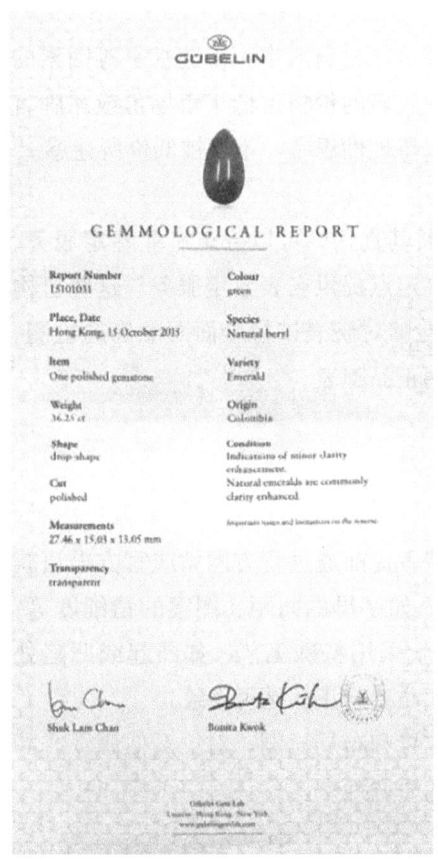

图 7-14 瑞士古柏林宝石实验室珠宝鉴定证书

高端产品都有其专属的证书，象征其身份。除了核对证书信息外，可学会利用官方网站或热线电话查询证书真伪（如图 7-14）。部分高端品牌还提供了二维码扫描验证功能，方便快捷。

（2）防伪技术

了解并熟悉品牌特有的防伪技术，如激光标、微缩文字、防伪标签等，这些都能帮助消费者快速识别真伪。

4. 专业鉴定服务

（1）选择权威机构

在鉴别珠宝真伪的过程中，选择一家权威且信誉良好的珠宝鉴定机构是至关重要的。这些机构通常具备国家认可的专业资质，拥有多年的行业经验和深厚的专业知识。以下是一些选择权威鉴定机构时需要考虑的关键因素。

第一，国家认可资质。确保所选机构具有国家相关部门颁发的鉴定资质证书，如国家珠宝玉石质量监督检测中心、中国地质大学（武汉）珠宝检测中心等。这些机构在行业内享有高度声誉，其鉴定结果具有法律效力。

第二，先进的检测设备。现代珠宝鉴定依赖于高精度的科学仪器，如分光镜、显微镜、电子秤等。权威机构通常配备最新的检测设备，能够准确分析珠宝的成分、结构和物理特性。

第三，专业鉴定师团队。鉴定师的专业素养和经验直接影响到鉴定结果的准确性。权威机构拥有一支由资深鉴定师组成的团队，他们具备丰富的专业知识和实践经验，能够准确判断珠宝的真伪和价值。

（2）了解鉴定流程

在决定送检之前，详细了解鉴定流程对于确保鉴定过程的顺利进行至关重要。一般来说，珠宝鉴定流程包括以下几个步骤。

第一，预约与咨询。需要与鉴定机构联系，预约鉴定时间并咨询相关事宜。业务人员会向您介绍鉴定所需材料、费用及大致流程等信息。

第二，送检手续。在送检时，您需要携带有效身份证件及需要鉴定的珠宝首饰到检测中心的个人委托检验窗口办理送检手续。业务人员会为您的样品办理相关检测手续，并签订委托合同书。

第三，样品检测。送检的首饰被送进样品管理室后，样品管理员会为其建立档案并分配给专业的检测人员进行检测。检测过程通常包括宝石检测、贵金属检测以及必要的化学分析等步骤。

第四，结果审核。初检结束后，宝石检测和贵金属检测的结果会送到各自的审核处由专人进行检测审核。审核通过后，再进行总审核，确保鉴定结果的准确性和权威性。

第五，出具证书。在终审通过后，证书部会根据检测结果出具最终的鉴定证书。证书上会详细列出珠宝的鉴定结果、照片、重量、尺寸等信息，并加盖防伪标记和印章。

通过遵循以上流程，可以确保珠宝鉴定过程的规范性和结果的准确性。同时，选择权威机构进行鉴定也是保护自身权益、避免购买到假冒伪劣珠宝的重要保障。因此，在选购珠宝时，请务必选择具有专业资质和良好声誉的鉴定机构进行鉴定。

任务三　比对免税商品价格

免税商品相较于普通商品，最显著的优势在于其价格中不包含进口关税、进口环节增值税和消费税等税费，因此价格通常更为优惠。掌握购买免税商品的技巧，能够帮助消费者更有效地利用这一政策红利，降低购物成本，实现更经济的消费。

一、了解商品市场均价

1. 搜索引擎检索

了解商品的市场价格，消费者可使用搜索引擎（如百度、谷歌等）输入商品名称、型号或关键词，搜索相关价格信息。这样可以快速获取到多个渠道、多个商家的报价，从而了解商品的大致市场价范围。也可以访问商品品牌的官方网站或联系官方客服，查询该商品在免税店或其他渠道的建议零售价。

2. 电商平台

随着数字商城的发展，电商平台比价成为了解商品市场价格的主流方式，可以在主流电商平台（如淘宝、京东、天猫、得物等）上搜索商品，查看不同商家的售价。这些平台通常会显示商品的价格区间、销量、评价等信息，有助于更全面地了解商品的市场价格，并且从网友的评论当中获取有效的信息。

3. 扫描商品条形码

在数字化时代，智能手机不仅是通信工具，更是我们日常生活中的得力助手。当手边有商品实物并希望快速了解其价格时，利用手机上的扫描功能是一个高效便捷的选择。首先，确保手机安装了支持条形码扫描的应用程序，如微信的"扫一扫"功能、淘宝 App

的"扫一扫查价",或是专门的条形码扫描软件如"我查查""快拍二维码"等。打开这些应用后,对准商品包装上的条形码进行扫描,系统通常会自动识别并联网查询该商品的价格、商家评价、库存情况等相关信息。这种方式不仅快速,还能在多个销售渠道之间比较价格,找到最优惠的购买途径。

4. 咨询专业人士或商家

对于特定领域的商品或专业商品,可以咨询相关领域的专家或商家,获取更准确的市场价信息。他们通常具有丰富的市场经验和专业知识,能够基于商品的品质、稀缺性、历史背景等因素给出更为精准的价格评估。此外,许多实体店或线上商家也提供商品估价服务,可以通过电话或在线平台联系他们,获取专业的价格咨询。在咨询时,尽量提供商品的详细信息和照片,以便对方能够给出更准确的估价。值得注意的是,无论是通过扫描条形码还是咨询专业人士,获取的价格信息都仅供参考。在实际交易中,商品价格可能因市场供需关系、促销活动、季节变化等多种因素而波动。因此,在做出购买决策前,建议多方比较,综合考虑各方面因素。

二、对比不同免税店价格

消费者可使用线上免税平台对产品价格进行比对,各大免税店网上商城包括中免集团网上商城、cdf中免海南(小程序)、CNSC离岛免税购物(小程序)、海旅免税城线上商城、海旅免税(小程序)、全球精品免税城(小程序)(如图7-15)、深免x DFS|离岛免税(小程序)、海口观澜湖免税城(小程序)。消费者需要明确想要购买的免税商品,包括

图7-15 部分线上免税商城小程序

品牌、型号、规格等详细信息。规模较大的免税运营商具有供应链优势，通常能从供应商那里争取到更好的价格，甚至独家货源，由此消费者可以获得绝对的价格优势。如果可能，准备多个备选商品，以便在价格比较时能够找到最优解。

想知道商品在哪个平台的价格最优，也可使用"亿点免税"小程序，搜索并进入这个小程序，输入你想要购买的商品，点击进入就可以看到这个商品的价格，不仅包含线上预订平台的，还包含免税直邮平台的。消费者需要特别关注是否有促销活动、优惠券、临期产品等额外优惠方式，这些都可以进一步降低购买成本。

如果某个免税店的价格远低于其他渠道，可能需要警惕。对于线上购买的免税商品，可以使用中国海关总署直属授权的 App（如掌上海关）查询商品的通关数据和免税额度扣减情况。这有助于验证商品的真实性和免税资格。

三、关注折扣和促销活动

免税品的价格很有优势，但消费者需要理性地看待折扣，免税店有时会提供折扣或促销活动，但这些折扣通常不会过于夸张。如果折扣力度过大，几乎接近半价或更低，可能需要谨慎考虑，如商品是否临期、是否是清货处理等。消费者可以结合自身的使用需求决定是否购买和购买多少。另外，消费者有必要了解免税店的促销规则，询问免税店促销活动的具体规则，确保自己了解活动的真实性、时效性、限制条件。例如，免税店的积分制度允许顾客在购物时累积积分，如生日月享 2 倍积分、会员日优惠、节日特定积分等，这些活动可以让顾客获得更多的积分，这些积分可以在未来的购物中用来抵扣现金，进一步节省购物成本。再者，海南政府为促进离岛免税销售，也采用发放消费券的方式，促进旅游免税业的发展。海南消费券发布渠道具有多元化，用户可以通过官方微信公众号（如海口本地宝）、抖音、支付宝、银行 App 等渠道领取。用户可以根据自身消费需求领取不同额度的消费券。政府在发放消费券时通常会设定一些条件和规则，比如领取地理位置须在海南、使用时间在领取后一个月内等。

消费者需要注意的是，低价不一定真实惠，有时候过低的价格可能隐藏着商品质量或真伪的问题。因此，在追求低价的同时，也要关注商品的品质和售后服务，如付款时关注是否允许七天无理由退货，避免冲动购买，不要因为价格优惠而购买不必要的商品。在购买前仔细考虑自己的需求和预算，确保购买决策的合理性。

四、注意价格波动

消费者需要从关注汇率变化的角度了解免税商品价格波动。尤其是如果购买的是进口商品，汇率的波动可能会影响其价格。汇率的波动之所以会影响免税商品的价格，主要基于以下几个方面的原因。

1. 进口成本变化

（1）成本增加：当本国货币贬值时（如人民币贬值），意味着购买外国货币支付进口商品的成本增加。免税店通常销售大量进口商品，因此人民币贬值会导致采购进口商品所需支付的成本增加。这些增加的成本最终可能会转嫁到消费者身上，导致免税品价格上涨。

（2）成本降低：相反，如果本国货币升值（如人民币升值），则有利于进口，因为购买外国货币的成本降低，从而使得免税店能够以更低的成本采购进口商品，这有助于维持或降低免税品的价格。

2. 供需关系变化

（1）需求变化：汇率的变动还可能影响国内外游客的购买力。例如，人民币贬值可能使外国游客在兑换为人民币后获得更多的人民币，但其实际购买力可能因商品价格上涨而下降。这可能导致游客在免税店购买商品时减少购买数量或选择更便宜的商品，从而影响免税店的销售额和价格策略。

（2）供应变化：汇率变动还可能影响进口商品的供应情况。如果汇率波动导致进口成本增加，部分供应商可能会减少进口量或寻找替代供应商，从而影响免税品的供应和价格。

3. 市场竞争因素

（1）价格竞争：在免税品市场上，各免税店之间存在一定的价格竞争。当汇率波动导致采购成本变化时，各免税店可能会根据自身的成本情况和市场竞争态势调整价格策略，以保持或提升市场份额。

（2）品牌策略：一些高端品牌可能更注重维护其品牌形象和市场定位，因此在汇率波动时可能更倾向于保持价格稳定或小幅调整，以避免对品牌形象造成负面影响。

4. 政策因素

（1）免税政策：政府对免税品的政策也可能影响价格。例如，政府可能通过调整免税政策、扩大免税品种类等方式来刺激消费或促进国际贸易。这些政策变化可能会对免税品的价格产生直接影响。

（2）汇率政策：政府还可能通过干预外汇市场来稳定汇率，以减少汇率波动对经济和市场的负面影响。然而，这种干预通常具有一定的局限性和时效性，难以完全消除汇率波动对免税品价格的影响。

此外，海南免税政策的变化也可能导致商品价格的波动。了解最新的免税政策对于评估商品价格具有重要意义。例如，海南离岛免税购物额度的提升使得消费者可以购买更多的免税商品，这可能会增加免税品的供应量，从而影响价格。再者，要考虑免税品的购买限制，如购买额度、购买数量限制等，了解这些限制可以更好地规划购买策略，以获得最优价格。

任务四　掌握选择适合自己的商品技巧

免税店通常汇聚了众多国际知名品牌的优质商品，掌握购买技巧可以帮助消费者更快速、准确地找到符合自己需求和喜好的商品。同时，合理的购物规划和时间安排也能提升购物体验，让消费者在享受免税优惠的同时，也能获得愉悦的购物过程。

消费者必须从产品的款式、风格、材质、价格、实用时间等多方面去考虑，才能够更加理性和明智地做出购买决定。通过理性选择适合自己的商品，人们可以逐渐建立起健康、可持续的消费观念。这种观念强调在满足个人需求的同时，也要考虑商品的环保性、耐用性和可持续性，从而推动整个社会向更加绿色、低碳的方向发展。免税品的品牌众多，不同的品牌其风格、设计理念、消费群体定位、适合的消费者年龄群体都不同，在选购时，必须选择适合自己的。因此，消费者需要具备一定的判断力和分析能力。

一、消费动机

购买免税商品时，需要明确自己的消费动机。有些消费者买免税品就像是给自己的奖励，尤其是那些平时舍不得买的奢侈品。比如，你可能一直梦想拥有某个品牌的手表或包包，免税店的价格可能会让你更容易实现这个梦想。再者出于社交需求，有时候，买奢侈品是为了在朋友或同事面前展示一下，或者作为礼物送给别人。这不仅能表达自己的心意，还能展示自我的品位。有时候，消费者买某个东西可能只是因为看到别人在用，或者在社交媒体上看到推荐，这种从众心理可能会让其买一些自己本来不需要的东西。此外，免税品通常比国内普通商店价格低，这对于预算有限的人来说是一个很大的吸引力。明确自身的消费动机能帮助自身购买到满意的产品。

具体而言可分为个人动机和社会动机：

从个人动机而言，免税品往往与高品质、高附加值相关联，购买免税品能够给消费者带来身心上的愉悦感。这种愉悦感可能来源于对商品的喜爱、对品牌的认同，或者是购物过程本身带来的快感。免税品中的化妆品、护肤品等日常用品，以及珠宝、手表等奢侈品，都能在不同程度上满足消费者的这种需求。随着生活水平的提高，消费者对产品品质的要求也越来越高。免税品通常具有高品质保证，能够满足消费者对品质的追求。购买免税品，对于很多消费者来说，是一种对生活品质的提升和追求。例如，在免税店内购买知名品牌的箱包、手表等，往往能够体现消费者的品位和身份地位。

从社会动机而言，社交需求是人类的基本需求之一。购买免税品，尤其是奢侈品，往往能够满足消费者在社交场合中的需求。这些商品可以作为礼物赠送他人，或者在社交场合中展示自己的品位和财富，既能够表达心意，又能够彰显自己的品位和见识。再者，消费者会存在从众心理，在购买免税品时，消费者往往会受到周围人的影响，比如亲朋好友的推荐、社交媒体上的种草等。这种从众心理会促使消费者购买一些自己原本可能并不需要的免税品。此外,购买免税品中的奢侈品,对于一部分消费者来说,是一种炫耀自己经济实力和社会地位的方式。这些因素相互作用,共同影响着消费者的购买决策。

除了上述动机外,购买免税品的消费行为还受到多种因素的影响,包括个人因素(如年龄、性别、职业、收入等)、市场因素(如产品、价格、渠道、促销等)和环境因素(如政治、经济、文化等)。总之,消费者应明确自己的需求和预算。在购买商品之前,深入了解自己的实际需求,这是避免盲目消费和冲动购买的关键,还可以设定合理的预算,更好地筛选商品,避免超出自己的经济能力。消费者应保持理性消费的心态。

二、消费偏好与适用场景

在选择免税商品时,需要考虑的首要问题是自用还是送礼。如果你是为了自己使用,那么可以更注重个人喜好和需求。比如,你可能更倾向于选择那些你平时喜欢使用的品牌和产品类型。如果是作为礼物,那么需要考虑收礼人的喜好和送礼物的场合。比如,送给朋友的生日礼物可能需要选择一些更个性化的产品,而送给长辈的礼物则可能更注重实用性和品质,因此,购买时要考虑使用者的个人偏好和风格。

选择符合自己审美和需求的商品,可以在购物过程中获得更多愉悦和满足。以包包为例,经典款式的包包适合日常百搭,而设计独特的艺术款则更适合特殊场合或彰显个性。首先,了解自己的穿搭风格是选购免税商品(尤其是像包包这样的配饰)的基础。不同的穿搭风格需要不同类型的包包来衬托和协调。经典款式的包包因其简约大方的设计,能够轻松搭配各种服饰,而设计独特的艺术款包包则能在特定场合下成为焦点,展现个人的独特品位和时尚态度。其次,考虑自己的实际需求和使用场景也很重要。比如,如果经常需要携带较多物品,那么一款容量适中、结构合理的包包将更为实用;如果追求轻便与时尚,小巧精致的迷你包或斜挎包可能更适合;对于经常旅行的人来说,一款多功能、耐用且易于携带的旅行包或背包将是不可或缺的选择。最后,材质、做工等细节因素也需要关注。高品质的材质和精细的做工不仅能延长包包的使用寿命,还能让整体造型更加精致有质感。因此,在选择免税商品时,不妨多花些时间仔细比较不同品牌、不同款式之间的材质和做工差异,以找到性价比最高、最符合自己需求的那款包包。

三、了解商品的种类、品质与品牌

免税商品的种类、品质以及品牌价值是消费者需要考虑的因素,品牌知名度和口碑对消费者决策有很大影响。免税店品类多样,涉及化妆品、护肤品、珠宝首饰、腕表、服装箱包等,知名的免税品牌往往能提供更可靠的产品质量、更完善的售后服务以及更丰富的产品线。

购买免税品时,需要检查商品的包装、标签、生产日期等信息,确保购买到的是正品且品质有保障。比如,购买化妆品时,消费者还要考虑产品功效、成分、包装、保质期及设计等因素,要根据自己的肤质(如干性、油性、混合性、敏感性)、肌肤问题(如痘痘、色斑、皱纹)、年龄以及期望达到的效果(如保湿、美白、抗衰老、控油等)来选择护肤产品。再者，消费者还要考虑品牌价值、实用性等因素。如奢侈品包包的材质多样，从经典的皮革(如小牛皮、鳄鱼皮)到高科技面料(如尼龙、PVC)，每种材质都有其独特的质感和耐用性，选择时消费者除了考虑美观，也要关注材质的保养难易度和长期使用下的变化，如果考虑未来转手或收藏，可以选择一些经典且不过时的款式和品牌，虽然不应仅仅基于品牌选择包包，但品牌的知名度和历史传承确实会在一定程度上影响包包的保值性。

另外，购买免税品除了关注产品品牌质量本身，还应聚焦免税集团的品牌建设，如积分政策、物流速度、售后服务等。免税店通常会与品牌合作推出各种优惠活动，如折扣、赠品等。消费者可以关注这些活动信息，以更优惠的价格购买到心仪的商品。同时，了解品牌活动也是了解品牌文化和产品特色的好机会。

四、考虑个人预算与价格比较

免税品中不乏许多奢侈品，其价格不菲，因此设定一个合理的预算范围非常重要。消费者需要在预算内寻找性价比最高的产品，避免盲目追求品牌或款式而超出自己的经济承受能力。在挑选商品时，不要盲目追求价格低廉或品牌效应，而应注重商品的实际价值和自己的实际需求，如果你的预算有限，可以选择一些性价比较高的产品。

此外，免税店通常会与品牌合作推出各种优惠活动，如折扣、满减、赠品等。关注这些活动可以进一步降低购物成本。比如，一些免税店可能会在特定节日或活动期间提供额外的折扣，成为免税店的会员可以享受更多优惠和特权，如积分兑换、专属折扣等。消费者可以关注这些活动信息，以更优惠的价格购买到心仪的商品。

五、试用与体验

试用与体验作为购物过程中的重要环节，为消费者提供了深入了解商品性能、质量、舒适度及是否满足个人需求的有效途径。随着电商的兴起和科技的发展，试用与体验的形式也变得越来越多样化。在实体店体验方面，消费者可以直观地看到、触摸甚至试用商品，这种即时的反馈对于判断商品是否适合自己至关重要。无论是服装的剪裁与面料、电子产品的操作界面，还是家居用品的材质与舒适度，实体店都能提供最真实的体验环境。

而线上试用服务的兴起，则打破了地域和时间的限制，让消费者享受到试用体验的乐趣。电商平台提供的试妆、试穿、试用装等服务，不仅节省了消费者的时间和精力，还通过技术手段模拟了真实的试用场景。例如，2021年10月，兰蔻在三亚海旅免税城的户外广场推出了快闪店，特别以技术引领体验，顾客可以在快闪店内通过Modiface技术支持的"智能化妆镜"来进行虚拟试妆，体验兰蔻明星彩妆品的上脸效果，这是科技与美妆结合的典范。这种虚拟试妆技术不仅让顾客能够实时看到彩妆产品在自己脸上的效果，还增加了购物的趣味性和互动性，提升了顾客的消费体验。

六、社交平台与媒体

借助小红书、微信、抖音等网络平台和社交媒体，消费者可以轻松找到大量关于商品的评价、使用体验、专业评测文章等内容。这些信息来源广泛，包括但不限于电商平台的产品页面、社交媒体上的用户分享、专业评测网站和博主的文章等。多元化的信息渠道，使得消费者能够从不同角度、不同层面了解商品的全面情况。与其他消费者的评价和推荐相比，专业评测文章虽然具有一定的权威性，但往往更侧重于技术细节和性能参数。而真实的用户反馈则更加贴近消费者的实际需求和使用场景，能够提供更直观、更接地气的购物参考。消费者可以通过查看其他消费者的购买评价和使用体验，了解商品在实际使用中的优缺点。

网络平台和社交媒体还为消费者提供了互动与交流的机会。消费者可以在评论区留言提问，向其他购买者咨询使用心得和注意事项；也可以参与社群讨论，与志同道合的人分享购物体验和心得。这种互动与交流不仅有助于消费者获取更多有价值的信息，还能够增强消费者的归属感和信任感。此外，随着大数据和人工智能技术的发展，网络平台和社交媒体还开始运用智能化系统为用户推荐相关内容，如关键词搜索次数越多，浏览同一主题文章越多，则会推送更多同质的内容，使用户可以获得更多相关信息。

▶ ［项目小结］

本项目以品牌的本质为基础，阐释了品牌、品牌文化的概念，以及品牌对企业与消费者的不同作用；继而从品牌的创始人或创始团队、品牌故事、品牌定位、品牌形象等方面了解品牌背景；再从分辨离岛免税商品的质量与真伪、比对免税商品价格、掌握选择适合自己的商品的技巧等方面，提升对免税品牌的鉴赏力。学习本项目，应遵守免税商品交易中的法律法规，如海关监管、税收法规等，理解法律在经济活动中的保障作用。同时，在分辨离岛免税商品质量与真伪、比对价格等过程中，消费者能培养批判性思维和信息筛选能力，学会在复杂的市场环境中做出明智的选择。

▶ ［头脑风暴］

1. 如何更加划算地购买离岛免税品？
2. 怎么辨别离岛免税品的真伪？

▶ ［实践运用］

1. 选择一款产品，在不同集团的线上商城进行价格对比。
2. 运用鉴赏技巧，选择一款适合自己的免税商品。

▶ ［在线资源］

拓展学习

互动练习

项目八

海南旅游与离岛免税购物的融合

▶ [学习目标]
- 了解和设计海南离岛免税旅游线路
- 探索海南免税购物体验旅游活动的创新方式
- 评估海南离岛免税购物对旅游业发展的影响
- 应用旅游管理和市场营销策略优化游客体验

▶ [任务导学]
- 任务一 海南离岛免税旅游线路
- 任务二 海南免税购物体验旅游活动

▶ [引例]

缤纷活动创意呈现，为离岛免税注入崭新活力

2024年"五一"期间，海口美兰国际机场迎来客流高峰。据海南机场集团介绍，"五一"假期，海口美兰国际机场累计完成航班起降2 662架次，运送旅客约37.8万人次。作为海南离岛免税最后一站，cdf海口美兰国际机场免税店成为很多旅客离岛前必去的目的地。

助力假日消费热潮"升温"，cdf海口美兰国际机场免税店也积极推出多种活动，每位旅客凭机票可在T1和T2出发厅安检口领取价值150元免税券，前往"中免会员"微信小程序可领取总价值超4 000元的政府消费券一套，除此之外还有品牌好礼、多倍积分和新品首发等活动。消费者可在机场免税店享受"即买即提"便利服务，更轻松、更顺利地将心仪的免税品带回家。为带给旅客更美好的互动体验，cdf海口美兰国际机场免税店还携手进口酒水品牌提供酒水试饮服务，用精心调制的酒水为旅客缓解旅途中的疲劳，增添一丝活色生香的氛围。

在海口日月广场，文旅活动"花式"上新，免税消费热力蒸腾。cdf海口日月广场免税店以cdf悦享季为核心元素，紧抓时下city walk潮流热点，打造"绿野仙踪免税漫游""旷野C bar探索无限"等精彩纷呈的线下活动，花样百出搅热假日氛围。同时联袂多个国际品牌呈现"悦享彩妆秀""让爱绽放香氛秀""露营酒品鉴"，积极打造多元的消费场景，为海口消费者构筑了一个立体的生活空间。

此外，cdf 海口日月广场免税店也围绕黄金、美妆等热门品类推出丰富的满赠、满返等消费福利，还可叠加银行满减、政府消费券等优惠，满额消费可领取 cdf 悦享礼包和悦木之源植愈礼包等，进一步拉动"五一"市场消费。

图 8-1 节日期间的免税店

（资料来源：新华网，http：//www. xinhuanet. com/city/20240510/d0295f67917d44e5b2aaf2e93971af60/c. html）

思考：如何根据免税旅游市场发展趋势，设计体验活动和旅游线路？学完这一项目，你就能找到答案。

任务一　海南离岛免税旅游线路

一、海南离岛免税旅游线路概述

海南，作为热带岛屿，以其得天独厚的自然风光、丰富的文化底蕴、独特的民族风情以及日益完善的旅游设施，吸引着国内外众多游客的目光。近年来，随着国家政策的不断扶持与海南自由贸易港建设的加速推进，海南已成为国际旅游消费中心的重要承载地。特别是海南离岛免税政策的实施与持续优化，极大地激发了游客的购物热情，为海南旅游市场注入了新的活力。

海南离岛免税政策于 2011 年 4 月 20 日落地实施，这一政策不仅丰富了游客的购物体验，还促进了高端消费品、奢侈品等行业的快速发展，使得海南成为国际知名的免税购物天堂。同时，免税购物与旅游观光的深度融合，进一步推动了海南旅游产业的转型升级，形成了"旅游＋免税购物"的新模式。

设计海南离岛免税旅游线路,结合岛内外最具代表性的景点和免税购物点,深度整合海南的旅游资源与免税购物优势,能为游客提供独一无二的旅游体验,同时促进海南旅游产业的转型升级和自贸港建设的深入发展。

二、海南离岛免税主要旅游线路

(一)海口免税购物点及旅游线路

1. 免税购物点

(1) cdf 海口日月广场免税店

简介:cdf 海口日月广场免税店是中国旅游集团旗下的 cdf 海口市内免税店,于 2019 年 1 月开业,坐落于海南省海口市 CBD 核心区域日月广场,经营面积 2.2 万平方米。免税店拥有近 300 个国际品牌,涵盖香水化妆品、箱包、食品百货、酒水及电子产品等免税商品品种,包括亚历山大麦昆、托德斯、雅诗兰黛、兰蔻、资生堂、SK-Ⅱ等。两年间多次扩大营业面积,销售品牌日益增多,已成为游客在海口旅游的"必玩项目"。

购物优势:位于商业广场内,购物、餐饮、娱乐一体化,购物方便、快捷。入驻的品牌越来越多,店内商品陈列整齐,爆款商品会陈列在快闪店,方便购买。

地点:海南省海口日月广场西区双子座 L~2 层和射手座 L 层。

交通方式:高铁快线客运汽车,始发站为南港码头,终点站是海口客运总站,停靠海口火车站、汽车西站、日月广场、汽车东站等站点,票价 7 元起,全程票价 27 元。免税店免费穿梭巴士,9:30 至 20:00,一天三趟;自驾或出租车,导航至"日月广场"。

(2) 海控 GDF 全球精品免税城

简介:海控 GDF 全球精品免税城由海南省发展控股有限公司携手阿里巴巴、国际旅游零售商 Dufry 共同打造,2021 年 1 月 31 日正式营业,涵盖香化、首饰、手表、酒类、数码、母婴产品等 45 大类免税商品,近 300 个国际一线品牌。同时,免税城内还开设了苹果授权经销商店,十分引人关注。

购物优势:除了地理位置、规模、品牌、性价比、服务等优势,融入"黑科技"体验也是海控 GDF 全球精品免税城的亮点之一,智能云货架、智能派样机、虚拟试衣镜、电子营销大屏……购物之余,"黑科技"产品如今在离岛免税店里也能体验了。

地点:海南省海口日月广场东区水瓶座 1~3 层。

交通方式:高铁快线客运汽车,始发站为南港码头,终点站是海口客运总站,停靠海口火车站、汽车西站、日月广场、汽车东站等站点,票价 7 元起,全程票价 27 元。免税店免费穿梭巴士,9:30 至 20:00,一天三趟;自驾或出租车,导航至"日月广场"。

(3) 深免海口观澜湖免税城

简介:由深圳免税集团全资设立的海口观澜湖免税城,于 2021 年 1 月正式开业,集文娱旅游、度假休闲和离岛免税购物于一体。规划总营业面积 10 万平方米,第一期营业面积 2 万平方米,主营全球高端免税商品。第一期总共开放 6 栋大楼,分别设置离岛免税商品区和有税商品区。免税城一期入驻近500个国际品牌，主营商品涵盖腕表珠宝、美妆香化、精品箱包、时装配饰、品牌名酒、进口食品、礼品玩具，以及智能手机、可穿戴设备和3C智能产品等免税商品。

购物优势：位于观澜湖新城，周边旅游资源较为丰富，游客可以购物并旅游。观澜湖新城内还有奥特莱斯，可以一站式购物。

地点：海南省海口市龙华区羊山大道39号观澜湖新城。

交通：驾车或出租车，导航至"海口观澜湖免税城"。三条旅游专线直达，线路一：万绿园—海口观澜湖K2快速公交线（25分钟/班），运营时间：7：00—21：00；线路二：万绿园—海口观澜湖酒店免费穿梭巴士（无经停车站），运营时间：09：00—23：00；线路三：白沙门公园—海口观澜湖旅游公交线3路，运营时间：07：30—14：30。

（4）cdf海口国际免税城

简介：cdf海口国际免税城坐落于海口市西海岸城市副中心，紧邻海口重要的交通枢纽新海港，是由中国旅游集团旗下中免集团倾力打造的以免税商业为流量入口，"免税＋文旅"双轮驱动的旅游零售综合体。cdf海口国际免税城于2022年10月28日正式开业，其总建筑面积达28.9万平方米，是全球最大的单体免税店。

购物优势：cdf海口国际免税城拥有众多国际一线时尚品牌，近4 000平方米的高奢通体主力店；拥有5家全球独家定制品牌店、7家全球首店以及50余家全球最新概念设计品牌专卖店；拥有25个海南免税店首进品牌；拥有旅游零售渠道首家集零售文创、珍藏及稀有产品展示于一体的茅台体验店，中国首家沉浸式威士忌博物馆。cdf海口国际免税城也是国内首家拥有独立制表店的商业综合体，引进了包括亚诺（Arnold & Son）、法穆兰（Franck Muller）、亚明时等在内的6家顶级独立制表品牌。

地点：海南省海口市秀英区海色路5号。

交通方式：共13条免费穿梭巴士，具体站点和起发时间可通过"cdf海口国际免税城"微信公众号查询。公交出行：28路、35路区间、84路停靠cdf海口国际免税城1号站；86路、夜4路、观光1路停靠cdf海口国际免税城2号站。

（5）cdf海口美兰国际机场免税店

简介：中国旅游集团旗下的海口美兰国际机场免税店，总营业面积超2.3万平方米。免税店共经营45类免税商品，以化妆品、香水、手机、手表、箱包、酒水、糖果等产品为主，汇聚葆蝶家、范思哲、爱马仕、香奈儿、古驰、普拉达、雅诗兰黛、菲拉格慕、博柏利等500多个国际知名品牌。

购物优势：cdf海口美兰国际机场免税店品类齐全，折扣优惠力度较大，遇上节假日部分商品低至3~4折。即买即提，方便快捷。

地点：海南省海口美兰国际机场T1航站楼及T2航站楼隔离区内。

交通方式：机场大巴，从民航宾馆发往美兰机场，5：30至21：30发车；驾车或出租车，导航至"美兰国际机场"；高铁，从海口火车东站买票乘坐至美兰站；公交，21路、

41路公交可到达。

2. 免税购物旅游线路

（1）骑楼历史文化街区—云洞图书馆—cdf海口国际免税城

存留至今的骑楼见证海口商埠的风华容貌，在这里赏非遗，感受南洋文化，享骑楼美食，体会海口人慢生活的情调。云洞图书馆是海口当下最火的文艺打卡地，海天一色，穿梭于多维的"时空隧道"，连接了城市与海岸、现实与想象。云洞图书馆同时也被"种草"为最佳日落观赏点之一，沿着海边漫步，感受城市的浪漫。而西海岸新晋的时尚新地标——cdf海口国际免税城，云集数百个国际国内大牌，满足"购物＋旅游"的需求（如图8-2至图8-4）。

图8-2 骑楼历史文化街区

图8-3 云洞图书馆

图 8-4　cdf 海口国际免税城

（2）观澜湖华谊冯小刚电影公社—深免海口观澜湖免税城（如图 8-5、图 8-6）

图 8-5　观澜湖华谊冯小刚电影公社

图 8-6　深免海口观澜湖免税城

(3) cdf 海口日月广场免税店—海控 GDF 全球精品免税城—海南省博物馆（如图 8-7 至图 8-9）

图 8-7 cdf 海口日月广场免税店

图 8-8 海控 GDF 全球精品免税城

图 8-9 海南省博物馆

（二）琼海免税购物点及旅游线路

1. 免税购物点

cdf 琼海博鳌免税店

简介：cdf 琼海博鳌免税店位于海南省琼海市博鳌亚洲论坛景区内。该免税店由中国旅游集团有限公司旗下的海南省免税品有限公司统一运营，经营范围面积 4 200 平方米，经营涵盖香水、化妆品、箱包、手表、首饰、食品等 38 大类免税商品，引进包括 CHANEL、DIOR、GUCCI 等近两百个国际知名品牌。

购物优势：所有货品由中国免税品（集团）有限公司统一从原产地直接采购，海关全程监管，确保以最真诚的服务提供给旅客最放心的货品，旅客无须踏出国门即可在琼海享受最优惠的价格，畅购各大国际品牌。

交通方式：附近车站距离较远，建议驾车或乘坐出租车，导航至"博鳌免税店"。

2. 免税购物旅游线路

博鳌乐城国际医疗旅游先行区—博鳌亚洲论坛会址—玉带滩—cdf 琼海博鳌免税店（如图 8-10 至图 8-12）

图 8-10 博鳌乐城国际医疗旅游先行区

图 8-11 博鳌亚洲论坛会址

图 8-12 cdf 琼海博鳌免税店

（三）三亚免税购物点及旅游线路

1. 免税购物点

（1）cdf 三亚国际免税城

简介：中国旅游集团旗下的 cdf 三亚国际免税城于 2014 年 9 月 1 日正式开门营业，总建筑面积约 12 万平方米，商业面积达 7.2 万平方米。作为海南旅游的地标之一，cdf 三亚国际免税城的品牌、品类齐全，其中包含普拉达、乔治阿玛尼、劳力士等奢侈品牌，涵盖了服装、箱包、香水、化妆品、手表、太阳镜、小皮件等 21 个品类，汇集了各国特色商品、海南特产、户外运动、美食、顾客服务五大功能分区，兼有娱乐休闲区域。

购物优势：海南"最老牌"的免税城，品牌齐全，品类众多，开通穿梭巴士购物便利，背靠国际免税城二期，购物、娱乐、餐饮一体化。古驰、博柏利、缪缪、普拉达、芬迪、爱马仕、卡地亚、宝格丽等一线品牌齐聚，活动力度较大。

地点：海南省三亚市海棠区海棠北路 118 号。

交通方式：公交车，33 路或 35 路直达终点站免税店；免费直达巴士，三亚国际免税城设置了三条通往三亚市区的免费穿梭班车，9：30 至 20：00；自驾或出租车，导航至"三亚国际免税城"；其他方式，三亚各大景区和亚龙湾、海棠湾内多数星级酒店均有前往免税城的大巴，详情可咨询景区工作人员，住酒店的游客也可以拜托前台约车。

（2）三亚海旅免税城

简介：三亚海旅免税城于 2020 年年底开业，经营面积 9.5 万平方米，涵盖了手表、首饰、箱包、香水、化妆品、电子产品、进口酒等 45 大类免税商品，是集免税购物、有税购物、餐饮娱乐于一体的高端旅游零售综合休，不仅是首家 Apple 授权经销商店，还引进了 GUCCI 彩妆、Corum、Djula、Fred、Blancpain 等一批首次入驻海南离岛免税店的品牌。

购物优势：位于三亚市中心，购物、餐饮一体，较为方便。中服免税在店内专门开辟了游艇风光观赏区、咖啡休闲区、国药大健康体验区、数码互动区等,能让消费者在购物的同时享受到更多更好的服务和体验。

地点:海南省三亚市吉阳区迎宾路303号。

交通方式:公交,到三亚千古情站,可乘坐1路、7路、9路、23路、27路、40路、45路、53路到达;到海旅免税城站,可乘坐1路、6路、9路、11路、27路到达。自驾或出租车,导航至"海旅免税城"。

(3) cdf 三亚凤凰机场免税店

简介:中国旅游集团旗下的 cdf 三亚凤凰机场免税店位于海南省三亚凤凰国际机场T1航站楼 206-208 登机口附近,一期面积为 800 平方米,后期将持续扩容至 6 000 平方米。经营涵盖化妆品、香水、太阳镜、手表、箱包、进口酒类等免税商品品类,引进包括雅诗兰黛、迪奥、兰蔻、海蓝之谜等国际知名品牌,为广大游客提供优质的商品和丰富的购物选择。

购物优势:cdf 三亚凤凰机场免税店拥有"即购即提""返岛提货"和"邮寄到家"三种提货方式,在机场免税店独有的"即购即提"购物模式下,游客购买完商品即可随身带上飞机(乘机旅客最晚可在起飞前55分钟完成购物,最早提前4小时)。三亚凤凰国际机场同时设有三个提货点:① 机场T1航站楼109登机口附近;② 机场T1航站楼215登机口附近;③ 机场T1航站楼110至113登机口附近。

交通方式:机场大巴,大东海广场发往凤凰机场,08:00—最后航班结束;驾车或出租车,导航至"凤凰国际机场";高铁,从三亚站买票乘坐至凤凰机场高铁站;公交,经过凤凰机场的线路有27路、29路、32路、33路、36路、43路、8路,凤凰机场巴士1线、凤凰机场巴士3线公交线路。

(4) CNSC 国药中服免税三亚店

简介:CNSC 国药中服免税三亚店是中服免税倾力打造的全新概念商业公园,位于三亚鸿州广场,与鸿洲国际游艇码头相邻。目前大牌化妆品有雅诗兰黛、SK-Ⅱ、黛珂等,还有一些小众的面膜产品。此外,三星、索尼、外星人、大疆等品牌都已经入驻。

购物优势:位于三亚市中心,集购物、餐饮于一体,较为方便。CNSC 国药中服免税三亚店在店内专门开辟了游艇风光观赏区、咖啡休闲区、国药大健康体验区、数码互动区等,能让消费者在购物的同时,享受到更多更好的服务和体验。

地点:海南省三亚市天涯区解放一路16号。

交通方式:公交,可乘坐1路、7路、15路到达;自驾或出租车,导航至"中服三亚国际免税购物公园"。

2. 免税购物旅游线路

(1) 亚龙湾壹号小镇奥特莱斯—西岛海洋文化旅游区—cdf 三亚国际免税城(如图 8-13 至图 8-15)

图 8-13　亚龙湾壹号小镇奥特莱斯

图 8-14　西岛海洋文化旅游区

图 8-15　cdf 三亚国际免税城

（2）亚龙湾热带天堂森林公园—南山文化旅游区—CNSC 国药中服免税三亚店（如图 8-16、图 8-17）

图 8-16 亚龙湾热带天堂森林公园

图 8-17 南山文化旅游区

图 8-18　CNSC 国药中服免税三亚店

（3）三亚千古情景区—大东海旅游区—三亚海旅免税城（如图 8-19 至图 8-21）

图 8-19　三亚千古情景区

图 8-20　大东海旅游区

图 8-21 三亚海旅免税城

(四)万宁免税购物点及旅游线路

1. 免税购物点

万宁王府井国际免税港

简介：万宁王府井国际免税港作为王府井集团落地海南的首个离岛免税项目，总经营面积 10.25 万平方米，计划分三期开业，将与海南万宁当地特色旅游深度结合，打造独具特色的"有税＋免税"购物模式，引进香化、配饰、数码、酒水等领域的国内外知名品牌，为消费者提供离岛免税购物新体验。

购物优势：万宁王府井国际免税港一期引进香化、黄金配饰、数码家电、家居、酒水、儿童用品、保健品、食品咖啡及体育用品等 9 大品类，将近 400 个品牌，其中海南首进品牌 20 余家。

地点：海南省万宁市莲兴大道 1 号悦舞小镇。

交通：附近车站距离较远，建议驾车或乘坐出租车，导航至"王府井国际免税港"。

2. 免税购物旅游线路

万宁王府井国际免税港—神州半岛—石梅湾（如图 8-22 至图 8-24）

图 8-22 万宁王府井国际免税港

图 8-23 神州半岛

图 8-24 石梅湾

任务二　海南免税购物体验旅游活动

一、海南免税购物体验旅游活动概述

海南免税购物体验旅游活动是海南独特的旅游与购物相结合的一种旅游形式，旨在为游客提供全方位的高品质购物和旅游体验。在海南离岛免税政策的推动下，这些活动不仅让游客享受到了购物的优惠和便利，更将购物与海南丰富的自然景观、人文历史以及休闲娱乐有机结合，打造出多样化和个性化的旅游行程。

这些体验活动通常包括参观免税购物中心、参加品牌发布会、参与产品试用和美容护理等。同时，活动还结合当地特色景点游览、美食体验和文化活动，让游客在享受购物乐趣的同时，深度感受海南的风土人情和独特魅力。例如，游客可以在享受三亚海棠湾的阳光与海滩之后，前往附近的三亚国际免税城选购心仪的国际名牌；或者在博鳌论坛会址参观完后，参与一场奢侈品品牌的新品发布会，体验最新的时尚潮流。这种融合了旅游观光与购物体验的活动，极大地提升了游客的满意度和海南旅游的吸引力。

总体而言，海南免税购物体验旅游活动通过创意十足、内容丰富的行程安排，满足了游客多元化的需求，推动了海南旅游产业的高质量发展。这种旅游新模式不仅带动了消费升级，也为海南打造国际旅游消费中心提供了有力支持。

二、海南免税购物体验旅游活动类型

（一）海南国际离岛免税购物节

这一活动通过多维驱动，促使海南各大免税城推出丰富多样的系列促销活动，如进店扫码领券、叠加折扣满减等，以此吸引游客。例如，三亚海旅免税城在2023年8月推出的促消费活动，包括香水化妆品全场3件7.5折、1件8折，服饰精品和免税酒水等品类2件7.5折、1件8折优惠。

（二）海南岛欢乐节

海控GDF全球精品免税城深度参与海南岛欢乐节活动，推出欢乐畅购、名酒品鉴、专属代金套券、亲子趣味运动会等系列活动，跨界打造"免税＋文旅＋体旅"的购物新场景。

（三）暑期主题活动

2024年7月1日，2024第三届海南国际离岛免税购物节活动正式启动，作为海南离岛免税经营主体之一的海控GDF全球精品免税城以"海控免税嗨购狂欢嘉年华"为主题，开展"诗酒趁年华"游园会东坡古风花车、"海控免税东坡小酒馆"及"海控免税'坐'客——酒水品牌之旅"等系列暑期促消费活动，为消费者带来丰富多元、独具海南特色的免税购物体验，掀起暑期离岛免税消费新浪潮。

海控免税城早在2024年6月起已展开了"诗酒趁年华"东坡游园会系列活动，推出了"东坡游园会"专属代金套券发放等多重惊喜消费礼遇。作为打造"免税＋文旅"多元化消费场景的重磅活动，"诗酒趁年华"游园会东坡古风花车于7月6日精彩亮相海控免税城线下门店，精选7大类130余款酒水参与专享促销活动，展出一众知名白酒品牌和珍藏典藏酒品。同时，海控免税城每周推出一款"东坡夏日特调"，广大游客及消费者到店任意消费即可领取酒水试饮券，品"宋代快乐水"，享"饮酒雅趣之美"，领略东坡文化魅力的同时解锁离岛免税购物新场景、新体验。

洋酒品牌也参加了海控免税城7月酒水嗨购主题活动，为广大旅客在炎炎夏日送上冰爽沁心体验的同时，进一步激发消费潜能，繁荣旅游市场经济。

此外，海控免税城还着力打造"暑期亲子互动"购物场景，推出亲子趣味活动，打造"免税购物＋体旅"的多元化、多场景购物氛围（如图8-25、图8-26）。

图 8‑25　海控 GDF 全球精品免税城暑期活动现场

图 8‑26　海控 GDF 全球精品免税城酒水活动现场

（四）法定节假日活动

每逢春节、国庆、元旦、劳动节、中秋等法定节假日，各免税店均会策划形式多样、内容丰富的主题营销活动。如 2023 年中秋、国庆双节期间，海控 GDF 全球精品免税城与海口火山口地质公园和滴滴出行合作，推出 GDF 会员专属游玩和出行权益，提升"吃住行游购娱"的黏合度，让游客享受一站式的旅游优惠服务。cdf 海口国际免税城香化明星单品，限时秒杀低至 4 折，香化精品大牌限时 6 倍积分，腕表配饰精选品牌限时 9 倍积分，周大福计价黄金类满 15 000 返 1 200 积分，酒水百货免税精品品牌限时 9 倍积分，电子产品优惠大降价，苹果（除新品）消费满额返赠积分活动，手机类商品最高可返 400 积分，时尚品精选品牌限时消费满额赠积分活动最高可赠 8 000 积分。

（五）消博会专属礼遇

在第四届中国国际消费品博览会（简称消博会）期间，cdf 海口国际免税城等免税企业推出消博会专属礼遇，包括优惠折扣、体验套券、定制礼品等福利，刺激免税消费增长。

2024 年 4 月 12 日至 18 日，2024 消博会时装周以 cdf 海口国际免税城为主会场，并同步设置海边落日、天空之山、海控 GDF 全球精品免税城等分会场，以"盎然生帆"为主题，"6＋365 天"为消费者带来不重样的时尚消费体验。其间，中免、海免、深免的四家免税城也推出消博会专属礼遇，消费者持相关凭证到店即可享优惠折扣、体验套券、定制礼品等福利，以此刺激免税消费增长，不断释放免税消费新动能。

（六）免税店周年庆活动

各家免税店在每年的周年庆时都会相应推出一系列活动，如每年 9 月是 cdf 三亚国际免税城的周年庆，2024 年正值十周年，因此，中免在海南推出了一系列十周年庆活动，内容包含"限量满减""每满 600 元减 60 元""好物 10 元抢""助力优惠券""下单返利"等，此外还有各种超值商品和赠品，时间从 8 月 21 日持续到 9 月 12 日。

（七）其他促销活动

除此之外，只要是节日，各大免税店均会推出相应的主题促销活动，如"三八"女神节、母亲节、父亲节等。在 2024 年"三八"国际妇女节期间，海控 GDF 全球精品免税城以促进"女性经济"和"她经济"为核心，精心策划了"三八"妇女节系列主题活动，旨在向全世界的女性致以最深的敬意，并引领了一场"她力量"免税新消费的浪潮，为消费者带来独特的购物体验。

微课学习：免税品的线下营销

微课学习：免税品的线上营销

▶ ［项目小结］

本项目探讨了海南旅游与离岛免税购物的融合，旨在展示海南独特的旅游资源与免税购物政策的结合，为游客提供全新的购物体验。本项目通过对海南离岛免税店及免税购物旅游线路的介绍，总结了各大免税店的购物优势，并对海南免税购物体验旅游活动进行了分类探讨,让读者深入了解如何通过一站式购物与旅游体验,提升游客的满意度和消费意愿。

▶ [头脑风暴]

1. 讨论海南离岛免税政策如何促进了海南旅游业的发展,并分析其对游客数量、旅游收入和整体经济的影响。

2. 结合当前的市场趋势和消费者需求,探讨未来海南离岛免税购物可能的创新与发展方向,包括新的购物体验和服务模式。

▶ [实践运用]

1. 参观一家海南离岛免税店,记录商品的种类和价格。请比较其中两类商品在免税店与普通市场的价格差异,并分析原因。

2. 设计一条包含离岛免税购物体验的旅游线路,详细描述行程安排、景点介绍和购物点设置。

3. 假如你是一名游客,在海南离岛免税店购物并完成购物流程,记录购物过程中的服务体验和流程便利性,并提出改进建议。

▶ [在线资源]

拓展学习

互动练习

参考文献

[1] 王日影,张颖熙.高端消费回流:扩内需促升级的重要举措[J].改革,2024(3):75-87.

[2] 张颖熙,雷尚君,郑好.我国高端消费回流的内在动因与对策建议[J].企业经济,2023(11):50-58.

[3] 张颖熙,谭诗异,郑好.发展免税经济助力扩大内需的对策研究[J].价格理论与实践,2023(9):76-79.

[4] 杜小坚,李丽,周晖.双循环背景下免税经济的新趋势及广东实践[J].广东财经大学学报,2022(6):17-24.

[5] 王立磊,郭子琪,胥兴安.消费者状态自尊对免税产品购买意愿的影响:一个有调节的中介模型[J].旅游科学,2022(3):91-112.

[6] 王岩.新发展格局下海南免税零售发展的对策建议[J].国际贸易,2022(4):12-19.

[7] 刘磊.优化海南离岛免税政策的调研与思考[J].国际税收,2024(3):37-44.

[8] 童泽林,KURYN MARYAN.离岛免税购物政策对海南旅游消费的影响研究[J].价格理论与实践,2021(9):74-77.

[9] 刘薇,张应武.海南离岛免税政策的运行评估、国际比较与政策建议[J].南海学刊,2015(4):91-96.

[10] 曹健.国际离岛免税经验与海南离岛免税业务发展研究[J].商展经济,2022(16):47-49.

[11] 尤梦瑜.离岛免税"金字招牌"越来越亮[N].海南日报,2022-10-20(A05).

[12] 潮汐商业评论.免税店2023:冲出机场,谋划出海[EB/OL].(2023-01-17)[2023-01-18].https://www.jiemian.com/article/8764095.html.

[13] 新浪时尚.乐天免税店:韩流文化之殿堂"星光大道"炫装登场[EB/OL].(2016-09-05)[2021-09-10].https://fashion.sina.com.cn/2016-09-05/1843/doc-ifxvqctu6270317.shtml.

[14] 国务院办公厅.国务院办公厅关于进一步释放消费潜力促进消费持续恢复的意见[R/OL].(2022-04-25)[2023-06-20].https://www.gov.cn/zhengce/zhengceku/2022/04/25/content_5687079.htm.

[15] 吉美琪,李祥.海口国际免税城推进"免税+文旅"深度融合[N].中国商报,2023-11-01(004).

[16] 李艳玫.免税购物涌动消费热潮[N].海南日报,2024-04-09(A01).

[17] 李祥.第二届海南国际离岛免税购物节启动[N].中国商报,2023-07-06(001).

[18] 奢侈品牌研究中心.奢华品牌圣经:路易威登的奢华帝国[M].北京:人民邮电出版社,2012.

[19] 米歇尔·舍瓦利耶.奢侈品品牌管理[M].上海:格致出版社,上海人民出版社,2008.

[20] 克里斯汀·迪奥.迪奥的时尚笔记[M].重庆:重庆大学出版社,2015.

[21] 贾斯迪妮·皮卡蒂.可可·香奈儿的传奇一生[M].南宁:广西科学技术出版社,2011.

[22] 黛安·冯芙丝汀宝.时尚传奇DVF[M].北京:中信出版社,2011.

[23] 海关总署.什么是免税品?[EB/OL].(2005-08-26)[2022-08-26].http://ningbo.customs.gov.cn/customs/302427/302438/xyjg/456681/index.html.

[24] 张书于.中国市内免税店发展路径的研究[D].北京:商务部国际贸易经济合作研究院,2021.

[25] 戴竞宇,沈沉.奢侈品时尚学[M].北京:中国纺织出版社,2022.

[26] 朱明侠,周云.奢侈品的广义定义及其研究框架[J].经济师,2008(7):31-32.

[27] 吴红梅,田明华,刘禹含.基于奢侈度的奢侈品定义及管理研究[J].商业研究,2011(8):195-199.

[28] 2023年前三季度我国实现旅游收入3.7万亿元 同比增长114%[EB/OL].(2023-12-1)[2023-12-14].https://baijiahao.baidu.com/s?id=1785224162995062868&wfr=spider&for=pc.

[29] 图表:报告显示我国入境旅游市场发展态势持续向好[EB/OL].(2024-06-25)[2024-08-30].https://www.gov.cn/zhengce/jiedu/tujie/202406/content_6959327.htm.

[30] 中方"免签朋友圈"扩容!外国游客扎堆[EB/OL].(2024-06-26)[2024-08-30].https://baijiahao.baidu.com/s?id=1802969552549513443&wfr=spider&for=pc.

各项目互动练习
参考答案